Hans Werner Dannowski

Vergessene Klöster

Für
Tim-Dietrich Meyer
in Halle

Hans Werner Dannowski

Vergessene Klöster

*Reise in die Klosterlandschaft
am Nordrand des Harzes*

schlütersche

Bibliografische Information der Deutschen Nationalbibliothek
Die Deutsche Nationalbibliothek verzeichnet diese Publikation in der
Deutschen Nationalbibliografie; detaillierte bibliografische Daten sind im
Internet über http://dnb.de abrufbar.

ISBN 978-3-89993-657-5

Bildnachweis:
Umschlag, S. 66, S. 121: Raymond Faure
S. 76: www.john-cage.halberstadt.de
Alle weiteren Bilder: Edith und Hans Werner Dannowski

Nachdruck der 1. Auflage von 2007 (PoD)

© 2007 Schlütersche Verlagsgesellschaft mbH & Co. KG
Hans-Böckler-Allee 7, 30173 Hannover

Alle Rechte vorbehalten. Das Werk ist urheberrechtlich geschützt. Jede Verwertung außerhalb der gesetzlich geregelten Fälle muss vom Verlag schriftlich genehmigt werden. Eine Markenbezeichnung kann warenzeichenrechtlich geschützt sein, ohne dass diese gesondert gekennzeichnet wurde.

Umschlaggestaltung: Kerker + Baum GbR, Hannover
Gestaltung: Schlütersche Verlagsgesellschaft mbH & Co. KG, Hannover
Satz: PER Medien+Marketing GmbH, Braunschweig
Druck und Bindung: CPI Druckdienstleistungen GmbH, Erfurt

Inhalt

Einleitung	7
»Kampf gegen den Verfall« Stötterlingenburg	11
»Heimat am Huy« Badersleben	27
»Gotteslob auf dem Berge« Huysburg	39
»Zauber der Kapitelle« Hamersleben	57
»Ewigkeit der Zeit« Burchardi Halberstadt	71
»Religionskritik im Kloster« Hadmersleben	85
»Das Kloster gehört zum Ort« Hedersleben	101
»Mysterium des Glaubens« Gernrode	115
»Metropole des Mittelalters« Quedlinburg	125
»Faszination der Kulturlandschaft« Michaelstein	151
»Seelenlandschaft und Gnadenorte« Drübeck	163

»Stürmische Zeiten«
Ilsenburg   177

Literatur   191

Adressen   196

Übersichtskarte   198

Einleitung

> »Nicht was wir gelebt haben, ist das Leben, sondern das, was wir erinnern und wie wir es erinnern, um davon zu erzählen«.
>
> Gabriel Garcia Márquez

Eines Tages klingelte das Telefon. Tim-Dietrich M. war am Apparat. Er sei Kirchenmusiker in Halle, habe gerade mein Buch über die Klosterfahrten in Niedersachsen gelesen und sei davon sehr angetan. Ob ich so etwas von Berufs wegen mache? Nein, lachte ich, ich bin im Ruhestand, das Schreiben ist mein Hobby, und ich schreibe nur, wozu ich Lust habe. Da gäbe es, sagte er, am Nordrand des Harzes eine Fülle von Klöstern, von denen man wenig weiß. Wenn ich …. Der Haken saß. Ich bin hingefahren und habe das Buch geschrieben. Und da dieser Kirchenmusiker aus Halle nicht nur der Veranlasser dieser Klosterfahrten war, sondern mich auch laufend mit Material versorgt und mich in jeder Hinsicht unterstützt hat, ist ihm dieses Buch in Dankbarkeit und Freundschaft gewidmet.

Auch der Titel der »Vergessenen Klöster« stammt von ihm, obwohl er mir eine ganze Palette zur Auswahl angeboten hatte. Nicht alle ehemaligen Klöster wollten sich ganz unter dieser Überschrift einordnen lassen. »Dass Drübeck unter den Buchtitel ‚Vergessene Klöster' fällt, macht mich traurig«, sagte mir Thomas B. »Wir haben in unserer Kirche im Osten Drübeck nie vergessen«. Das wird mit Sicherheit so sein. Aber einmal wird man mir zugeben müssen, dass in der Zeit der »Deutschen Demokratischen Republik« von Staats wegen die ehemaligen Klöster nicht gerade hoch im Kurs standen. Zum anderen ist dieses Buch aus der Sicht eines Pfarrers geschrieben, der seit 1945 im Westen und seit über 30 Jahren in Hannover wohnt. Ich habe wirklich, ehe ich ab 2005 meine Fahrten dorthin machte, weder von Drübeck noch von der

Huysburg etwas gewusst. Und dass es auch andere Formen des Vergessens gibt, habe ich in dem Kapitel über das jedermann bekannte Stift Quedlinburg zu zeigen versucht. Eine Entdeckungsreise in eine mir unbekannte Landschaft ist dieses Buch für mich. Und ein Versuch, von diesen vielen Begegnungen viele Geschichten zu erzählen, damit alles je Geschehene nicht – wie es Hannah Arendt einmal gesagt hat – »in den immer offenen Rachen der Erinnerungslosigkeit fällt«. Im Vergessen arbeitet die Macht des Todes, und der Tod soll nicht das letzte Wort haben in dieser Welt.

Wie weit aus unserem westlichen Horizont entschwunden die Klöster am Nordrand des Harzes waren, habe ich sofort an meinen Orientierungsschwierigkeiten gemerkt. Die Versuche, mit öffentlichen Verkehrsmitteln diese Klöster zu erreichen, habe ich schnell aufgegeben. Aus einer einzigen Hinfahrt wurde eine Tagesreise. Aber auch mit dem Auto habe ich mich bei den ersten Unternehmungen ständig verfahren, bis ich die gängigste Route herausgefunden und mir bleibend eingeprägt hatte. Das ist meine häufigste Fahrtstrecke gewesen: Von Hannover auf der A 7 bis Abfahrt Salzgitter. Dann nicht weiter geradeaus nach Goslar, sondern rechts auf die A 39 Richtung Braunschweig. Bis Salzgitter-Watenstedt, dann rechts Richtung Wolfenbüttel, immer geradeaus nach Wolfenbüttel-Süd. Dort auf die A 395 Richtung Bad Harzburg. Beim Kreuz Vienenburg ist man dann schnell auf der B 6. Nach Ilsenburg habe ich es in einer guten Stunde, nach Quedlinburg und Halberstadt in anderthalb Stunden normalerweise geschafft.

Als eine exzeptionelle »Klosterlandschaft« hat der Historiker Horst Fuhrmann in seinem Buch »Überall ist Mittelalter« das Harzvorland beschrieben. Im 10. und 11. Jahrhundert seien in der Diözese Freising (einschließlich München) 10, in der Diözese Regensburg 11, im Bistum Halberstadt dagegen 35 Neugründungen von Stiften und Klöstern zu verzeichnen gewesen. In der Tat kann man das Harzvorland als d i e Klosterlandschaft Deutschlands betrachten: Nahezu von Ort zu Ort finden sich die Reste von Klosteranlagen. Was daraus geworden und was davon noch erhalten ist, versuche ich in diesem Buch zu schildern. Vieles musste ich übergehen oder konnte es nur streifen. Dass das ehemalige Zisterzienserinnenkloster Meyendorf ganz heraus gefallen ist, bedaure ich. Aber jedes Buch und jede Aufnahmefähigkeit des Autors und auch seiner Leser hat seine Grenzen.

Bei diesen Klosterfahrten hatte ich mich mit einem für mich neuen Problem auseinanderzusetzen. Durch den weitgehenden Ausschluss von Religion aus dem öffentlichen Leben der »Deutschen Demokratischen Republik« ist auf breiter Linie bei vielen Menschen des Harzvorlandes (und natürlich nicht nur dort) der kulturelle Code zum Verstehen von Religion und eben auch der Klöster abhanden gekommen. Die Distanz und das Nichtverstehen hat seine massiven kulturellen und wirtschaftlichen Folgen. Es wird vieles davon abhängen, ob es gelingt, die Bedeutung des großen »kulturellen Erbes« auch in einem inneren Verstehen wieder neu ins Licht zu rücken. Deshalb habe ich auch auf ein Nachwort bei diesem Buch verzichtet. Das Nachwort werden die kommenden Jahre schreiben. Ich hoffe, ich kann es noch miterleben, wie sich an diesem oder jenem Klosterort die Wege öffnen.

Den vielen genannten und ungenannten Gesprächspartnern möchte ich herzlich danken. Von einer Welle von Entgegenkommen und Freundlichkeit sind meine neuen Klosterfahrten getragen gewesen. Den größten Gewinn hat man, zusammen mit seiner Frau, natürlich immer selbst.

Linde Sturm danke ich herzlich, dass sie wieder die umfangreichen Schreibarbeiten und Korrekturen mit Sorgfalt und Bravour erledigt hat.

Hannover, 22. Juni 2006   Hans Werner Dannowski

»Kampf gegen den Verfall«

Stötterlingenburg

»Die Lüttgenroder haben ihre Kirche verfallen lassen, die Stötterlinger nicht«, sagt die Frau, die ihr Kind in den Kindergarten bringt. Wir stehen auf der Straße in Lüttgenrode, dicht bei der Ruine der Klosterkirche Stötterlingenburg. Ich habe sie nach der Straße nach Stötterlingen gefragt, und wir unterhalten uns einen Augenblick. »Da tut sich nichts«, sagt sie und weist auf die Ruine. Dabei ragt, wenn man von der B 395 und der Abfahrt Vienenburg-Süd kommt, schon beim nächsten Ausblick das Westwerk der Klosterkirche geradezu majestätisch in die Höhe. Oben auf dem Berg liegt das ehemalige Benediktinerinnenkloster Stötterlingenburg, um das sich das Dorf Lüttgenrode herumgelagert hat. Die alte Mönchsregel kommt mir sofort wieder in den Sinn, dass die Benediktiner auf der Höhe siedeln, die Zisterzienser im Tal. Sorgfältig ausgesucht waren die Orte, an denen sich die Nonnen und Mönche niederließen. Auch wenn man näher kommt, verheißt ein breit angelegter Gebäudekomplex am Berg eine respektable Klosteranlage. Aber als wir von der Straße abfahren und links in das ehemalige Klostergelände einbiegen, bleiben meine Frau und ich eine Weile vor Entsetzen im Auto sitzen. Das Westwerk der Kirche mit den beiden Turmspitzen ist offensichtlich restauriert und in gutem Zustand. Die Klosterkirche selbst hingegen ist eine einzige Ruine. Die Nordwand der einschiffigen Kirche steht noch, muss aber von außen und innen mit massiven Balken abgestützt werden. Die Südwand ist auf der ganzen Länge zusammengestürzt, die Steine sind verschwunden, wahrscheinlich irgendwo in anderen Häusern vermauert. In den Fenstern der Apsis malen leere Fensterrahmen große Kreuze in die Luft. Bei den Gebäuden ringsherum überall Zerfall: Eingeworfene Fenster, zerborstene Wände und Türen. Einzig eine Scheune zeigt ein respektables Steinportal. Von den ehemaligen Klostergebäuden nicht die geringste Spur. Zwei nebeneinander stehende Häuser sind noch bewohnt. Eine Frau schaut aus einem offenen Fenster. Ein Schloss sei hier gewesen, sagt sie, als wir sie fragen, zeigt nach rechts und verschwindet. Über die Kirche und das Kloster kein einziges Wort. Wir laufen um die Kirche herum, die mit einem Drahtzaun abgesperrt ist. Ein Stein erinnert an die Tausendjahrfeier des Ortes im Jahre 1995, das Gedenkdatum an die Weihe des Klosters 995 hat man offenbar auch als Beginn des Dorfes Lüttgenrode gewählt. Auf den Stumpf einer uralten Linde stoßen wir, die angeblich auch schon 1000 Jahre alt sein soll. Eine neue Linde hat man bei den Jubiläumsfeierlichkeiten gepflanzt: Hoffnung für eine neue Zeit?

Erst einmal muss die ruinöse Gegenwart aufgearbeitet werden. Seit wann ist das alles eigentlich so? Bald bekomme ich heraus, dass sich der Einsturz der Kirche erst vor 25 Jahren ereignet hat. Nach einem Telefonat mit Reinhold F. vom Kirchenvorstand der Gemeinde und der Lektüre einer kleinen Schrift von Martin Klingst zur »Chronik der Kirche St. Stephanus und des ehem. Klosters in Stötterlingenburg-Lüttgenrode« steht mir die Nachkriegsgeschichte deutlich und plastisch genug vor Augen: In den Jahren nach 1945 kommt die Bodenreform der DDR, das Gut wird enteignet. Die Kirche,

Ruine der Klosterkirche Stötterlingenburg in Lüttgenrode.

die früher mit zum Gut gehörte, wird der Kirchengemeinde mit einer Flurparzelle von sechs Metern rund um die Kirche herum übergeben. 1952 werden noch die beiden Turmspitzen neu gedeckt, von 1954–58 wird die Kirche mit bescheidenen Materialien repariert. Die Kirchen in der DDR sind insgesamt finanzschwach. Der sozialistische Staat hat nur geringes oder gar kein Interesse, die Gebäude von Institutionen, die man eher zu den Klassenfeinden rechnet, zu unterstützen oder gar zu unterhalten.

Ein besonderes Problem kommt für Lüttgenrode in diesen Tagen noch dazu. Die Grenze zwischen den beiden deutschen Staaten läuft unmittelbar am Dorf vorbei. Einhundert Meter in Richtung Westen aus dem Dorf heraus ist Schluss. Die Grenzmannschaften wohnen in eigenen Gebäuden am Rand des Dorfes. 1961 wird die Berliner Mauer gebaut, die Grenzanlagen werden ausgebaut, die Grenzbewachung wird verstärkt. Sperrbezirke werden eingerichtet, die man nur mit Sonderausweis betreten darf. Lüttgenrode und Stötterlingen liegen voll im Sperrbezirk. Fast aussichtslos sei es gewesen, Handwerker von außen mit dem entsprechenden Material in den Sperrbezirk zu bringen, erzählt mir Reinhold F. Alle hatten vollauf auch mit der Instandhaltung der eigenen Häuser zu tun. Das Dach der Kirche wird schadhaft, das Wasser sickert in die Südwand ein, der Frost sprengt alles auseinander. Die Anträge auf Abhilfe füllen Aktenbände. Nichts geschieht. Im Gegenteil: Kurz vor dem Weihnachtsfest 1969 wird die Kirche bauaufsichtlich gesperrt. Als ich in einem Gespräch mit Bürgermeister Wolfgang G. den in der DDR offenbar gängigen Slogan erwähne: »Ruinen schaffen ohne Waffen«, lacht er auf. »Ja, den Spruch kennen wir. Das haben wir in Lüttgenrode genau so erlebt«. Selbstkritisch räumt er ein: »Vielleicht haben wir alle auch den Wert des Baudenkmals nicht rechtzeitig erkannt«. 1981 stürzt das Dach ein, daraufhin die ganze Südwand. Am 30. Juli 1981 ergeht im schönsten Amtsdeutsch von Seiten der staatlichen Bauaufsicht die Anordnung: »Wir sehen uns daher veranlasst zu beauflagen, das gesamte Bauwerk im Winterhalbjahr 1981/82 abbrechen zu lassen«.

Die Zusammenarbeit der Kirchengemeinde mit der Denkmalpflege in Halle ist offenbar gut. Es gelingt, die sakralen

Kunstgegenstände in der Stötterlinger Kirche sicherzustellen und den Abbruch hinauszuzögern. Halberstadt fordert 1985 von der Kirchengemeinde ein Bußgeld von 10 000 Mark ein, »sollte der Abbruch bis zum 15.2.1986 nicht erfolgt sein«. Klug erklärt der Pfarrer auf der einen Seite sein Einverständ-

Das restaurierte Westwerk der Klosterkirche Stötterlingenburg.

nis mit der Anweisung, beantragt auf der anderen Seite 100 000 Mark für den Abriss und weitere 100 000 Mark zur Beseitigung der Trümmer. Das Schreiben wird nie beantwortet. Ende der 1980er Jahre gibt es noch einmal eine kritische Situation, als das Westwerk mit den Türmen einzustürzen droht. Aber ein entsprechender, großer Kran ist nicht aufzutreiben. Dann kommen die historischen Tage und Wochen des Jahres 1989. Schon am 8. Dezember erzwingen über 500 Bürgerinnen und Bürger aus Lüttgenrode und Umgebung mit brennenden Kerzen im Wenneröder Zipfel den Grenzdurchbruch. Am 20. Dezember 1989 wird die Grenze offiziell geöffnet, Menschen aus Ost und West fallen sich in die Arme. Bautrupps der Nationalen Volksarmee gehen mit schwerem Gerät in den nächsten Tagen daran, die einstigen »Grenzbefestigungen« zu beseitigen. Die Einheimischen haben die entsprechenden Bilder noch vor Augen. Als Besucher ahnt man heute nichts mehr von der Grenze. Schon im Frühjahr 1990 bildet sich der »Förderkreis St. Stephanus«, der mit staatlichen Mitteln und Spenden das Mauerwerk des Turms verfestigt, ihn neu verschiefert, den Glockenstuhl erneuert, die Uhr repariert, die Krypta nutzbar macht. Den Vorsitz des Förderkreises hat der aus dem Westen kommende Joachim L., der als Sohn eines bis 1933 in Lüttgenrode amtierenden Pastors den Zerfall der Kirche nicht weiter mit ansehen kann. Nach der Tausendjahrfeier von Lüttgenrode löst sich der Förderkreis wieder auf. Die Kirchenruine ist weiterhin allen Unbilden der Witterung ausgesetzt. Inzwischen regnet es längst auch in der Krypta wieder durch.

Ich vertiefe mich in die Geschichte des Benediktinerinnenklosters Stötterlingenburg und merke, der Kampf gegen den Verfall gehört zu den immer wiederkehrenden Lebensgesetzen des Klosters und der Kirche auf dem Lüttgenroder Berg. Eine frühe Burg muss es hier gegeben haben, wie der Name Stötterlingenburg bezeugt. Nichts ist von ihr mehr erhalten. Schon da beweist das Gesetz der Vergänglichkeit, das Verfallen und Verschwinden, seine Kraft. Im Jahr 992 stiftet Bischof Hildeward II. von Halberstadt ein Kloster für Benediktinerinnen, 995 wird es geweiht. Schon bald muss auch dieses wieder in Verfall geraten sein, denn von 1106–09 erneuert Bischof Reinhard von Halberstadt das Kloster. Die Urkunde dieser Neugründung ist erhalten. Die große Zahl der aufgeführten Schenkungen durch den Bischof, Grundstücke und Zehnte sind das vor allem, weist auf den späteren Reichtum des Klosters hin. Kurios will es einem heute erscheinen, dass der Bischof dem Kloster den Zehnten von sämtlichen bisher der bischöflichen Kellerei gehörenden Weinbergen der Umgebung zuerteilt. Aber der Weinanbau ist damals bis nach England hin gang und gäbe. Erst eine radikale Klimaverschlechterung in der ersten Hälfte des 14. Jahrhunderts, es wird erheblich kälter und nasser, hat den Weinanbau im Norden Europas zum Erliegen gebracht. Eine schöne Vorstellung ist es, die Hügel rund um Lüttgenrode mit Weinbergen bedeckt zu sehen!

Die Schenkungen nehmen weiter zu, so dass man sogar weiterschenken kann: 1178 überlassen Propst Osto und Äbtissin Hedwig des Laurentiusklosters zu »Studerlingenburg« dem Canonicus Wolfram von Ichtershausen die Reliquien des Hl. Godehard, die Propst Arnebold vom Hildesheimer Bischof Bernhard geschenkt bekommen hatte. Ein wichtiges Datum ist der 5. September 1249: Papst Innocenz IV. nimmt das Kloster Stötterlingenburg in seinen Schutz und erneuert alle Freiheiten (omnes libertates et immunitates), die das Kloster von seinen Vorgängern erhalten hatte. Eine Liste sämtlicher Besitzungen des Klosters ist beigefügt, für die Ortskundigen wie für die Wirtschaftshistoriker ist dies sicher besonders interessant. Auseinandersetzungen zwischen dem Vogt des Klosters, der die Verwaltung der Ländereien und der Gebäude überwachte, und der Äbtissin des Klosters samt Konvent scheinen auch hier, wie in anderen Klöstern, die Regel gewesen zu sein. Am 13. Januar 1297 beurkunden »Mechtildis abbatissa, Adelheydis priorissa, Johanna cameraria, Mechtildis celleraria« und der gesamte Konvent der Nonnen und der Konversen des Laurentiusklosters zu »Stoterlingeborch«, dass bestimmte Einkünfte der notwendigen Anschaffung von Kleidern für die Konventsmitglieder dienen sollen. Und dass die Aufsicht über die Kleiderkammer nicht der Propst, sondern »eine von Zeit zu Zeit damit beauftragte Person« ausüben soll. Zur Vorsicht hat man diese Urkunde mit dem Siegel des Schutzvogtes des Klosters, des Grafen Heinrich von Regenstein, versehen.

Braunschweiger Bürgertöchter treten offensichtlich in größerer Zahl in das Kloster ein. Entsprechend reiche Stiftungen kommen aus dem Bereich dieser Stadt, auch von den Herzögen von Braunschweig. Die Benediktinerinnen von Stötterlingenburg sind also kein Adelskloster gewesen. Sie haben sich offenbar der neuen aufstrebenden Kraft des späten Mittelalters geöffnet, dem städtischen Bürgertum. Geschäftliche und spirituelle Beziehungen werden mit dem Kloster St. Michaelis in Lüneburg gehalten, auch mit dem Kloster Drübeck, mit den Augustinerinnen von Frankenberge. Die ökumenische Gemeinschaft der Klöster ist in vollem Gange. Zum Wallfahrtsort ist das Kloster Stötterlingenburg auch geworden. Der Koadjutor des Bischofs Albrecht II. von Halberstadt erteilt allen, die zu bestimmten, genau aufgeführten Zeiten die Gottesdienste in der Klosterkirche von Stötterlingenburg besuchen, einen Ablass.

Eine kuriose Begebenheit ist in einer Urkunde des Jahres 1357 festgehalten. Die Klosterschwester Gese Paul hat das »für 8 1/2 Mark löthigen Geldes« versetzte Haupt Johannes des Täufers wieder eingelöst. Und Propst Hermann, Äbtissin Johanna, Priorin Oda und der ganze Konvent geloben, aufgrund dieser großherzigen Tat der Schwester alljährlich eine Gedächtnisfeier für ihre Eltern abzuhalten, und demnächst, nach ihrem Tode, auch für sie. – Auch wenn ich nicht herausbekommen kann, was das »löthinger Geld« für eine Währung ist: Geschäftsbeziehungen mit jüdischen Geldgebern tauchen gelegentlich in den Urkunden auf und ein Pfandhaus hat es offensichtlich ebenfalls bei ihnen gegeben. Als skeptischer Zeitgenosse fragt man sich natürlich, wie viele abgeschlagene Häupter des Täufers damals wohl im Umlauf gewesen sind?

Seit der Mitte des 14. Jahrhunderts geht in den Urkunden die lateinische Sprache langsam in die mittelhochdeutsche Sprache über. Die Äbtissin heißt jetzt »ebbedische« und die Priorin, ihre Stellvertreterin, »priorinne«. Auch heute noch geläufige Berufsbezeichnungen tauchen erstmalig auf, wie die der »Kellnerin« (»kellerinne«), die über die Habe des Klosters, vor allem über Speise und Trank die Aufsicht führt. Schöne Berufsanweisungen gerade auch für den »cellerar« enthält die benediktinische Klosterregel, zu einem Kellnerethos sind sie immer noch zu gebrauchen. »Zum Cellerar des Klosters wählt man einen aus der Gemeinschaft aus, der lebenserfahren ist und einen reifen Charakter hat, der mäßig und kein großer Esser ist, nicht hochmütig, nicht aufgeregt, nicht grob, nicht umständlich, nicht verschwenderisch, der vielmehr Gott fürchtet. Er soll für die ganze Klostergemeinde wie ein Vater (wie eine Mutter) sein« (Kapitel 31). Fürsorglich allerdings ist oft auch die Haltung der Frauen, die die Klöster mit ihren Gaben bedenken. Geradezu eine ausgleichende Gerechtigkeit beweist die Witwe Agnes von Vallstedt aus Braunschweig, die »mynen besten swarten huyken« (Mantel) den »juncfruwen to Stotterlingheborch« vermacht, den anderen Mantel aber dem Kloster in Wölteringerode schenkt.

Dann ist wieder die Verfallszeit des Klosters da. Der Bauernaufstand des Jahres 1525 lässt das Kloster Stötterlingenburg nicht aus. Als »die Verschmelzung eines großen sozialen Erdbebens mit dem Gärungsstoff der Reformation« hat der amerikanische Kirchenhistoriker Roland Bainton die Bauernkriege dieses Jahrhunderts bezeichnet. Die feudale Machtkonzentration in den einzelnen Territorien, zu deren Trägern auch die Bischöfe und Klöster gehörten, hatte in den letzten Jahrzehnten ständig zugenommen. Die Zeche hatten die Bauern zu zahlen. Immer höhere Grundsteuern hatten sie aufzubringen. Zudem drückte die Ablösung der Naturalwirtschaft durch die aufkommende Geldwirtschaft und das Aufblühen des städtischen Handels den Bauern den Lebensnerv ab. Die Reformation Luthers mit ihrem Kampf gegen klerikale Herrschaftsstrukturen der Papstkirche schien den Bauern ein Signal der eigenen Befreiung zu sein. Der linke Flügel der Reformation, allen voran Thomas Müntzer, verstärkte diesen Eindruck zu einem ebenso religiösen wie politischen Programm. Das Reich Gottes hier und jetzt, das schien die Devise zu sein. Nicht nur die innere Veränderung des Menschen durch den Glauben, die äußeren Verhältnisse waren so zu gestalten, dass Umkehr und Glaube überhaupt erst ermöglicht wurden.

Ostern 1525 brechen die Bauernunruhen unter dem Signal des »Bundschuhs«, dem Schuh der Bauern, und dem Wehen der Regenbogenfahne los. Durch Thomas Müntzer, der einmal Propst des benachbarten Stiftes Frose gewesen war, werden

Sachsen und Thüringen zu den Kernländern des Aufstands. Kein Kloster im nördlichen Harzvorland, das nicht durch die Bauern gestürmt wird. So schnell, wie der Aufstand losgebrochen war, so schnell ist er auch, Mitte Mai schon, zu Ende. Martin Luther hatte sich, gegen die Anarchie der Bauernunruhen, auf die Seite der Fürsten gestellt. Die Landesfürsten, unter der Leitung Georgs von Sachsen, Philipps von Hessen und Heinrichs von Braunschweig, suchen die Entscheidungsschlacht. Im thüringischen Frankenhausen stellt sich ihnen ein großes Bauernheer entgegen, dem Thomas Müntzer noch einmal den Rücken stärkte. Ein Regenbogen, das Zeichen ihres Bundes, taucht am Himmel auf. Aber die Fürstenheere schlagen überraschend schnell los, richten ein fürchterliches Blutbad an. Über sechstausend Aufständische werden getötet. Die Schlacht unter dem Regenbogen, dem Symbol göttlichen Beistandes, wird zum Menetekel für den einfachen Mann. Die Reformation Luthers hatte mit den Bauernaufständen und deren schrecklichem Ende einen ersten schweren Rückschlag erlitten. Thomas Müntzer kann fliehen, wird gefasst, und – nach Verhör – am 27. Mai 1525 vor den Türen Mühlhausens mit dem Schwert hingerichtet.

Den ausführlichen Bericht über die Zerstörung des Klosters Stötterlingenburg in den Bauernunruhen hat wahrscheinlich der damalige Propst Henning Pulman verfasst. Den Hass auf den Reichtum und die Herrschaft der Klöster hat Pulman präzise wahrgenommen: »so wy doch leyder velen luden hir towedder syn«. Ein Auflauf der Bauern habe es am Freitag nach Misericordias Domini, also nach dem 2. Sonntag nach Ostern, gegeben. Ohne Anlass und Schuld sei das Kloster gestürmt worden. Der Konvent sei auseinander gestoben, habe Zuflucht bei den jeweiligen Angehörigen gesucht. Alles im Kloster sei weggeführt, geplündert und zerstört worden: Pferde, Kühe, Schweine, Schafe, Gänse, Getreide, Flachs, Brot, Bier, Stockfisch, Hering, Butter, Milch. Inventar, Fenster, ja sogar die Wände seien im Kloster und in der Kirche zerstört worden. Der Dreck habe sich turmhoch gestapelt. »Godde mach duth al enbarmen«.

Aber dann habe man, so schildert der Propst, schon zu Johannis, also um den 24. Juni herum, wieder mit dem Aufräumen und Aufbauen angefangen. Der größte Teil des Berichts schildert, mit genauen Angaben der Ausgaben und Kosten, den Wiederaufbau des Klosters. Pferde und Vieh werden wieder angeschafft, Mauern und Inventar wieder instand gesetzt. Der Wiederaufbau ist schwierig, die Ernte kann nicht mehr eingefahren werden, das Vieh hat nichts zu fressen. Eine Reihe Klosterfrauen scheint auch nicht mehr ins Kloster zurückgekehrt zu sein. Aus dem Jahr 1529 ist ein Schriftstück erhalten, aus dem zu ersehen ist, dass ein Braunschweiger Bürger die Mitgift seiner Tochter vom Kloster zurückfordert, weil diese wegen drohender Feindesgefahr nach Hause geschickt worden sei, nun aber nicht in das Kloster Stötterlingenburg zurückkehren will. Der Kampf gegen den Verfall scheint Erfolg zu haben, Äbtissin Alheid Wittehop, Priorin Anne v. Gutstädt, Küsterin Anna v. Bornehusen und der Konvent sind wieder handlungsfähig, schließen weitere Verträge ab. Noch 1553 muss das Kloster tief in seine Taschen greifen, als einem seiner Pächter, dem Meier Eggeling Diekehut, im klösterlichen Dienst Wagen und Pferde geraubt, nach Wolfenbüttel weggeführt, und diese trotz des erlassenen Rückgabebefehls Herzogs Heinrich d. Jüngeren nicht wieder zu erlangen sind.

All das ist aber nur der Anfang vom Ende des Benediktinerinnenklosters Stötterlingenburg. Das Kloster ist anscheinend nie wieder ganz funktionsfähig geworden. Der Konvent ist so stark geschrumpft, dass 1557 Bischof Sigismund von Halberstadt aus den Konvent aufhebt. In diese Zeit der Aufhebung des Laurentiusklosters fällt anscheinend auch die Umwidmung der Kirche. Fortan ist sie dem Hl. Stephanus geweiht. Die Auflösung des Klosters scheint langsam vor sich gegangen zu sein. Noch 1572, als ein Halberstädter Domherr ein Register der Hinterlassenschaften des Klosters anfertigt, wird eine »Vernehmung der noch vorhandenen Klosterjungfrauen« erwähnt. Kloster und Klostergut sind indessen verkauft, ein Claus v. Barby scheint der erste Besitzer gewesen zu sein. Der General und spätere Feldmarschall Graf Kleist von Nollendorf taucht auch unter den Besitzern von Stötterlingenburg auf. 1856 kauft Ferdinand Lambrecht für 600 000 Mark Gut und Kirche und bemüht sich tatkräftig um die Modernisierung des Betriebs. Um 1860 baut er dann auch, neben der Kirche, das spätklassizistische, zweigeschossige Gutshaus, das im Dorf heute noch immer das »Schloss« genannt wird. Auch für die Kirche wird seitdem wieder anständig gesorgt. Bis zur Enteignung 1945 ist die Familie von Lambrecht-Benda im Besitz von Stötterlingenburg gewesen.

Da stehe ich nun wieder an der Ruine der Kirche, habe die bewegte Geschichte der Kirche und des Klosters im Kopf, versuche mir vorzustellen, wie das früher hier gewesen ist. Es will mir nicht gelingen. Gebäude, auch Klostergebäude können so spurlos verschwinden, als seien sie nie gewesen. Die »Ästhetik des Verschwindens« spart die Flüsse und die Berge aus, aber nicht die Häuser, die Kapitelsäle und die Kreuzgänge. Ein wenig sinnliche Anschauung aus der großen Geschichte des Klosters Stötterlingenburg will ich mir aber doch noch gönnen. So fahre ich ins Tal, die wenigen Kilometer nach Stötterlingen hinunter, wo in der dortigen Kirche die Reste des Klosterinventars geborgen sind. Eckhard O., der Vorsitzende des Kirchenvorstandes Stötterlingen, kommt vom Nachbarhof herbei und führt mich durch die Kirche. Ein gebürtiger Stötterlinger ist er. Er kann sich noch erinnern, wie sie als Kinder in die Kirche nach Lüttgenrode zur Christenlehre gingen. Die war schon ziemlich desolat damals. Aber in der Kirche waren noch Gottesdienste, oben an der Seitenempore war ein Glaskasten, der ihm vor Augen steht. 1986 ist er in Stötterlingen getraut, da waren die Kunstgegenstände der Klosterkirche Stötterlingenburg schon hier. Wir schauen sie uns nacheinander und mit viel Zeit gründlich an.

Da ist, als Prunkstück, der Flügelaltar aus dem frühen 16. Jahrhundert. Durch Restaurierungen 1708 und 1887 scheint er verändert zu sein. Auch in der Zeit der DDR, Ende der achtziger Jahre, erinnert sich Eckhard O., waren die beiden Flügel noch einmal in Halle. Trotz aller Gefährdungen der alten Malerei: Einen eindrucksvollen Altar haben die Benediktinerinnen noch kurz vor dem Ende ihres Klosters in Auftrag gegeben.

Der Altar ist zugeklappt, so dass wir zunächst die vier Außenbilder sehen. Links oben die Verkündigung, rechts die Anbetung des Jesuskindes. Links unten die Heiligen Drei Könige und rechts unten die Beschneidung Jesu. Dies ist nun allerdings ein ganz ungewöhnliches Bild. Konnte dieser medizinische Eingriff in einem Frauenkloster auf ein besonderes Interesse stoßen? Das Jesuskind sitzt auf dem Altar, der Priester steht in vollem Ornat vor ihm und zückt das Messer. Bereit, den entscheidenden Schnitt zu tun. Eine derart intensive Darstellung der Beschneidung habe ich lange nicht gesehen. Mit dieser Szene ist die Herkunft Jesu als Judenkind suggeriert: Hatte das im Kloster dort oben auf dem Berg eine besondere Brisanz oder Relevanz? Auf der Predella ist unten, vielfigurig, die Heilige Sippe zu sehen. Die Hl. Anna hält dem Jesuskind, das auf dem Schoß seiner Mutter sitzt, eine Feige hin. Auch die kannte man also damals schon!

Eckhard O. öffnet die Flügel, erstaunlich leicht lassen sie sich drehen. Als großes Mittelbild ist natürlich die Kreuzigung zu sehen. Traditionell ist die Schilderung dieser figurenreichen Szene, die Künstler hatten bei dem entscheidenden Bild wohl keinen Spielraum. Mit der Entschlüsselung der vier Männer an allen Ecken des Kreuzigungsbildes halten wir uns nicht lange auf, obwohl das sicher aufschlussreich wäre. Auf den Seitenteilen links oben Gethsemane, darunter die Geißelung Jesu. Rechts oben, auf dem anderen Flügel, die Verhöhnung, Jesus wird mit der Dornenkrone gezeigt. Darunter dann wieder eine ganz originäre Komposition: In der Darstellung der Grablegung wird die Perspektive der Renaissance schon eingeübt oder vorweggenommen. Aus dem Inneren der Höhle heraus geht der Blick auf den toten Jesus, die Frauen und die Jünger. Klein im Hintergrund der Tempel von Jerusalem. Ein Meditationsbild für den frommen Betrachter ist dies, voller Hintergründigkeit. Vom Abbruch des Tempels hatte Jesus zu seinen Lebzeiten geredet, und den Tempel seines Leibes hatte er damit gemeint. Voller Ehrfurcht und Bewunderung stehen wir beide vor dieser tiefsinnigen theologischen Deutung und erläutern sie uns gegenseitig.

Dann kommen die anderen sakralen Kunstwerke aus dem Stötterlingenburger Kloster an die Reihe. Die Kreuzigungsgruppe aus der Spätgotik beeindruckt mich. Der sterbende Jesus mit einem geradezu extrem zur Seite gefallenen Kopf; er ist wirklich tot. Die Maria zu seiner Linken, von uns aus gesehen rechts, ist erstaunlich klein. Aber was hält die andere

Figur unter dem Kreuz, die doch traditionellerweise der Johannes ist, in der Hand? Wir tippen auf dieses oder jenes. Vielleicht ein Stück der Himmelsleiter, aber das ergibt alles keinen Sinn. Bis ich zu Hause in meinen Unterlagen lese, dass die Benediktinerinnen von Stötterlingenburg einfach anstelle des Jüngers Johannes den Patron ihres Klosters, den Laurentius, unter das Kreuz gestellt haben. So konnten die Zeiten und die Personen zusammenfallen! Laurentius, das ist dieser römische Diakon, der im Auftrag seines Papstes, des 258 im Zuge der Christenverfolgungen enthaupteten Sixtus II., die Kirchenschätze unter die Armen und Bedürftigen verteilte. Auf Befehl des Kaisers Valerian wurde Laurentius auf einem Feuerrost zu Tode gemartert. Das Gerät, das Laurentius in der linken Hand hält, ist also sein Feuerrost. Da er zum Patron aller mit dem Feuer beschäftigten Berufe geworden ist, ist die Gestalt, auf der er steht, vielleicht der Feuerteufel? Merseburg soll das Zentrum der Laurentius-Verehrung geworden sein, so ist der Heilige wohl auf diesem Weg in das Kloster Stötterlingenburg gekommen. Spricht es nicht für den Geist des Klosters, dass die Benediktinerinnen sich einen Schutzheiligen gewählt haben, der die Kirchenschätze unter die Armen und Bedürftigen verteilt! Hätten die Klosterfrauen dies selbst intensiver praktiziert, hätten die Bauern bei ihrem Aufstand 1525 dieses eine Kloster wohl verschont? Hypothetische Fragen und Gedanken sind das, auf die die Geschichte keine Antwort weiß.

Noch einen Blick auf die geschnitzte Kanzel werfen wir und auf die barocke große Skulptur des Stephanus, die nun schon aus der Zeit von Stötterlingenburg stammt, als es das Kloster nicht mehr gab. Ein kunstsinniger Gutsbesitzer hat sie sicherlich in Auftrag gegeben. Einen schönen Kopf hat die Steinplastik, mit wunderbaren Locken. Die Bibel hat der gesteinigte Stephanus unter dem Arm und in der Hand drei große Steine. Steine sollte man in der Hand halten und nicht mit ihnen werfen, höre ich heraus.

Als wir die Kirche von Stötterlingen verlassen, weist mich Eckhard O. noch auf die eigene Altarwand hin. Ein gewaltiger barocker Kanzelaltar ist das, mit den lebensgroßen Figuren des Mose und des Täufers neben den gewundenen Säulen.

Nur aufgrund des Kunstwertes der Altarwand haben wir damals die Renovierung der Kirche geschafft, meint er. Es ist wahrscheinlich die einzige Kirche in den Sperrbezirken, die das hinbekommen hat. Vieles müssen wir selbst machen, auch jetzt ist wieder das schadhafte Fachwerk des Turmes dran.

Vier Wochen später fahre ich noch einmal nach Lüttgenrode und zum Kloster Stötterlingenburg. Vor zehn Jahren haben Natascha und Detlef de R. das Gutshaus und den umliegenden Park von der Gemeinde gekauft. Die abbruchreifen Gebäude auf dem Gutsgelände sind später, von der Treuhand, noch dazugekommen. Bei einer Tasse Ginseng-Tee sitzen wir im Wohnzimmer des Obergeschosses, mit dem schönen Ausblick auf den Harz und auf die Kirche. Hamburger ist er, sie stammt aus dem Ruhrgebiet. In der Bekleidungsproduktion sind beide tätig und viel unterwegs. Einen Lebenstraum haben sie sich mit dem Kauf des alten Hauses erfüllt. Wie sie das Haus gefunden haben, ist eine eigene Geschichte, die er gerne erzählt. Die Bodenständigkeit haben wir hier gelernt, sagen beide, die Lust auf die Mobilität geht ihnen mehr und mehr verloren. Sie wollen hier nie mehr wieder weg. Eingebunden sind sie in das Dorfleben, »so viele vernünftig denkende Menschen gibt es hier«. Das ist in diesem Dorf fast eine heile Welt. Die Kinder können noch auf der Straße spielen. Dann kommen die beiden Kleinen auch schon aus dem Kindergarten. Die Klosteratmosphäre scheint anzustecken: Ihre Tochter hat als Zweitnamen den Namen Hathui bekommen, nach der ersten Äbtissin des Stifts Gernrode, die ihnen als Person aber auch des Namens wegen so gut gefallen hat.

Von der Denkmalpflege kam wohl der erste Anstoß. Dann der Bürgermeister: Wir müssen etwas tun für unsere Kirche, Sie müssen der Vorsitzende des neuen Fördervereins werden. Die Replik kam prompt: Nur, wenn ihr alle mitmacht. So hat Detlef de R. sie alle eingebunden, den Vorsitzenden des alten Fördervereins, den Bürgermeister und die Kirchengemeinde vor Ort. Seit einem Jahr existiert der neue Förderverein. »Eine Vermittlerrolle können wir nur spielen«, sagt Detlef de R., »zwischen Kirche, Gemeinde und Denkmalpflege«. Zähe Prozesse sind das oft zwischen den Institutionen von Staat und Kirche. Als Selbständiger aus der Wirtschaft ist er anderes gewohnt. »Aber wir haben eine Verpflichtung, das, was Menschen in Tausend Jahren geschaffen haben, auch zu erhalten. Wir können das doch nicht einfach untergehen lassen«. Schrittweises Vorgehen ist angesagt. Die Sicherung der Nordwand und die Sanierung der Krypta ist das Erste. Ein Nutzungskonzept für eine wiederaufgebaute Kirche muss dann erarbeitet werden, »ohne eine sinnvolle Zielvorstellung kommen wir nicht voran«. Als Besucher kann man überhaupt nicht ahnen, was der Kampf gegen den Zerfall an Anstrengungen umschließt. »85 Container Schutt haben wir, gerade auch aus dem eigenen Haus, in den letzten Jahren herausgeschafft«. Jede freie Stunde geht darauf hin.

Dann ziehen wir durch die Kirche. Die beiden Kleinen gehen mit, bald haben wir die halbe Dorfjugend hinter uns. Auf den Turm geht es hinauf, mit dem weiten Blick nach allen Seiten, mit der Glocke von 1394 und ihren vier Propsteisiegeln aus dieser Zeit. In die zweiräumige Krypta mit Pfeiler und Kreuzgewölbe geht es von der Seite hinein. Es regnet durch. In der Kirchenruine wächst vor dem Altar ein kleiner Baum. Die Entdeckung kleiner Details erfreut das Herz: Es ist doch noch nicht alles untergegangen. Romanische Bögen in der Wand, ein Kapitell, zwei schöne Reste des Schachbrettmusters an beiden Apsisseiten. Ruinen üben doch immer wieder eine Faszination auf den Menschen aus. Zu visionären Metaphern hat die Romantik die Ruinen gemacht. Caspar David Friedrich hat es zu seinen vielen Ruinenbildern so beschrieben: »Die Zeit der Herrlichkeit des Tempels und seiner Diener ist dahin, und aus dem zertrümmerten Ganzen ist eine andere Zeit und ein anderes Verlangen nach Klarheit und Wahrheit hervorgegangen«. Das melancholische Wissen um die Vergänglichkeit des Lebens steckt in den Ruinen. Aber auch die Hoffnung auf eine andere Zeit in einem anderen Geist. Die Ruinen der Kirche von Stötterlingenburg beschäftigen mich mehr als manche anderen Gebäude und Kirchen, die ich sehe und doch eigentlich nicht bemerke.

Am Spätnachmittag fahre ich noch zum Bürgermeister hinunter, wo Wolfgang G. mit Ehefrau, Sohn und Tochter den Betrieb zur Herstellung von metallenen Sitzbänken, Wartehallen und Überdachungen leitet. Dem Ehepaar G. kann ich zu allen Zeiten mit allen Fragen kommen. Als ich aus dem Betrieb auf die Straße trete, schaue ich noch einmal zum Burgberg mit der Kirche hoch. Der Anblick des Hügels mit dem eindrucksvollen Westwerk der Kirche ist das Schönste, was man gegenwärtig in Lüttgenrode hat, denke ich bei mir. Leider hat man gerade vor das dunkle Gutshaus am Berg einen knallweißen, modernen Bungalow gesetzt. Der passt nun wirklich nicht dorthin. Die Verantwortung für die Silhouette eines Ortes muss man anscheinend selbst den Lüttgenrodern nahe bringen.

»Heimat am Huy«

Badersleben

Osterwieck liegt an der Ilse, der Heinrich Heine bei seiner »Harzreise« die Palme des schönsten Harzflüsschens reichte. Die Schönheit der Natur beflügelt die Fahrten durch dieses Land am Harz. Aber eigentlich halte ich mehr nach Kirchen und nach Klöstern Ausschau. Das mächtige romanische Westwerk der Kirche St. Stephanus von Osterwieck, noch eindrucksvoller als die Türme von Stötterlingenburg, beherrscht den Ort und das ganze Land. Auf der Fahrt nach Badersleben kann ich das einfach nicht links liegen lassen. Nein, kein Kloster ist hier zu finden. Ein Augustiner-Chorherrenstift wurde zwar 1108 an diesem Ort gegründet, aber schon 1111 oder 1112 »wegen Marktlärms« nach Hamersleben verlegt. Aber ein altes Missionszentrum für die Evangelisation unter den Sachsen und Slawen war das hier, man spricht sogar von einer Gründung um 780 durch Karl den Großen. Das erklärt die Größe und Wichtigkeit dieser Kirche. St. Stephanus ist heute evangelisch, die hohe gotische Hallenkirche ergänzt den romanischen Westbau in erstaunlich homogener Weise.

Diese Kirche ist ein Juwel. »Ich bin nicht kirchlich«, sagt die Kirchenführerin, als ich sie nach der Zuordnung der verschiedenen Dörfer zu dieser Kirche frage. Aber sie weiß gut Bescheid. Die schmucke Renaissance-Kanzel erklärt sie uns genau, den mittelalterlichen Altar, die Adelspreiche, die Barockorgel. Meine Frau ist fasziniert von der Himmelsleiter des Jakob, die die Rückwand der Emporentreppe ziert. Bei den Emporenmalereien fällt mir sofort die Stadtkirche von Celle ein. Aber diese hier sind noch farbenprächtiger und schöner. Für die vielen kaputten Epitaphien in der Kirche werden Paten gesucht. Draußen ist die ganze Geschichte des Ortes und der Kirche sauber auf Tafeln beschrieben, der Aktion »Wege in die Romanik« ist das zu verdanken. Die Stadt

Osterwieck kümmert sich anscheinend auch um die Führungen in der Kirche.

Als wir in Badersleben ankommen, ist alles zu. Die Klosterkirche ist, wie am Aushangkasten zu sehen ist, im Besitz der katholischen Kirche. Nein, im Büro drüben ist jetzt niemand mehr, sagt eine Frau, die uns auf dem Friedhof begegnet. Die Gemeinde werde von einem der Patres vom Benediktinerkloster Huysburg pfarramtlich versorgt. Zur abendlichen Messe um 19.00 Uhr werde die Kirche offen sein. So lange können wir nicht warten. Drüben im Kloster sei eine Schule, da ist sie selbst auch noch zum Unterricht gegangen. Aber auch das Portal der Schule, das den Zugang zum Klosterhof markiert, ist fest geschlossen. Harzferien sind im Augenblick. Das war mir nicht bewusst, dass es in der Harzgegend im Februar eine Woche Ferien gibt. Offenbar, um den Schnee anständig zu genießen. Badersleben verlangt eine sorgfältige Vorbereitung, merken wir. Da kann man nicht so einfach hinfahren, um etwas zu besichtigen und zu erleben. Den nächsten Anlauf unternehme ich, da meine Frau arbeiten muss, allein.

Badersleben. Diese vielen Orte, die in dieser Gegend mit »leben« enden, haben meine Phantasie von Anfang an beschäftigt. Ein Heimatforscher, lese ich, hat festgestellt, dass es in dem Gebiet der früheren DDR 192 Ortsnamen mit »leben« gibt. Davon allein 87 im Bezirk um Magdeburg herum. Hamersleben, Hadmersleben, Hedersleben, Adersleben, Badersleben. Diese Orte und Klöster werfe ich anfangs alle munter durcheinander. Ein »lebens«-lustiges Volk scheint das hier zu sein. Mit einem optimistischen oder hoffnungsgewissen Blick, eines, das von dem österlichen Triumph des Lebens über die scheinbare Endgültigkeit des Todes weiß. Die Erklärung dieses Phänomens scheint allerdings prosaischer und materialistischer zu sein. Die Ortsnamen gingen auf die germanische Besiedlung zwischen der Völkerwanderungszeit und dem 10. Jahrhundert zurück, so wird mir bald erklärt. Das Wort »leben« entspricht aber dort dem gotischen »laiba« oder dem altsächsischen »leba«, und das heißt schlicht Hinterlassenschaft oder Erbgut. Badersleben wäre demnach zu übersetzen als »Besitz des Baders«, wer immer der »Bader« dann auch sei. Schade, es könnte alles so viel poetischer sein auf dieser Welt.

Das katholische Pfarrhaus am Grandweg 3 hat einen Hintereingang. Karin D. kommt heraus, als sie merkt, dass ich den Eingang zum Büro nicht finde. Sie hat aus ihrer eigenen Bibliothek sogar einige Bücher mitgebracht, von denen sie vermutet, dass sie mich interessieren könnten. Auch Bruder Petrus, der zuständige Pater vom Benediktinerkonvent Huysburg, ist dageblieben und hat auf mich gewartet. Diplom-Physiker ist er früher gewesen, dann Priester geworden und später Mönch. In Thale ist er aufgewachsen, er kennt das alles schon von früher hier. Bescheiden und zurückhaltend ist er und sehr aufmerksam. Als wir uns Wochen später auf der Huysburg wiedertreffen, sind wir einander schon sehr vertraut. Gemeinsam gehen wir zur Klosterkirche hinüber.

Bruder Petrus erzählt mir, was er über das Kloster weiß. 1479 ist das Augustinerinnenkloster Marienbek in Badersleben gegründet worden. Vom Kloster Marienthal in Eldagsen bei Hannover seien die Frauen gekommen. Da habe es offenbar Auseinandersetzungen gegeben. Ich habe noch nie gehört, dass es in Eldagsen, also im Calenberger Land um Hannover herum, das ich gut zu kennen meine, ein Kloster gegeben hat. Zu Hause angekommen, stürze ich mich sofort darauf. Herauszubekommen ist, dass das Kloster Marienthal 1437 durch den Prior Rembert aus dem benachbarten Kloster Wittenburg gegründet worden ist. Rembert kenne ich schon; das war der bedeutende Theologe, der – im Anschluss an das Basler Reformkonzil von 1431 – den Auftrag erhielt, alle Augustinerklöster im ganzen Sachsen zu visitieren und, wenn nötig, mit aller Schärfe zu reformieren. Auf diese Weise ist dann auch Remberts Nachfolger in Wittenburg, Johannes Busch, in das Augustiner-Chorherrenstift nach Hamersleben gekommen und hat die Stiftsherren dort auf Vordermann gebracht. Ein von Prior Rembert gegründetes Augustinerinnenkloster ist also mit Sicherheit ein Konvent gewesen, der die strengen Klosterregeln hielt.

Für die Gründung des Klosters Badersleben entwickele ich daraufhin eine andere Theorie. 1462 sollen im Kloster Marienthal 60 Nonnen gewesen sein, das reformierte Klosterwesen zog die Frauen mächtig an. 1470 wurde Eldagsen von den Grafen von Schaumburg erobert, das Kloster Marienthal wurde dabei schwer zerstört. Das Konventsgebäude soll insgesamt nur klein gewesen sein. Könnte es nicht sein, dass eine Gruppe von Frauen, die in dem demolierten Gebäude keine rechte Bleibe mehr fanden, in das den Wittenburger Visitatoren gut bekannte Harzgebiet zogen und ein Tochterkloster gründete? Ein Beleg für meine Vermutung finde ich in einer Urkunde des Jahres 1482, in der Mutter Sophia und der Konvent des »Süsterhuses Mariendale binnen Eldagessen« und Mutter Mette des »Süsterhuses to Marienbeke binnen Badersleve« samt Konvent in guter Eintracht geloben, den vom Kloster Huysburg gekauften Grund und Boden in allen Ehren zu halten und dem Benediktinerkloster oben auf dem Berg bestimmte Rechte einzuräumen. Der Propst des Klosters Badersleben ist daraufhin immer von der Huysburg aus bestimmt worden. Oft war es der Abt in eigener Person. Auch später hat das Kloster Marienthal dem Baderslebener Kloster noch finanziell unter die Arme gegriffen. – Es berührt mich auf einmal sehr, dass Frauen aus der Gegend von Hannover in tagelangen Märschen in die Gegend des Harzes gezogen sind und hier, am Fuße des Huy, eine neue Heimat gefunden haben. Schade, dass wir sonst von diesen Frauen so gut wie nichts mehr wissen. Übrigens ist das Mutterkloster Marienthal in Eldagsen weit vor dem Tochterkloster, 1647 am Ende des Dreißigjährigen Krieges, aufgehoben worden. Man weiß noch, wo es war, aber von den Gebäuden selbst ist nichts mehr vorhanden.

Zurück zu meinem Gang mit Bruder Petrus durch die Kirche St. Peter und Paul in Badersleben. Das einzige Kunstwerk aus dem Mittelalter ist die Pietá links vom Altarraum. Wir wenden uns aber zunächst der Renaissance-Kanzel von 1575 zu. Nicht die vier Evangelisten sind, wie vielfach üblich, in der Brüstung der Kanzel abgebildet. Papst Gregor d. Große (der die Vita des Benedikt geschrieben hat), Christus als Salvator, Maria als Patronin der Huysburg und der Hl. Benedikt tragen gemeinsam das Wort, das verkündigt wird. Ich vermisse den Hl. Augustinus. Auch unter den Gestalten des Altars ist er nicht zu finden. Die Augustinerinnen von Marienbek sind doch ganz schön von den Benediktinern der Huysburg überformt worden, denke ich. Da sieht man, wer hier das Sagen hatte. Aber ich vergesse, mit Bruder Petrus darüber zu reden.

Der Hochaltar des späten Barock, um 1750, ist streng, klar und übersichtlich. Mit Geraden und Rechtecken und Quadraten, richtig klassizistisch ist er schon. Maria schwebt in der Mitte des Altars. Strahlen gehen von ihr aus, die mit Ziffern und kurzen Sätzen gekennzeichnet sind. Es sind die 29 Geheimnisse der Maria, sagt Bruder Petrus. Ich versuche, etwas davon zu lesen »Gnadenwahl« (Ziffer 1) steht da und »reine Geburt« (Ziffer 3). Etwas hilflos stehe ich davor. Auf dem Altar als Skulptur Gregor der Große rechts, links Bonifatius: Das Schwert, das durch die Bibel stößt, welch ein seltsames Symbol. Ich begeistere mich an den kunstvollen und farbenprächtigen Verzierungen der Altarwand. An den beiden Ecken des Hochaltars hocken zwei richtig schöne barocke Engel. Aus verschiedenen Zeiten ist Verschiedenes zusammengefügt, aber es ist geschmackvoll gemacht.

Das spätgotische Vesperbild beeindruckt mich tief. Der tote Jesus auf dem Schoß der Mutter, er entgleitet ihr langsam, sie hält ihn am linken Arm fest. Sie weiß, er löst sich von ihr. Maria ist richtig zusammengesunken. Lange stehen wir davor. Was hatten doch diese Künstler für eine intensive Erfahrung von Trauer, Leid und Abschied! Unbekümmert dagegen die beiden barocken Figurengruppen an der Südwand der Kirche. Die Hl. Anna ist noch jung, und Maria ist ein kleines Mädchen. Bei der anderen Skulpturengruppe ist die Mutter Maria fast ein Teenager, höchstens 16 Jahre alt. Diese Künstler haben nachgedacht und zugleich sinnlich gestaltet, sich nicht einfach nach der Tradition hin orientiert. Die Schnitzfiguren an der Nordwand der Kirche stammen aus dem 19. Jahrhundert.

Dann gehen wir auf die erste Empore hinauf, und da kann man es sehen: Der Unterlegene, den der Hl. Michael auf dem Kanzeldeckel triumphierend und spielerisch bezwingt, ist nicht der Drache. Der Teufel mit dem Pferdefuß ist es höchstpersönlich. Stilistisch passt das alles nicht ganz zusammen: Die Intarsienarbeit der Renaissancekanzel und die Weißfassung des barocken Engelfürsten. Aber nachdenken und meditieren darüber kann man allemal. Um den endgültigen Sieg der Wahrheit und des Guten braucht man nicht bange zu sein, davon waren unsere Vorfahren restlos überzeugt. Von hier oben beeindruckt mich noch einmal die Klarheit und Großzügigkeit des Kirchenraumes mit seiner Tonnendecke. Ich lobe Bruder Petrus, dass er den großen Seitenaltar aus der Kirche herausgeschafft hat. In der Zeit des Klosters war hier oben die Nonnenempore, sie wird damals breiter gewesen sein. Der Durchgang zum Kloster ist noch zu sehen, es ist natürlich alles zu.

Dann wartet Karin D. mit einer Tasse grünen Tee auf mich, um mich für den nächsten Gang zu stärken. Ich versuche herauszubekommen, was mich in den Klostergebäuden erwarten wird, die in Badersleben noch in seltener Vollständigkeit erhalten sind. Sie ist seit sieben Jahren als Sekretärin im Pfarramt, aber nein, in der Schule und auf dem ganzen Klostergelände ist sie noch nie gewesen. Nicht zum ersten Mal stoße ich damit auf ein Phänomen, das mich auf diesen Klosterfahrten begleiten wird. Die Einheit der mittelalterlichen Klosterwelt ist, meist seit 200 Jahren, nahezu überall zerschlagen. Die Klöster werden damit fast zu einem Sinnbild für die Vielgestaltigkeit, aber auch für die Zerrissenheit unserer Welt. Es ist die Ausnahme, wenn es gelungen ist, ein gesamtes Kloster mit Kirche und Klostergebäuden wieder in einer Hand zu vereinen. Auf der Huysburg ist das der Fall (Bendiktinerkonvent und katholisches Bistum), auch in Drübeck und Gernrode (Evangelische Kirche). Selbst dort ist die Trägerschaft gelegentlich zwischen Ortsgemeinde/Konvent und Landeskirche/Bistum aufgespalten. Aber überall sonst beggenen mir in diesen Wochen und Monaten die unterschiedlichsten Modelle der Zugehörigkeit einer früher einheitlichen Klosterwelt. Da gehören beispielsweise die Kirchengebäude der katholischen Kirche oder werden von ihr genutzt, die Klostergebäude und das Klostergut sind in privater Hand (Hadmersleben, Hamersleben, Meyendorf). Da gehören die Kirche zur katholischen Gemeinde und das Klostergelände zur Kommune (Hedersleben, Badersleben). Da gehören die Kirche der Evangelischen Kirche und das Klostergelände der Stadt (Quedlinburg). Da gehören die Kirche der Stadt und die Klostergebäude einer Stiftung (Ilsenburg). Da hat schließlich eine Stiftung wieder das ganze Kloster übernommen (Michaelstein). Gerade bei unterschiedlicher Zugehörigkeit sind natürlich Reibungsflächen nicht auszuschließen. Distanzen stellen sich allzu leicht her. Aber die Sorge geht nicht nur um die Erhaltung, vielmehr auch um die Nutzung des kulturellen Erbes, zwingt zu phantasievollen, in die Zukunft weisenden Lösungen. Überall bleibt noch viel zu tun. Der Besucher hat es natürlich gelegentlich schwer, die verschiedenen Zugangswege in Rechnung zu stellen und zu bedenken.

Durch den runden Toreingang gehe ich in den großen Klosterhof hinein, der das Kloster von den früheren Wirtschaftsgebäuden trennt. In der Mitte steht eine Weide. Spielgeräte sind hinten. Tische und Bänke an der Seite geben – an schöneren Tagen – Platz zum Sitzen und zum Essen. Eine Klasse hat offenbar Pause, die Kinder bauen Schneemänner und tollen herum. Albert-Klaus-Schule steht groß draußen dran. Das wird eine meiner ersten Fragen sein, wer das ist.

Ich gehe vom Hof links in das Klostergebäude hinein. Sofort stoße ich auf den Kreuzgang. Ganz herum läuft er nicht mehr, einige Räume, wie das Sekretariat, unterbrechen ihn. Aber der Kreuzgang soll wieder ganz hergestellt werden, wird mir später die Rektorin sagen. Drinnen der Innenhof mit einem Tulpen- und einem Elefantenbaum. Die Klosterstruktur ist noch hervorragend zu erkennen. Alles ist in gutem Zustand. Nur: So einfach kommt man da leider nicht hinein. »Für Unbefugte Zutritt verboten«, steht groß über dem Toreingang. Auf Weisung der Rektorin habe ich mir erst die Zustimmung des Schulträgers, der Gesamtgemeinde Huy, vom Bürgermeister in Dingelstedt einholen müssen, damit sie mich empfängt. Die Erlaubnis habe ich sofort bekommen. Aber die Signale der Distanz sind doch sofort aufgerichtet. Man weiß ja auch wirklich nicht, was ein Autor aus Hannover über die Grundschule der Gemeinde Huy schreiben wird. Ich kann die Vorsicht verstehen. Am Nachmittag bekomme ich mit, dass eine Versammlung der früheren LPG-Mitglieder auch in der Schule stattfindet. Ganz so eng wird das mit dem verbotenen Zugang dann doch wohl nicht gesehen.

Schon auf dem unteren Gang läuft mir die Rektorin Wilja B. über den Weg. Eine lebhafte Frau im mittleren Alter ist sie, mit spürbarer Zurückhaltung mir gegenüber. Über eine geschwungene barocke Treppe geht es nach oben, hinein in das Lehrerzimmer. Dahinter ist ihr Büro. Albert Klaus? Ein Schuhmachermeister (1875–1945) aus Badersleben war er, ein Poet dazu, den »Hans Sachs vom Huy« habe man ihn genannt. In der »Huymundart« hat er gedichtet. Von einer »Huymundart« habe ich noch nie etwas gehört. Aus Wilja B. sprudelt es auf einmal heraus. Ein ostfälisches Platt ist es, das hier in der Gegend gesprochen wird. Da sie aus dieser Gegend stammt und dieses Platt gerne spricht, bietet sie als Rektorin eine »Arbeitsgemeinschaft in Huymundart« in der Schule an. Auf meine Bitte hin liest sie mir einige Zeilen aus einem Gedicht von Albert Klaus. Ich kann das sogar, von meiner Kenntnis des Heidjer-Platt her, gut verstehen.

> *»Schönder sall't woll närgends sien*
> *wie in usen Lanne,*
> *nehm't et mal in Oenschien,*
> *dat is keine Schanne,*
> *twischen Elm un Harz un Huy,*
> *in der greunen Dälle,*
> *wohnt dä allerbesten Lü'*
> *un dä sind ok helle.«*

Wilja B. hat sich auf meinen Besuch vorbereitet, trägt mir aus einem Reader einige Grunddaten zur Geschichte des Klosters vor. Die Gründung 1479. 1621: Der 30jährige Krieg zerstört nahezu alles, Kloster wie Kirche. 1730 der Neuanfang, eine zweite Klostergründung. Die entscheidenden Leute sind der Propst E. Fusting und die Priorin Anna Maria Poppen. Über dem Türsturz beim Eingang in die Schule werde ich später die entsprechende Inschrift, zusammen mit dem Bürgermeister, zu entziffern suchen. Die Säkularisierung. 1806 wird im Kloster ein erstes festes Schulhaus gegründet. Die Eigentümer des Klosters und des Klostergutes sind nacheinander der Amtmann Schuchardt, der Baron von Gustedt, die Familie Schliephake. 1846 wird eine Ackerbauschule gegründet, die in ganz Deutschland einen guten Ruf hat und die bis 1939 besteht. Im Krieg viele Flüchtlingsfamilien. Nach 1945 ein ständiger Wechsel: Kreisberufsschule, Gymnasium, Mittelschule, Kinderheim, Klassen eins bis zehn, Außenstelle des Fallstein-Gymnasiums. Ab 1995 ist das Kloster die Grundschule für alle Orte der Gemeinde Dingelstedt mit den Klassen eins bis vier. 140 Kinder haben sie mit neun Stamm- und zwei Teilzeitlehrern.

Ob man im Dorf wohl noch von einem »Kloster« spricht? Die älteren Baderslebener sagen noch »oben im Kloster«, alle Übrigen reden von der »Grundschule«. Auch vom »Kreuzgang« spricht man nicht mehr in der Schule, sondern von den »Fluren«. Aber es ist eine gemütliche Arbeitsatmosphäre hier im Kloster, sagt Wilja B. Nicht zu vergleichen mit den städtischen Neubauschulen. Unterschiedliche Räume, auch Höhenunterschiede muss man in Kauf nehmen. »Dieses Kloster ist ein ideales Schulgebäude«, sagt sie. Die Außenanlagen seien geräumig. Die Gemeinde ist dabei, innen und außen vieles zu sanieren. Und ich denke, das hätte auch den Augustinerinnen gut gefallen, die einmal aus dem fernen Eldagsen bei Hannover kamen: Dass ihr Kloster auch im 21. Jahrhundert nicht eine strenge, asketische, weltferne Atmosphäre ausstrahlt. Dass die Räume in ihrer Konzentration um eine offene Mitte das Gemüt befruchten, die Sinne anregen und den Menschen bilden helfen.

Wie das überhaupt mit der Erziehung in dieser Schule sei? Es ist schwieriger geworden, gibt Wilja B. freimütig zu. Die Kinder sind familiär oft weniger erzogen. Dem Lehrkörper wird immer deutlicher, dass die Erziehung mehr Wert auf gegenseitige Achtung legen muss, auf Höflichkeit, auf viele alte Tugenden. Der gute Religionsunterricht, der an der Schule gegeben wird, kann da auch mit helfen. Die Berührungsängste zwischen Schule und Kirche, die es früher gab, versuche sie abzubauen.

Dann ist die halbe Stunde vorbei, die sie mir eingeräumt hat. Aber den direkten Weg zum Ausgang, den sie mir zeigt: Den gehe ich nicht. Ich bin frech geworden, streife noch eine Weile in der Schule, vielmehr im alten Kloster herum. Da unten der große Esssaal: Das muss das Refektorium gewesen sein. Der Kreuzgang ist zweigeschossig, merke ich. Ich laufe die Treppe hoch, auch da geht im Obergeschoss der Kreuzgang um den Innenhof. Aber dort ist der Rundgang ebenfalls unterbrochen. Als ich die Schule verlasse, fahren unten die Busse vor, die die Schüler/innen in ihre verschiedenen Dörfer bringen.

Zwei Stunden später habe ich mich mit dem Ortsbürgermeister von Badersleben verabredet. Denn der linke Flügel des

Klostergebäudes, in dem die Schule sitzt, ist nicht der einzige Teil des Klosters, der erhalten ist. Im rechten Flügel sind die ehemalige Propstei und die Wirtschaftsgebäude. Beide Bereiche hat die Gemeinde – mit Fördermitteln – modern und behindertengerecht ausbauen lassen. Als Jugendgästehaus war das alles gedacht und vorangetrieben. Aber dann ist der Betreiber in Konkurs gegangen, noch immer steht alles leer.

Eckehard R. ist Elektroinstallateurmeister, den Bürgermeister macht er ehrenamtlich und nebenher. Wir gehen durch die vielen Räume. Ein gewaltiger Komplex! Für 56 Betten und Bewohner ist das alles ausgelegt. Ein-Bett- und Zwei-Bett-Zimmer, mit Nasszelle und Dusche natürlich alle. Die Empfangshalle am Eingang, vom Hof des Klosters zu begehen. Ein großer Seminarraum im ehemaligen Pferdestall, »der war zwei Meter tiefer«. Zwischendurch wurde der Raum als Turnhalle benutzt. Eine Cafeteria ist daneben. Im Obergeschoss die grüne Etage mit zwei Behindertenzimmern, der Lift gehört selbstverständlich auch dazu. Selbst das Dach ist komplett ausgebaut, die alten Balken sind sichtbar gemacht oder durch neue ersetzt. In der Propstei ist der Wirtschaftstrakt. Eine riesige Küche ist da eingerichtet mit Lagerräumen und Nebenräumen. Alles ist fertig zum Einzug, nur die Möbel und die Lichtquellen fehlen.

Der Stolz auf die Aufbauleistung der Gemeinde ist beim Bürgermeister längst hinter die Sorgen zurückgetreten. Was wird werden? Das Haus ist mein größter Kummer, sagt er. Es kostet, auch wenn es leer steht, eine Menge Geld. Was wird, ist im Augenblick völlig offen. Die Entscheidung liegt beim Land Sachsen-Anhalt. »Wir wissen nicht, was wird«, sagt Eckehard R. Dabei hat die Infrastruktur des Dorfes alles, was die Gäste eines solchen Hauses brauchen. Von der medizinischen Versorgung über die Einkaufsmöglichkeiten bis zu den Vereinen und Treffpunkten ist alles da. Aber im Augenblick tut sich nichts.

Als wir uns schon voneinander verabschieden wollen, sagt er auf einmal: »Wussten Sie, dass das Kloster eine eigene Quelle hat? Sie entspringt unter der Kirche. Bei Belagerungen, etwa im Dreißigjährigen Krieg, hatte das Kloster eine eigene Wasserversorgung.« Wir steigen in einen Keller hinunter. Tatsächlich, da sickert Wasser direkt aus der Wand. Reines Trinkwasser sei das, sagt der Bürgermeister. »Probieren Sie es«. Es schmeckt salzig. Ein starkes Rauschen ist im Keller. Ich vermute, dies sei die Quelle. Aber Eckehard R. ist misstrauisch, geht den Geräuschen nach. Siehe da, eine Wasseruhr ist durchgefroren. Es ist doch gut, wenn man mit seinen Gästen auch einmal in den Keller geht.

Dann steigt der Bürgermeister in sein Auto und fährt davon. »Die Leute sollen mich anrufen, wenn sie das Kloster sehen wollen«, hat er mir noch zugerufen. Als ich ihn Monate später noch einmal am Telefon erwische und nach dem Stand der Dinge frage, klingt seine Stimme hoffnungsfroh. »Es rührt sich etwas«, sagt er. Was es ist, kann er mir erst in vier bis sechs Wochen sagen. Nun, wir werden sehen, was daraus wird.

Ich bleibe, als Eckehard R. davonfährt, nachdenklich zurück. Da ist ein mittelalterliches Kloster, in barocker Umgestaltung, weitgehend mit Kirche, Kreuzgang und Klostergebäuden noch erhalten und für heutige Bedürfnisse wieder hergestellt. Aber die Verbindung zu den Traditionen, aus denen dieser Ort einst lebte, ist abgebrochen. »Wir haben nichts über die Geschichte des Klosters«, hatte Bruder Petrus bei unserem ersten

Die Kirche und das Kloster in Badersleben.

Kontakt am Telefon gesagt, als ich nach möglichen Unterlagen fragte. »Die Aufhebung des Klosters hat alles weggerafft. Der preußische König hat gründliche Arbeit geleistet. Eine wissenschaftliche Arbeit wäre nötig, um alles zusammenzutragen, was man wissen kann«. Aber vielleicht wäre ein deutlicheres Anknüpfen an die geschichtlichen Erfahrungen und eine gelegentliche und leichtere Zugangsmöglichkeit zum Kloster auch nicht schlecht.

Ich blättere in der kleinen Schrift der Selbstdarstellung der Gemeinde Badersleben aus dem Jahre 1999. Das Sudentor, ein Relikt der alten Ringmauer, ziert das Titelblatt. Das Kloster, auch mit Bild, wird mehrfach erwähnt. Auch die Evangelische Kirche St. Sixtus, die sehr sehenswert ist, kommt vor. Die Baderslebener Bockwindmühle. Den breitesten Raum aber nimmt der Schusterpoet Albert Klaus in der Selbstdarstellung des Dorfes ein, mit drei langen Gedichten und einer Lebensbeschreibung ist er vertreten. Zumindest der Heimatbegriff hat sich von der Zeit, in der die Nonnen aus Eldagsen als wandernde Pilgerinnen am Huy ein neues Zuhause fanden, bis heute durchgehalten. Auch wenn die Heimat damals und heute sicherlich ganz anders erlebt und gesehen wurde. Bei Albert Klaus klingt das so:

> *»Min Heimatdörp Barslewwe*
> *In dütschen Reich, dä besten Lü',*
> *Wohnt in der Gegend um den Huy*
> *Da hör' eck sülwest midde tau,*
> *Darumme lowe eck dä sau.«*

»Gotteslob auf dem Berge«

Huysburg

Der Wecker reißt mich aus wirren Träumen. Es ist vier Uhr in der Frühe. Der Blick aus dem Fenster überzeugt mich, dass es noch stockdunkel ist. Geh du zuerst unter die Dusche, sagt meine Frau. Die Müdigkeit will nicht so schnell weichen, erst nach dem Waschen bin ich wirklich da. Draußen ist der Klosterhof bereits voll von Autos. Aus dem Dunkel lösen sich einzelne Gruppen von Menschen, die alle in Richtung Klostergarten streben. Es hat in der Nacht geregnet, von den Dächern tropft es noch, aber der Regen hat aufgehört.

Im Klostergarten ist das Osterfeuer schon angezündet. Lange Balken sind zu einer Hocke zusammengestellt, das Feuer lodert hoch, Funken fliegen weit durch die Luft. Einhundert, zweihundert Menschen versammeln sich um das Osterfeuer. Wir stolpern über ein frisch umgegrabenes Beet, um dem Feuer näher zu sein.

In Prozession kommt der Benediktinerkonvent heran, die weiß gekleideten Zelebranten tragen die beiden Osterkerzen. Am Osterfeuer sollen sie entzündet werden. Die lodernden Flammen und die Hitze machen es nicht leicht, dem Feuer nahe zu kommen, eine Fackel wird zum Zwischenträger. In langen Reihen, mit einem dreimaligen »Lumen Christi« (Licht Christi) und »Deo gratias« (Gott sei Dank) geht es in die dunkle Kirche. Die eigenen Lichter werden angezündet. Wir bekommen noch einen Platz ganz vorne.

Dieses Wechselspiel von Licht und Dunkelheit! Die Dunkelheit ist groß in der weiten Kirche, die vielen Kerzen können die Tiefe der Nacht nicht ganz vertreiben. Selbst vom Altar kann ich, als der Küster die Kerzen vorne angezündet hat, eigentlich nichts erkennen. Wie kleine helle Punkte versammeln sich die Lichter um die Personen herum und leuchten ins Gesicht. Nicht einmal einen Schatten wirft das Licht, der ist sowieso schon da.

Erst einmal wird, am frühen Morgen, unsere Standfestigkeit geprüft. Das Osterlob am Anfang der Osterliturgie ist ein Gesang, der nicht aufhören will. Bruder Jakobus singt es, in aller Ruhe, mit seiner warmen Stimme. Insgesamt hat das Osterlob auf der Huysburg, so bestätigen es sich meine Frau und ich hinterher gegenseitig, etwas Gehaltenes. Da ist nichts Überbordendes und Überschwängliches, wie man es mit dem »Christus ist auferstanden, er ist wahrhaftig auferstanden« in einem orthodoxen Gottesdienst erleben kann. Die Osterfreude hat in einem Benediktinerkloster etwas durch die Liturgie der Jahrhunderte Bewährtes und Gesichertes.

Auch der längste Gesang geht einmal zu Ende, aufatmend setzen wir uns hin. Die Lesungen des Wortgottesdienstes kennen wir aus der Osternacht in der Marktkirche von Hannover. Von der Erschaffung der Welt geht es in 1. Mose 1, über den Auszug Israels aus Ägypten, bis hin zum Osterevangelium. Eine Stunde ist indessen vergangen, es ist sechs Uhr geworden. Langsam wird es hell, die Konturen der Kirche kommen immer deutlicher heraus.

Prior Antonius hält die Predigt. Die Osterbotschaft stellt er hinein in die Zerbrochenheit der Gegenwart. Gottes Kraft ist trotz aller Mächte der Zerstörung da, sagt er. In der Auferweckung Jesu und durch die Taufe in uns selbst hat sie einen guten Ort. Nahezu zwingend schließen sich die Weihe des Taufwassers und die Tauferneuerung an. Abtpräses Ansgar, der Leiter der internationalen Benediktinerkongregation »Annuntiatio« (Verkündigung), zu der auch dieses Kloster gehört, feiert in diesem Jahr das Osterfest auf der Huysburg mit. Er hält das eindrucksvolle Fürbittengebet. Die Eucharistie mit der Austeilung von Brot und Wein, der österliche Segen: Dass fast zweieinhalb Stunden vergangen sind, als der Gottesdienst zu Ende geht, merken wir eigentlich nur daran, wie intensiv die Kälte in unseren Körper eingedrungen ist.

Seit Karfreitag sind wir nun also im Benediktinerkloster auf der Huysburg. Dass die Huysburg wie Hüsburg auszusprechen ist und der Huy als Hü, das haben wir inzwischen längst gelernt. Ein bewaldeter Höhenrücken von 20 Kilometer Länge und fünf Kilometern Breite ist der Huy. Unmittelbar vor Halberstadt ist er gelegen. Ein beliebter Ausflugsort ist der Huy, dessen Name sich wohl von dem englischen »high« (hoch) ableitet. Weite Spaziergänge kann man machen, bei schönem Wetter stehen die Autos auf dem Parkplatz vor dem Kloster dicht an dicht. Ein geräumiges Zimmer im Obergeschoss des Gästehauses haben wir bezogen. Die dichten Wälder rund um das Kloster sind noch ohne Laub, so geht der Blick weit über das Land. Meisen und Amseln tummeln sich vor unserem Fenster, der Buntspecht setzt sich sogar auf unsere Fensterbank. Etwa 20 Gäste sind es, die die Karwoche und Ostern im Kloster Huysburg verbringen. Überwiegend junge Menschen sind es, zwei Familien mit kleinen Kindern sind dabei. Der Gästebruder, der schon erwähnte Bruder Jakobus, betreut die Gruppe ruhig und aufmerksam. Die Stundengebete und Gottesdienste haben wir mitgemacht, Einführungen, Führungen und Gespräche werden angeboten. In der

Der Blick durch das Torhaus auf die frühere Remise und die Klosterkirche.

Gästerunde haben wir, mittags sogar schweigend, bei Musik, zusammen gegessen.

Am dritten Tag ist man an einem Ort zu Hause, ist meine häufige Erfahrung. Tief sind wir indessen eingetaucht in die Geschichte dieses Ortes und in seinen Geist. Zu Hause hatte ich schon das Buch des letzten Priors des Klosters vor seiner Auflösung 1804, des Carl van Eß, gelesen. Eine liebevolle, eine geradezu versöhnliche Darstellung der Klostergeschichte und der ganzen Umgebung ist der schmale Band von 140 Seiten aus dem Jahre 1810. Die Benediktiner der Huysburg könnten ihn eigentlich wieder nachdrucken lassen, es wäre eine gute Ergänzung zu dem Klosterführer. Eine Wanderung mit Bruder Benedikt durch Geschichte und Klosterorte habe ich am Sonnabend mitgemacht. Gut gerüstet bin ich also, will mir scheinen, für einen eigenen kurzen Gang durch die Jahrhunderte, die dieses Kloster geprägt haben und noch immer erfahrbar prägen.

Das Ungewöhnliche an der Huysburg ist für mich, dass sich die Anfangsgeschichte des christlichen Mönchtums an diesem Ort wiederholt. Das habe ich so nur in Frankreich hier und da vorgefunden. »Monachos« heißt ja eigentlich »der allein Lebende«, und mit den asketischen Eremiten, die sich in die Einsamkeit der Wüste oder des Gebirges zurückzogen, hat diese Bewegung einer Weltabkehr und einer radikalen Hinwendung zu Gott begonnen. Erst mit Pachomius (um 320 n. Chr.) setzt das Zusammenleben dieser Menschen in einem »abgeschlossenen Raum« (claustrum = Kloster) ein, für die eigentlich das Wort »Mönch« nicht mehr angemessen ist. Das aber weiterhin gebraucht wird, da das Leben der Klosterinsassen wichtige Aspekte der Askese des Einsiedlers bewahrt. Genau so, in dieser erkennbaren Abfolge, hat es auf der Huysburg begonnen.

Da ist die kleine Kapelle, die Bischof Burchard I. von Halberstadt 1038 auf dem Huy errichtet. 1058 wird sie geweiht. Eher wie eine Privatkapelle dieses Bischofs stelle ich mir das vor, der mehr ein Mönch als ein weltlicher Kleriker war. Mit eigenen Händen habe er Kalk und Steine herbei getragen. Und dann ist da der Wunsch einer Nonne aus dem Kloster

Quedlinburg, die Gemeinschaft der Schwestern zu verlassen und als Anachoretin in die Einsamkeit zu gehen. Bischof Burchard II. erlaubt es ihr. »Wenn du dich denn so innig nach einem abgeschiedenen Leben sehnst«, soll er gesagt haben, »gut, so will ich dich auf der Huysburg neben der Marienkirche einschließen lassen. Das ist ein so einsames Plätzchen, dass du dort einem beschaulichen Leben dich ohne die geringste Störung überlassen kannst«. Der 13. Juni 1070 soll das gewesen sein, und die Klausnerin Pia (die Fromme) sei gerade 40 Jahre alt gewesen.

Bruder Benedikt wird bei seiner Führung sagen, der Unterschied zwischen einer Gefängniszelle und einer Klausnerhöhle sei doch der, dass die eine von außen, die andere von innen abgeschlossen wird. Aber diese Frauen sind schon, freilich auf eigenen Wunsch und mit eigener Zustimmung, richtig eingemauert worden. Mit einem offenen Spalt natürlich für die Essensversorgung, für seelsorgliche Gespräche und für die Mitfeier der Eucharistie. Burchard II. hat dann auch gleich den Domherrn Ekkehard zur seelsorgerlichen Begleitung der Eingemauerten zur Huysburg abgeordnet. Die Nonne Adelheid aus dem Kloster Gandersheim ist, sechs Jahre später, an der Seite der Pia in einer weiteren Klausnerhöhle zu finden. »Das heilige Kleeblatt« wird Carl van Eß die drei Ersten auf der Huysburg nennen, im »süßen Vorgeschmack des künftigen rein geistigen Lebens«. Weitere Frauen sind der Pia und der Adelheid gefolgt. Erst 1411 wird erwähnt, dass die Dominae inclusae, die lebend eingeschlossenen Frauen keine Nachfolgerinnen mehr gefunden haben. Fünf Klausnerhöhlen sind bei den neueren archäologischen Untersuchungen gefunden worden, in der Mauer rechts neben der Klausur des Klosters werden Umrisse der Zellen festgehalten.

Ich stehe davor und spüre, wie unendlich weit entfernt ich bin von dem, was sich hier über mehr als 300 Jahre hinweg zugetragen hat. Die Strenge dieser Klausur ist nicht mehr zu überbieten: Nach einem Probejahr durften die Frauen ihr Leben lang diese Zelle nicht mehr verlassen. Das Anachoretentum hat also im Huy Tradition. Und ich bin überzeugt, dass die berühmte Daneilshöhle am Fuße des Klosterbergs, die wir am Sonnabend besuchen, die der Volksmund einem berüchtigten

Straßenräuber als Wohnung zuweist und darüber schreckliche Geschichten erzählt – dass diese Höhle irgendwann einmal auch eine christliche Einsiedelei gewesen ist.

Bald nach diesen Anfängen auf der Huysburg erfolgt die Gründung des Klosters. Pia muss in ihrer einsamen Zelle eine Frau von einer großen Überzeugungskraft gewesen sein. Sie überredet ihren Beichtvater Ekkehard, sich mit Brüdern zusammenzutun und ein Kloster nebenan zu gründen. Ekkehard zieht den Benediktinerhabit an, Thiezelin und Meinold sind die ersten Brüder. Andere kommen hinzu. 1080 wird Ekkehard zum Abt gewählt. Nach drei Jahren wird ihm diese Bürde zu schwer, er tritt zurück und stirbt nach einigen Monaten. Alfried aus dem Kloster Ilsenburg wird sein Nachfolger als Abt, und erst unter seiner Leitung wird die Huysburg als Benediktinerkloster mit freier Abtwahl am 1. November 1084 durch Bischof Burchard II. offiziell anerkannt.

Abt Alfried hat das Kloster über 50 Jahre hinweg geleitet. Es muss eine gute Zeit gewesen sein. Die Klostergebäude werden errichtet, die heutige Kirche wird gebaut und am 1. August 1121 eingeweiht. Der Weg des Klosters geht im Mittelalter durch Höhen und Tiefen, das muss ich im Einzelnen nicht verfolgen. Eine Episode ist mir allerdings in Erinnerung geblieben, die der vornehme Carl van Eß taktvoll verschweigt. Im Jahr 1273 ereignet sich eine Revolte von Konventualen gegen den derzeitigen Abt Werner. Der Hintergrund: Abt Werner hatte angeordnet, dass nur an zwei Tagen in der Woche Weizenbrot auf den Tisch kommen solle. So handfest wie der Anlass, so schlagkräftig sind die Folgen: Abt Werner wird während der Vesper in der Kirche von mehreren Konventualen unter Beteiligung des Altabts »mit Schlägen und Ziehen an den Ohren« tätlich angegriffen. Die eingesetzte Untersuchungskommission unter dem Vorsitz des Bischofs Volrad bestraft die fünf Schuldigen, darunter den Altabt, mit Ausweisung aus dem Kloster. Als wir in dem noch erhaltenen schlichten Chorgestühl während der Stundengebete mit den Mönchen zusammen in konzentrierter Andacht sitzen, kann ich mir nur mit Mühe vorstellen, dass sich auch solche Szenen einmal hier zugetragen haben. Die Turbulenzen hören erst auf, als mit Abt Ulrich und Abt Johann I. wieder ein anderer

Geist in das Kloster einzieht. Abt Johann holt als Prior Dietrich Brand aus dem Kloster Bursfelde auf die Huysburg, und als dieser dann Abt wird, reformiert er das Kloster mit aller Gründlichkeit. Geistige und geistliche Disziplin, Arbeit für alle und gesunde wirtschaftliche Verhältnisse sind die Devisen. Das geistige Niveau des Klosters hebt sich um Etagen. Als einen »Mann von seltener Wissenschaft und himmlischem Sinn« hat 250 Jahre später Gottfried Wilhelm Leibniz den Abt Dietrich Brand alias Theoderich Branden charakterisiert. 1444 tritt die Huysburg mit ihren 34 Mönchen der benediktinischen Reformgruppe der »Bursfelder Kongregation« bei, stellt in diesen Jahren sieben Äbte für andere Klöster und spielt eine führende Rolle im mitteldeutschen Raum.

Dann folgt wieder eine Zeit des Niedergangs. Die Bauern fallen 1525 auch über die Huysburg her. Alles wird geplündert und weggeführt, selbst die bleiernen Särge der Toten werden nicht verschont. Bis nach dem Dreißigjährigen Krieg hat sich das Kloster von den ständigen Plünderungen und Einquartierungen kaum erholt. Aber die Huysburg kann, als das Fürstbistum Halberstadt 1648 in ein weltliches Fürstentum verwandelt wird und alles ringsherum evangelisch ist, zusammen mit zehn anderen Klöstern katholisch bleiben. Es entwickelt sich immer mehr zu einem Zentrum des katholischen Teils der Bevölkerung zwischen Halle und Magdeburg. Entscheidend dazu beigetragen hat offenbar ein Abt, der wieder zu den großen Gestalten in der Geschichte des Benediktinerklosters auf der Huysburg gehört: Nikolaus von Zitzewitz.

Protestant ist Zitzewitz von Haus aus gewesen, Jurist ist er geworden. Hat bei dem Vermittlungstheologen Georg Calixt in Helmstedt studiert und ist offenbar von dem Toleranzgedanken und dem Einheitswunsch dieses großen Denkers so eingenommen worden, dass er in Köln konvertiert und als Benediktiner in das Kloster Werden eintritt. Auf Visitationsreise kommt er im Auftrag der Bursfelder Kongregation zur Huysburg. Dort ist gerade die Wahl zum Koadjutor des Abtes dran. Gerade einmal zwei Tage ist er da: Die Wahl fällt am 19.12.1676 sofort auf ihn. Bald ist er Abt, die wirtschaftliche Gesundung des Klosters ist sein erstes Ziel, alles Weitere betreibt er mit ähnlicher Konsequenz. Der Ruf seines Gerechtigkeitssinnes geht durch die Lande. Als der König von Schweden ihn nach dem Geheimnis seines Erfolges fragt, antwortet der Abt von Huysburg mit Sätzen, die wie biblische Maximen klingen. »Halte rein deine Hand von Gaben. Höre die Parteien geduldig an, und antworte mit Sanftmut. Dein Ausspruch sei gerecht. Und wenn du immer als Richter in das Haus treten wirst, lege nur ab erst vor der Tür, was Leidenschaft heißt: Zorn, Heftigkeit, Hass, Freundschaft und Schmeichelei«.

Die Wiedervereinigung der christlichen Kirchen bleibt sein großes Anliegen, seine Herkunft aus dem Protestantismus hatte er nicht vergessen. Noch auf seinem Sterbebett hat er vor allem darüber gesprochen. Den Tag der Einigung der Kirchen würden wohl auch die Weiterlebenden nicht mehr schauen, meint er. Aber glücklich könne man sich schätzen und dem Herrn danken, »dass wir den Baum voll Blüten gesehen haben«. Vielleicht werden die Nachkommen die Früchte ernten.

Das Anliegen der Einheit der Kirchen ist lebendig geblieben auf der Huysburg, das merken wir in den Tagen, in denen meine Frau und ich zu Gast im Benediktinerkloster sind. Da wird kein Unterschied gemacht zwischen den Gästen aus der einen oder der anderen Kirche. Aber in den Fürbitten, haben wir beide oft gedacht und es auch ausgesprochen, da kommen wir Protestanten so oft nicht vor. Da wird für den Papst, den eigenen Bischof, die Priester und die Gläubigen der eigenen Kirche gebetet, als hätten die Glaubenden und die Amtsträger der anderen Kirchen nicht das Gedenken nötig. Ein langer Lernprozess ist der Weg zur Einheit der Christen und der Kirchen. Das reich geschmückte Epitaph des Abtes von Zitzewitz hängt im südlichen Querhausarm an der Wand der Kirche und schaut dem allen zu. Die Auferweckung des Lazarus ist darauf dargestellt, und als Auferstehung von den Toten mag vielen die Wiederbelebung des Klosters Huysburg damals erschienen sein. Auch die Einheit der Christen und der Kirchen wird ein solcher gebieterischer Ruf aus dem Munde Christi sein. Man sagt, auf dem Epitaph seien in der Person Christi die Gestalt und das Gesicht des Abtes Nikolaus von Zitzewitz eingezeichnet. Das ist dann wieder dieser kleine Schritt zuviel. Der Schritt in einen Anbetungskult hinein, den

Zitzewitz – so hoffe ich – mit aller Entschiedenheit abgelehnt hätte.

Am 24.10.1704 ist Nikolaus von Zitzewitz gestorben. Genau 100 Jahre später ist es mit dem Benediktinerkloster auf der Huysburg, wie es scheint, endgültig aus. Der Reichsdeputationshauptschluss vom 25. Februar 1803 führt die im Frieden von Lunéville 1801 getroffenen Abmachungen zu Ende, dass das linke Rheinufer fortan zu Frankreich gehören solle und die deutschen Fürsten für die erlittenen linksrheinischen Gebietsverluste zu entschädigen seien. Die Entschädigung der Fürsten im Beschluss von 1803 sieht so aus, dass alle geistlichen Fürstentümer (mit einigen Ausnahmen) und alle Klöster aufgehoben werden. Die Gewinner der so von oben angeordneten Säkularisierung der Territorien und der Klostergüter sind die süd- und westdeutschen Mittelstaaten, vor allem aber Preußen. Fast viermal soviel Einwohner, wie Preußen linksrheinisch verloren hat, bekommt das Königreich auf einen Schlag hinzu.

Dies alles ist nicht denkbar ohne eine weitgehende Veränderung der Einstellung den Klöstern und der katholischen Kirche insgesamt gegenüber. Aufklärung und Französische Revolution haben das im Westfälischen Frieden von 1648 sorgfältig austarierte Gleichgewicht der Konfessionen ins Wanken gebracht. Typisch mag die Meinung des Staatsrechtlers Andreas Joseph Schnaubert sein, der 1788 schreibt: »Kann man sich als möglich gedenken, dass der ganze große Haufen der Geistlichen nur aus guten, weisen, verständigen, richtig denkenden und handelnden Menschen bestehen werde? Wird nicht das Leben in Stiften und Klöstern noch immer im Ganzen ein arbeitsloses und müßiges Leben bleiben, wozu auch leere und schale Köpfe tauglich sind? Sind nicht Unwissenheit und Müßiggang ihrer Natur nach Quellen alles Übels?« Dass man die Beter wieder zu Arbeitern machen müsse, ist nicht erst eine Erfindung des Kommunistischen Manifestes.

Im Kloster Huysburg macht zunächst die beruhigende Nachricht die Runde, die Aufhebung der Klöster werde Huysburg aus einer Reihe von Gründen nicht treffen. Aber dann ergeht im September 1804 der allerhöchste Beschluss, im Namen Königs Friedrich Wilhelm III. von Preußen »die Aufhebung des Klosters Huyseburg« hiermit vorzunehmen. Der königlich-preußische Kriegsrat Krüger teilt dies dem Abt des Klosters mit, der seinen Konvent zusammenruft, um die Auflösung des Klosters mitzuteilen. Carl van Eß hat dieses nun alles miterlebt. »Leichenblass waren alle«, schreibt er in seinem Buch. »Das war das Todesurteil des alten Klosters«. »Das Kloster sank ins Grab«. »Wie die Juden hat der preußische Staat die Mönche behandelt«, wird uns Bruder Athanasius sagen, »mit Kopfsteuer und allem anderen«.

Der Abt geht nach Halberstadt, die 21 Mönche des Klosters verstreuen sich in alle Richtungen. Die Abteikirche wird zur Pfarreikirche der neuen Gemeinde Huysburg umgewandelt, der Prior, eben Carl van Eß, bleibt auf der Huysburg und wird der erste Pfarrer der Gemeinde. Später wird er Kommissar für die Katholiken im Raum Magdeburg, Halberstadt und Halle. Eß versucht zu retten, was zu retten ist. Als er anbietet, die Reste der Bibliothek des Klosters mit eigenem Geld zu kaufen, wird dies abgelehnt. Über Kaufleute, nachdem ein erster Teil nach Halle gegangen ist, wandern die Bücher in alle Welt oder verrotten einfach. Immerhin kann Carl van Eß 1809 »elf geistliche Jungfrauen des aufgehobenen Klosters Egeln« auf der Huysburg aufnehmen, die beisammen bleiben wollen. Das Kloster mit den dazugehörenden Ländereien wird 1823 von König Friedrich Wilhelm III. dem General Karl Friedrich von dem Knesebeck wegen dessen Verdiensten in den Napoleonkriegen geschenkt. Der lässt verschiedene Gebäude der Abtei und den Kreuzgang abbrechen, um unten in Röderhof, am Fuße des Klosterberges, in romantisierender Manier ein Schloss mit Kapelle und Mauergängen wieder zu erbauen. Das scheint alles, nach der Wende und nach gründlicher Renovierung, in hervorragendem Zustand zu sein. Wir versäumen es leider, als wir zufällig das jetzige Besitzerehepaar aus München treffen, sie um eine kurze Besichtigung zu bitten. Sie hätten es uns sicherlich gestattet. Carl van Eß aber hat sich durch diese ganzen Ereignisse erstaunlicherweise nicht verbittern lassen. All dies könnte vielleicht dazu beitragen, schreibt er, »die wider das Klosterwesen aufgebrachte Welt zu versöhnen«. Ein vorausahnender, ein wahrhaft geistlicher Mann!

Der Rest der Geschichte ragt nun schon in die Gegenwart hinein. Die katholische Kirche hat nach 1945 mit der Klosterkirche und dem angrenzenden Klostergebäude auf der Huysburg doch noch einen Fuß in der Tür. Richtet 1952 ein Priesterseminar ein, das bis 1992 dort existiert. Es ist das einzige Priesterseminar in der DDR, alle jungen Pfarrer des Landes sind dort hindurchgegangen. Einige der Dozenten, wie den späteren Bischof von Stockholm, Albert Brandenburg, habe ich während meiner Zeit an der Marktkirche in Hannover noch kennen gelernt. Der sozialistische Staat richtet in den anderen Gebäuden ein staatliches Pflegeheim ein, die Frauen kommen in das barocke Gästehaus, die Männer in das romanische Haus. Keine idealen Voraussetzungen für eine menschengerechte Altenpflege sind diese Häuser natürlich, nach der Wende wird ein neues Haus im benachbarten Dingelstedt gebaut. Der Bischof von Magdeburg kann das ganze Gelände zurückkaufen. Schon 1972 kommen die ersten Mönche wieder. Da der Weg nach Westen verbaut ist, wird die Verbindung mit der polnischen Benediktinerabtei Tyniec in Krakau gesucht. Nach der Vereinigung der beiden deutschen Staaten gibt es eine kurze Phase der Selbständigkeit der Benediktiner auf der Huysburg. Dann wird mit St. Matthias in Trier ein gemeinsamer Konvent gegründet: Der Abt sitzt mit der größeren Zahl der Brüder in Trier, der Prior mit der kleineren Zahl auf der Huysburg. Die weitgespannten Kooperationen der Benediktiner haben, bei aller Betonung auch des eigenen Profils, eine lange Tradition. Der mehrfach verordnete Untergang des Klosterwesens auf dem Berg im Huy ist einem neuen Anfang gewichen.

Der Gang durch das Gelände der Huysburg wird nach dem frühen Morgengebet, den Laudes (um 6.00 Uhr oder 6.30 Uhr!) bei mir zur Tradition. Alles ist noch still und ruhig, kein Besucher ist da, die Mönche sind wieder in der Klausur verschwunden, die wenigen Besucher des Frühgebetes haben sich schnell verlaufen. Immer wieder der Eindruck: Da ist Bewegung auf der Huysburg, ohne dass Menschen zu sehen sind. Es wird gebaut und gebaut. Vor dem Torhaus das kleine Café in einer Baracke, dort tummeln sich am Nachmittag die Spaziergänger und die Klosterbesucher. Auch das soll später einmal einen Platz auf dem Klostergelände finden. Unsere

Vorfahren wussten, dass der Eingang und der Ausgang auch bei Kurzbesuchen ihren eigenen Akzent besitzen. So empfängt das Torhaus den Besucher mit dem bewachenden Auge Gottes im Dreieck und einem Segensspruch auf lateinisch, vor allem entlässt er ihn mit guten Wünschen für seinen ferneren Weg: Halte dreifach fern, schützende Dreifaltigkeit, die drei Unheilsmächte (die drei Parzen oder Moiren sind gemeint, die den Lebensfaden spinnen und abschneiden). Die Buchstaben des Spruches sollen als Chronogramm das Erbauungsjahr 1768 ergeben, das ist mir zu hoch. Links die ehemalige Bäckerei und Schlachterei und die Pferdeställe, die jetzt zu einem Gästehaus umgebaut sind und in dem auch unser Zimmer sich befindet. Links neben der Kirche die frühere Remise, in der jetzt der Gemeindesaal der Ortsgemeinde und das dazugehörende Büro ist. Rechter Hand fällt das prächtige barocke Gebäude sofort ins Auge. Das frühere Gästehaus des Klosters ist es, und das soll es – nach der grundlegenden Renovierung – ab Herbst 2006 auch wieder werden. Dann wird man an den großen Gemälden im so genannten Fürstensaal auch erkennen können, dass man als Gast des Klosters Huysburg in erlauchter Gesellschaft ist.

Die Wiederherstellung des in der Mitte des Klosterhofes, neben der Kirche gelegenen, ältesten Gebäudes wird noch eine Weile dauern. Die nötigen Geldmittel sind eben nicht da. Das Refektorium war es in alter Zeit und schloss den Kreuzgang der Klausur im Süden ab. In der Barockzeit war die Bibliothek hier untergebracht. Ein öffentliches Gebäude soll das Romanische Haus künftig werden mit einem Klosterladen, mit Ausstellungen über die Geschichte des Klosters und über das, was gegenwärtig hier geschieht. Rechts neben der Kirche die Klausur des Klosters. Dazwischen tiefe Löcher und Gräben: Man ahnt, hier sind die Archäologen voll am Werk. Mit einem Kreuzgang wird dann später dieser Bereich wieder abgeschlossen werden.

Bei der Kirche bestürzt mich immer wieder der Gegensatz zwischen dem romanischen Äußeren und dem barocken Inneren. Mit innerer Freude schaue ich vom Klosterhof aus auf eine stilreine romanische Basilika. Diese Proportionen des niedrigen Seitenschiffs zu dem hohen Mittelschiff, das kräftige

Westwerk mit den beiden Türmen und der kleine Dachreiter auf der Vierung: Das strahlt Ruhe und Würde aus. Im Inneren erinnern fast nur noch der rheinische Stützenwechsel (Säule/Pfeiler) und die Reihungen der Fenster an die alte Kirche. Der barocke Innenraum bleibt mir fremd in diesen Tagen. Bei den Gemälden oben an der Decke des Mittelschiffs von 1729 muss ich den Kopf so sehr und so lange in den Nacken

Blick auf die Klausur (rechts), die Kirche und den neu erbauten Kreuzgangteil (links).

legen, dass ich es schließlich endgültig lasse. Am Hochaltar interessieren mich die Skulpturen: Ganz oben der Ordensstifter Benedikt und seine Schwester Scholastika mit großen Gebärden. Darunter, von links gesehen, Papst Gregor der Große, Stephanus als Patron von Halberstadt, Maria Magdalena als Patronin der Einsiedlerinnen und Bischof Burchard I. in jünglinghafter Gestalt. Am längsten schaue ich den vielen musizierenden Engeln mit den unterschiedlichsten Instrumenten auf dem Prospekt der Orgel zu. Die bronzene Grabplatte des ersten Abtes Ekkehard, die ein Abguss der darunter liegenden gotischen Gipsplatte sein soll, und das Epitaph des Nikolaus von Zitzewitz lädt zu eingehender Betrachtung ein. In der Marienkapelle mit der Kopie der romanischen Marienfigur vom Paderborner Dom und der aktualisierenden Mandorla treffen wir uns zu dem einen oder anderen Stundengebet. Aber am liebsten lasse ich mich hineinfallen in das alte Chorgestühl in dem großen Altarraum, schweige, schaue die Gesichter der Menschen auf der anderen Seite oder auf die Vignetten der großen Gestalten der Mönchsgeschichte an den Wänden, die von der Quedlinburger Mathilde bis zur Hildegard von Bingen gehen. Die Brüder erscheinen am Anfang einzeln aus der Klausur, durch die kleine Tür rechts neben dem Altar. Am Ende werden sie in geschlossener Reihe aus dieser Tür wieder entschwinden. Der Prior gibt durch ein zweimaliges Klopfen auf der Bank das Zeichen zum Beginn. Der Kantor setzt ein.

Dieser Gesang der Psalmen in den Stundengebeten des Tages. Zu vier Gebetszeiten sind die sieben Stundengebete (Horen) des Mönchtums zusammengezogen. Die kluge Ökonomie der Kräfte fällt mir als erstes auf. Das Gebet in der Frühe, da, wo man noch voll bei Kräften ist, dauert am längsten. Bis zu 50 Minuten können sich die Laudes strecken. Das Mittagsgebet, wenn die Suppe schon auf dem Tisch dampft, ist nach sieben Minuten vorbei. Ein Psalm, höchstens zwei Psalmen, ein kurzes Gebet: Sozusagen mitten im Satz bricht es auf einmal ab. Vesper und Komplet haben einen längeren Atem.

Aber das Gebet in der Frühe braucht seine Zeit. Sechs, teilweise längere Psalmen werden im gregorianischen Wechselgesang hintereinander weggesungen. Zwei Lesungen kommen noch dazu, mit dem Lobgesang der Maria, dem Benediktus, schließt die »Metten« am Karsamstag ab. Der ganze Psalter ungekürzt mit seinen 150 Psalmen wird jede Woche einmal durchgesungen. Für den eher zufällig in ein solches Stundengebet geratenden Gottesdienstbesucher ist das zu viel. Die Worte rauschen nur so vorbei, am Ende hat er viel gesungen und gebetet und nichts behalten. Aber wie mag es denen ergehen, die diese Psalmen Woche für Woche singen? Werden sie das alles allmählich auswendig wissen? Wird es bei ihnen den Übergang von dem »Ich singe« zu dem »Es singt in mir« geben, die das Kennzeichen der vollkommenen Einheit von Musik und Wort und Person des Singenden ist? Und wie ist es, wenn die ganze Existenz des Menschen vom Morgen bis zum Abend auf Worte gestellt ist, die Martin Buber und Franz Rosenzweig in ihrer Bibelübersetzung – einschließlich Klageliedern und Verwünschungen – ein »Buch der Preisungen« nennen? Das ganze Leben mit seinen Höhen und Tiefen ständig vor Gott ausgebreitet und gelebt? Ein paar Tage in einem Kloster genügen nicht, um Antworten auf solche Fragen zu finden.

Ich habe die drei Tage im Benediktinerkloster auf der Huysburg genutzt, um zwischendurch die Regel des Hl. Benedikt noch einmal wieder zu studieren. Dieser »Vater des Mönchtums« hat seine Erfahrungen im Kloster Monte Cassino doch wohl erst gegen Ende seines Lebens aufgeschrieben (zwischen 547 und 560 gehen die Vermutungen über sein Todesjahr hin und her). Dieses kleine Buch mit seinen 73 Kapiteln ist mit der Ausbreitung des Mönchtums in viele Länder gekommen. Es hat die abendländische Welt revolutioniert. Schon allein das »Ora et labora«, das »Bete und arbeite« war eine einzige Herausforderung. Nicht das »Ora« war dabei die Provokation, sondern das »Labora«. Das Ethos der Arbeit, das der Antike völlig fremd und auch in der germanischen Welt nicht hoch entwickelt war, wird auf einmal zu einer der Leitideen des Lebens. »Arbeit wurde durch das Vorbild der Klöster vom Fluch des bedauernswerten Sklaven oder einfachen Mannes zum Teil des Gottesdienstes« (Franz Metzger u. A.). Den Söhnen der Patrizierfamilien Roms, die zu Benedikt ins Kloster gekommen sind, hat man die einfachsten Handgriffe beibringen müssen, wird Bruder Benedikt bei seiner Führung sagen.

Dazu die Weisung des berühmten Kapitels 43: »Man soll also dem Gottesdienst nichts vorziehen«. Die Anweisung an den Abt: Nicht die Verwaltung der Güter, sondern die Leitung der Seelen sei sein Metier (Kap. 2). Die Sorge für die kranken Seelen, nicht die Gewaltherrschaft über die gesunden ist seine Aufgabe (Kap. 27). Das Lob der Sparsamkeit wird überall gesungen. »Von der Liebe nicht lassen«, das bleibt das Wichtigste. Dieses herrliche Kapitel über den Schlaf der Mönche, gegürtet zum ständigen Aufbruch, mit dem leisen, nie aufdringlichen Wink aus den Erfahrungen der Männerkonvikte: Die jüngeren Brüder sollen ihre Betten nicht nebeneinander, sondern zwischen den Älteren haben. Man kann in der Regel des Hl. Benedikt lesen und lesen, und wird überall die Worte eines Mannes finden, der die Verantwortung spürt, in kühnem Vorgriff als Vater der Klosterfamilie ein deutliches Abbild des Vaters im Himmel zu sein, so wie Christus ihn uns sehen gelehrt hat.

Die letzten zwei Stunden im Benediktinerkloster auf der Huysburg sind angebrochen. Wir haben unser Gepäck im Auto verstaut. Der Prior hat, zur Feier des Osterfestes, um 12.00 Uhr die Gäste des Klosters zum Sektempfang und zum anschließenden festlichen Osteressen eingeladen. Die Tür der Klausur steht offen, wir gehen durch den noch erhaltenen gotischen Nordflügel des Kreuzgangs in die Halle. Die meisten von den neun Brüdern kennen wir nun schon. Bruder Petrus hat mich in Badersleben geführt. Bruder Jakobus, Bruder Benedikt, der Prior. Mit Bruder Athanasius, der einer der vier Priester und Neutestamentler ist, kommen wir in ein lebhaftes Gespräch. Über Direktor Bode reden wir, der im 19. Jahrhundert nach der Säkularisierung der Klöster in der Gegend herumgereist ist und wichtiges Kulturgut aufgekauft hat, so dass jetzt einige Kapitelle des Kreuzgangs der Huysburg – nach dessen Wiedereröffnung 2007 – im Bode-Museum in Berlin zu sehen sind. Über die »verfestigte Konfessionslosigkeit« dieser Gegend sprechen wir, die schon lange andauert, über das Dritte Reich und die Zeit der DDR bis in unsere Gegenwart reicht. Eine »qualifizierte Nachdenklichkeit« bei etwa 20 Prozent der Bevölkerung hätten die Soziologen festgestellt. »Das ist unsere Chance«, sagt Bruder Athanasius, dieser Nachdenklichkeit wollten sie sich stellen. Die Nachfragen seien schon jetzt so stark, dass demnächst wohl ein zehnter Benediktiner von Trier zur Huysburg kommen wird. Der Ausbau des Gästehauses und des Romanischen Hauses solle dazu dienen. Unten in Röderhof wird auf dem ehemaligen Klosterhof ein Jugendgästehaus gebaut, mit einer Halle direkt daneben. »Schulklassen brauchen eine Sport- und Aufenthaltshalle für das schlechte Wetter, sonst kommen sie nicht«.

Das gemeinsame Osteressen im Refektorium schließt sich an. Alle haben Tischkarten, jedem der Gästetische ist ein Klosterbruder zugeteilt, Bruder Petrus sitzt an unserem Tisch. Bruder Jakobus und Bruder Hellmuth haben eine Schürze über dem schwarzen Habit und bedienen. Ein wirklich festliches Mahl ist es, mit Lamm natürlich, mit Vorsuppe und Nachspeise und einem Glas Wein dazu. Die Fastenspeise mit Pellkartoffeln und Quark, mit Reiseintopf und Salat haben wir an den vorigen Tagen in getrennten Räumen eingenommen. Das Freudenmahl genießen wir zusammen. Und es breitet sich dann doch so etwas wie eine gelöste Osterfreude im Raume aus. Die andauert, als wir hinterher das Mittagsgebet in der Marienkapelle halten und uns – im Kreuzgang – mit Herzlichkeit voneinander verabschieden.

»Es werde der Ort auf ewige Zeiten zur Gottesverehrung bestehen«, soll Bischof Burchard I. bei der Erbauung der ersten Marienkapelle auf der Huysburg gesagt haben. Wenn man nicht an die prophetischen Gaben von Bischöfen glauben will, so ist ein solches Wort doch wohl ein Anstoß gewesen, diese Stätte des Gotteslobs immer wieder neu aufzubauen. Es ist schon ein kleines Wunder, dass bei allen Veränderungen der geschichtlichen Umbrüche das Gotteslob dort oben auf dem Berg wieder in einem Kloster gesungen wird. Es ist gut, dort Rast zu machen und ein paar Tage darin einzutauchen.

»Zauber der Kapitelle«

Hamersleben

Nach Hamersleben nehme ich die Berliner Autobahn, obwohl mich die Drängelei der Laster und der Autos gerade auf der Strecke bis Braunschweig immer aufs Neue nervt. Für Staus habe ich mir genügend Zeit mitgenommen. Aber ich komme gut durch, und so beschließe ich kurzerhand, einen Zwischenstopp im Kaiserdom von Königslutter einzulegen: Einübung in die Betrachtung der hohen Kapitellkunst ist heute angesagt! Ich tauche ein in das schummerige Dunkel des weiten romanischen Doms mit seinen herrlich stämmigen Pfeilern. Viel Zeit zu langen Rundgängen habe ich nicht. Das »Haarrauferkapitell« im nördlichen Querhausarm verdient einen kurzen Blick, auf dem zwei Frauen die langen Zöpfe einer mittleren Figur dem Betrachter hinhalten. Gegenüber das Knospenkapitell mit den drei Hunden. Ob der Domführer recht hat mit seiner Interpretation, dass beide Kapitelle das Böse verkörpern und Hure und Hund nicht in das Reich Gottes gelangen werden? Das wird mir einmal mehr ungewiss. Können wir wirklich nach fast 900 Jahren noch wissen, was die Künstler mit ihren Gestaltungen gemeint haben? Mehr als Interpretationsversuche können das alles doch nicht sein. Im Kreuzgang studiere ich die Vielfalt der Säulengestaltung: Rill- oder Flechtmuster oder ornamentaler Blattschmuck. Geradezu einen Horror vor der Monotonie scheinen die Künstler gehabt zu haben. Nachweislich stammten sie aus Italien, Kaiser Lothar hatte sie auf seiner Reise zur Kaiserkrönung 1133 in Rom kennen gelernt. Sogar der Name eines Baumeisters und Bildhauers ist bekannt, der auch an anderen – italienischen – Domen und Kirchen tätig war: Der Meister Nikolaus. Der berühmte »Jagdfries« mit den beiden Hasen, die den Jäger fesseln, suche ich vergeblich. Bis mir, viel zu spät, einfällt, dass diese wahrscheinlich hintergründigen Jagdszenen außen an der Chorapsis zu finden sind.

Schnell bin ich auf der B 1 in Helmstedt, fahre auf der kurvenreichen und hügeligen B 245 in Richtung Halberstadt. Durch Harbke und Barneberg geht es. Links tauchen die drei Türme von Hamersleben auf: Die beiden Türme über den Seitenschiffen gehören zur katholischen Klosterkirche, der 1889 erbaute Westturm zur direkt daneben stehenden neuromanischen evangelischen Dorfkirche. Auf dem Gelände des Klostergutes stelle ich mein Auto ab und suche den Eingang in die Kirche, die täglich offen sein soll.

Der ist nicht leicht zu finden. Das Portal des südlichen Seitenschiffs, auf das man neben dem Klosterrestaurant als erstes stößt und das durch ein Tympanon mit zwei Drachen herausgehoben wird, ist zu. Ganz auf die andere Seite muss man, wo in der Klostermauer eine kleine Holztür mit der schlichten Aufschrift »St. Pankratius« ist. »Das ist der Preis für das Offenhalten der Kirche«, wird mir später der Pfarrer sagen, »dass die Besucher der Kirche am Pfarrhaus vorüber müssen, damit ich sie sehen kann. Gerade Kinder haben manchmal eine Aufsicht nötig«. Ich öffne die Pforte, falle fast die steilen Stufen hinunter und bin im Pfarrhof. Ein wildes Kreischen empfängt mich. Der Pfarrer ist staatlich geprüfter Landwirt und hat in zahlreichen Volièren auf dem Hof eine ausgedehnte Papageienzucht. Links vor mir liegen die halbkreisförmige Hauptapsis mit dem herrlichen Schachbrettmuster in den Lisenen und die beiden kleineren Nebenapsiden. Eine winzige Leichenhalle steht rechts, der Friedhof war dies früher. Der gelbe Hahnenfuß blüht, die Schneeglöckchen schon länger, die Bienen fliegen. Ein Ort der Ruhe und des Friedens ist das hier, zu dem – wenn man sich daran gewöhnt hat – die schrillen Schreie der Papageien irgendwie dazugehören. Vielleicht sind es gerade diese, die den bösen Geistern wehren.

Dann sitze ich, in einem kleinen Gemeinderaum des Pfarrhauses, vor Ludger K. 80 Jahre alt wird der Pfarrer demnächst werden. Im Ruhestand betreut er die kleine katholische Gemeinde von Hamersleben mit seinen 200 Mitgliedern und die Kirche. Einen dicken Pullover hat er an; auch nachher, als wir in die kalte Kirche gehen, wird er keinen Mantel tragen. Vom Treppenhaus tönt das Gekreische des Graupapageis in den Raum hinein, den er im Hause hält und der sich jeden Abend mit einem »Gute Nacht, Jako« von ihm verabschiedet. »Er hört meine Stimme«, sagt Ludger K., »will mit mir reden. Hat er ein Erkenntnisvermögen? Arbeitet sein Gedächtnis mit Assoziationen?«

Wie ein kluger Bauer oder ein wacher Handwerker, der gerade von der Arbeit kommt, sitzt dieser Pfarrer vor mir. Und ich begreife immer mehr im Laufe der zwei Stunden, die ich bei ihm bin: Ohne die Begeisterung dieses Mannes für den Glauben und für diese Kirche würde es die Klosterkirche von Hamersleben so nicht mehr geben. Immer wieder sind es die Einzelnen, die wie der Atlas im Kreuzgang von Königslutter ein Gewölbe in schweren Zeiten tragen. »Ich bin mein eigener Hausmeister«, sagt er, weist auf einen Stützbalken, den er gesetzt oder einen Plattengang, den er gelegt hat. Die ganze Kirche und einen Teil des Klosters mit allem, was sich in langen Jahrhunderten dort angesammelt hat, hat er allein im Blick. Diese Verantwortung könnte ich überhaupt nicht tragen. Seit 44 Jahren ist er hier, 1962 ist er gekommen. Die Klosterkirche von Hamersleben und Pfarrer Ludger K. sind für alle, die auf dieses Kloster stoßen, eins.

Um das Jahr 1107 ist das Kloster als Augustiner-Chorherrenstift durch Bischof Reinhard von Halberstadt in Osterwieck gegründet worden und wurde schon nach wenigen Jahren, wahrscheinlich 1111 nach Hamersleben verlegt. Als eine »aufstrebende klosterähnliche Kommunität« bezeichnet Ludger K. die Augustiner-Chorherren, die für einen Bischof den Vorteil hatte, dass sich die Priester in die Seelsorge des Bistums integrieren ließen. Über die hohe wissenschaftliche und theologische Bedeutung des Stifts, die das Kloster sehr schnell erlangte, reden wir nur kurz. Schon Propst Thietmar, der erste Leiter des Konventes, wurde als bischöflicher Kurier immer wieder nach Rom geschickt. Er starb dort 1138, und ist in der Lateran-Basilika begraben. Einer der großen Theologen und Philosophen des Mittelalters, Hugo, der spätere Abt von St. Victor in Paris, hat um 1115 herum seine Laufbahn in Hamersleben begonnen. Ein Zentrum der Förderung von Wissenschaft und Theologie auf internationalem Niveau ist das Chorherrenstift über viele Jahrzehnte hinweg gewesen. Als »Liebhaber der geistigen Schönheit« hatte der Kirchenvater

Augustinus die »geliebten Brüder« bezeichnet, die nach seiner Mönchsregel »durch ihren guten Wandel den Wohlgeruch Christi verbreiten, nicht wie Sklaven unter dem Gesetz, sondern wie Freie unter der Gnade« (Kapitel XII). Zumindest im ersten Jahrhundert seines Bestehens, in dem auch die Klosterkirche entstanden ist, hat das Augustiner-Chorherrenstift seinem geistigen Vater alle Ehre gemacht. Ludger K. redet sich in eine richtige Begeisterung hinein. Plötzlich stockt er, ein verschmitztes Lächeln huscht über sein Gesicht. Ich bekomme heraus, dass er 2011 zur Neunhundertjahrfeier von Hamersleben – wenn seine Kräfte dazu reichen – eine größere Monographie über das Kloster veröffentlichen will. Offenbar ist ihm gerade die Warnung durch den Kopf geschossen, dem Autorenkollegen nicht zu viel von seinen eigenen Nachforschungen zu verraten. Ich kann das verstehen und suche einen Übergang in die jüngere Geschichte.

Wie war das in der Zeit der DDR? Ludger K. holt weit aus. 1804, bei der Säkularisierung der alten Klöster, gehörte Hamersleben zu den Klosterkirchen, die der katholischen Kirche erhalten blieben. Als »inkorporierte Pfarrei«, als eine Art Staatspatrozinium blieb die Kirche dem katholischen Gottesdienst gewidmet. Klostergüter und Klostergebäude wurden privat verpachtet. Das hat im Grunde bis 1945 funktioniert. Dann kam der kommunistische Staat, der hatte zunächst andere Sorgen. Von seiner atheistischen Grundhaltung hatte er natürlich auch kein Interesse, sich um die Erhaltung von Klöstern und Kirchen sonderlich zu kümmern.

In den 60er und 70er Jahren setzte eine neue Entwicklung ein. Es entwickelte sich Tourismus, es gab den »kleinen Grenzverkehr«. Objekte wurden gesucht, die vorzuführen sich lohnen würden. Die Formel von der »Aneignung des kulturellen Erbes« wurde erfunden. Auch Kirchen fielen hier und dort darunter, Hamersleben gehörte schnell dazu. Eine »glückliche Inkonsequenz« nennt das der Pfarrer. Neben dem Staat, der »sich selber getätschelt hat«, gab es außerstaatliche Gemeinschaften, in denen Menschen mit Einsatz, Offenheit und Vertrauen leben und überleben konnten. »Da war oft mehr Menschlichkeit und Nähe da, als es heute zu spüren ist«. Und Ludger K. stimmt ein hohes Lied auf die damalige

Denkmalpflege an, die mit Sachverstand und persönlichem Einsatz an der Erhaltung und Sanierung der Klosterkirche gearbeitet hat. »Von Ostern 1963 an hatten wir über 25 Jahre lang bis zur Wende ununterbrochen Handwerker im Haus. Auf dem Höhepunkt waren es fast 20 Leute«. Ein überraschendes Geschenk, dass das alles möglich war.

Es ist an der Zeit, in die Kirche hinüberzugehen. Was wird er mir noch alles zu der Kirche sagen können! Aber zunächst einmal kommt das ganze Elend der gesamten Klosteranlage auf den Tisch. Wir gehen durch den vollständig erhaltenen Kreuzgang. Nur zwei Flügel gehören der Kirche, die anderen beiden Flügel sind privat. Nach der Wende ist das Klostergut samt Gebäuden, das verstaatlicht worden war, an den früheren Besitzer zurückgegeben worden. Dessen Nachkommen leben in Los Angeles. Seitdem tut sich nahezu nichts. »Die Gebäude sind für jeden Investor Ballast, Interesse besteht nur an den Ländereien«, meint der Pfarrer. Inzwischen verkommt und zerfällt nahezu alles. Ich gehe später über den Hof mit zunehmender Erschütterung und Depression. Auf einem Balken entziffere ich die Jahreszahl 1470, das ehemalige Brauhaus gegenüber dem Nordflügel der Klausur wird es sein: Die Fenster sind eingeschlagen, Balken hängen herab. An der Westseite der Klausur eine Inschrift von 1482. Ich frage herum: Keiner weiß, ob etwas oder wann etwas geschieht. Wie ein Totenreich, in dem sich kein Leben mehr rühren wird, wirkt alles. Ludger K. zeigt mir einen Raum, der auch zu dem Privateigentum gehört: Die ehemalige Küche ist es, vier schöne Pfeiler deuten die Klosteratmosphäre des Raumes an. Die Speisedurchreiche zum Refektorium ist noch zu sehen. Aber von den Wänden blättert der Putz, alles verrottet immer mehr. Im Innenhof des Kreuzgangs hat das Pfauenpärchen des Pfarrers seine Heimat gefunden, brütet jedes Jahr seine vier bis fünf Jungen aus. Draußen führt das barocke Portal vor dem Klausurgebäude vor eine Bretterwand. »Wir sind schon durch schwierige Zeiten hindurch gekommen«, sagt Ludger K. »Hoffen wir weiter, dass das Klostergelände einmal so genutzt wird, dass es von Gott und seinen Wegen und Wundern erzählt«.

Wir gehen weiter durch den Kreuzgang auf die Kirche zu. Als Orangerie nutzt der Kollege im Winter den Kreuzgang für seine Pflanzenzüchtungen, sogar ein kleiner Olivenbaum ist darunter, der wirklich Oliven trägt. Dann stehen wir im Altarraum der Kirche, schauen in Richtung der Orgel, und Ludger K. stößt einen Schrei des Erschreckens aus. Dichter Nebel ist in der Kirche. Draußen hat es eine plötzliche Erwärmung gegeben, plus 18° bis 20° Celsius sind es heute. Vor zwei Tagen, Ende März, waren noch kräftige Nachtfröste da. In den Mauern der Kirche hat sich die monatelange Kälte festgesetzt. Der Pfarrer hatte heute Morgen zwei kleine Türen geöffnet, um die Luft in der Kirche wenigstens etwas zu erwärmen. Die warme Luft von draußen mit ihrer hohen Luftfeuchtigkeit ist in der kalten Luft der Kirche kondensiert. Ludger K. kennt das Phänomen, aber so schlimm hat er es schon lange nicht mehr erlebt. Fast im Laufschritt eilt er davon, um die Türen wieder zu schließen. Immer wieder sind es diese praktischen Fragen, die für die Kirche überlebenswichtig sind. Im Südschiff tropft es schon wieder von der Decke, obwohl das Dach gerade repariert worden ist. Er wird die »Domstiftung des Landes Sachsen-Anhalt« anrufen, die für die Erhaltung der Kirche zuständig ist. Im Seitenschiff zeigt er mir, wo oben in den Fugen der Eichenbalken die Schmetterlinge ihre Eier legen. Hunderte von kleinen Schmetterlingen muss er im Sommer ins Freie tragen. Trotz der erheblichen Kälte wandert die Gemeinde im Winter mit den Gottesdiensten nicht aus der Kirche aus. Heizkissen auf den Bänken geben wenigstens etwas Wärme von unten her. »Das Problem für die Leute sind die Kirchen, die Heizungen haben«, schmunzelt der Pfarrer. Ich ziehe meinen dicken Mantel etwas fester um mich herum.

Aber jetzt haben wir Zeit, uns in der Kirche genauer umzusehen. Schon bei meinem ersten Besuch in Hamersleben sind mir die überlebensgroßen barocken Apostel aufgefallen, die wie im lebhaften Gespräch miteinander sind. Im nördlichen Querhaus hängen sie fast bedrohlich oben an den Wänden. »Erst nach Jahrzehnten habe ich entdeckt«, sagt Ludger K., »dass in dem Buch, das dieser Apostel in der Hand hat, die Jahreszahl 1695 steht«. Nein, die Namen der Apostel will er den Gestalten nicht einfach zuordnen. »Die haben so oft auf der Erde gelegen, ich weiß nicht, ob sie alle noch die richtigen Attribute haben«. Aber den Jakobus links außen mit der Pilgermuschel am Hut lasse ich mir doch nicht ausreden, und den Petrus rechts in der Mitte mit dem Schlüssel. Warum es 13 sind? »Das fragen Sie als Theologe«, lacht er mich aus. »Die Zwölfzahl der Apostel kommt doch nur von den 12 Stämmen Israels. Paulus als 13. Apostel taucht überall in der Kunst des Mittelalters auf«. Das schön geformte Ziborium, den Altarbaldachin aus dem frühen 13. Jahrhundert im südlichen Querhaus schauen wir uns an, und die Reste der Apostelreliefs aus der gleichen Zeit an den seitlichen Schranken des Altarraums, die in der Liebfrauenkirche in Halberstadt noch besser erhalten sind. Der gewaltige barocke Altar von 1687 ist natürlich nicht zu übersehen, 17 Meter hoch ist er, »ein vierstöckiges Wohnhaus überragt er glatt«. Der wunderbare Orgelprospekt aus der gleichen Zeit zieht immer aufs Neue meine Blicke an. Nach 1950 schwieg die Orgel wegen gravierender Schäden für lange Zeit. 1991/92 wurde der Grundstein für die Erneuerung der Orgel gelegt, und die Orgelbaufirma Hammer aus Hannover baut, so wie eben das Geld reicht, die Orgel hinter dem barocken Prospekt wieder auf. 2001 war die Einweihung des bis dahin fertig gestellten Werkes. Zum Jubiläum 2011 soll die gesamte Orgel mit ihren 41 Registern vollendet sein. Der Chef der Orgelfirma, Christian E., hat mir schon in Hannover von dem Pfarrer in Hamersleben vorgeschwärmt. Jetzt stimmt dieser auf einmal neben mir ein »Gloria patri« an. »Merken Sie, wie der Raum die Stimme trägt?« Zu einem Konzert des Hamerslebener Orgelsommers werde ich in diesem Jahr sicher einmal fahren.

Zwei Grundfragen der mittelalterlichen Klosterarchitektur kann man in Hamersleben schön bearbeiten. Der Ort von St. Pankratius in der Architekturentwicklung des Mittelalters lässt sich gut bestimmen. Ich weiß, dass das hohe Mittelalter von der Auseinandersetzung zweier gegensätzlicher Baukonzepte bestimmt ist. Da ist die Richtung, die der Kirchenarchitektur gerade auch in der theologischen Aussage einen Eigenwert zutraut. Sie lässt die Kirche zu einem Abbild des Himmlischen Jerusalems werden. Das heißt dann aber, der Kirchenbau wird mit einem immer größeren Aufwand betrieben. Die Gliederung in den Innen- und Außenräumen wird immer vielfältiger, die Kirchen wachsen in die Höhe, das »Dilemma der Höhensteigerung« stellt sich ein, das nur mit neuen Techniken wie dem Kreuzgewölbe zu bewältigen ist. Ich weiß nicht, ob man dies einfach als »höfische Kunst« bezeichnen kann. Aber es ist offensichtlich, dass etwa der Dom in Speyer – in der Zeit des Investiturstreites Kaiser Heinrichs IV. mit Papst Gregor in Rom – als »Triumphsymbol kaiserlicher Macht« (Ernst Badstübner) verstanden werden kann, das – in Fortsetzung karolingischer und byzantinischer Traditionen – die Herrschaftsgewalt des Kaisers als Abbild der absoluten Herrschaft Gottes sieht.

Das Reformmönchtum, vor allem der Benediktiner, denkt und fühlt hier anders. Internationale Verflechtungen sind selbstverständlich, die Musterbücher der Architekten und das Gedankengut der führenden Theologen wandern vom burgundischen Cluny über das lothringische Gorze bis in das schwäbische Hirsau. Breiten sich aus, mit jeweils anderen Akzenten, im ganzen Abendland. Ein einheitlicher Liturgieraum des Mönchtums entsteht, das wieder zurück will in die Armut der Nachfolge Christi. Das die Kirche versteht als ein Haus für einen Kultus, der auf Anbetung und Lobpreis gestellt ist. Der Prozessionscharakter wird wieder wichtig: Das Leben und der Glaube der Menschen ist ein Weg in die himmlische Heimat.

Ich schaue mich in der Kirche von Hamersleben um, schreite die Wege langsam ab. Glatte Wände, die Balkendecke des Mittelschiffes, Klarheit und Überschaubarkeit. Eine rhythmisch-dynamische Gliederung, die die innere Bewegung durch einen Verzicht auf die äußere Bewegung provoziert. Und dann ein reich ausgestaltetes Presbyterium (Altarraum), mit den drei Apsiden, das deutlich macht, in welche Richtung die äußere wie die innere Bewegung geht. Die Regularkanoniker, wie es die Prämonstratenser und hier die Augustiner-Chorherren waren, haben offenbar die Bauideen des Reformmönchtums mit großem Nachdruck aufgegriffen und sie zu den eigenen gemacht. Die Einheitlichkeit der Kirche scheint mir – im Streit der Architekten und Kunsthistoriker – doch für eine relativ kurze Bauzeit zu sprechen, die dann auf die Jahre 1120 bis 1130 anzusetzen wäre. Gerade der erste Propst des Konvents, Thietmar, dieser herausragende Kopf, muss der Bauherr und Inspirator der Kirche gewesen sein. Man muss sich klar machen, dass genau dies die Zeit war, in der der Zisterzienser-Orden gegründet wurde. Bernhard von Clairvaux trat 1112, als Mönch in Citeaux ein und gründete 1115, als erster Abt, das Tochterkloster Clairvaux. Seine geradezu wütende Polemik gegen die Prachtentfaltung in den Kirchen, gerade auch in den Mönchskirchen, lag also sozusagen in der Luft. Schlicht Oratorium, ein Bethaus, nannten konsequenterweise die Zisterzienser ihre Kirche.

Aber da gibt es nun wieder, und das ist die andere Frage, die mich beschäftigt, in Hamersleben diese »glückliche Inkonsequenz«. Der Bauschmuck in St. Pankratius übertrifft die Schlichtheit einer Mönchskirche um ganze Dimensionen. Ich meine natürlich die Kapitelle dieser Kirche. Allein wegen der Kapitelle **muss** man nach Hamersleben fahren! Kunstwerke sind es von geradezu europäischem Format. Sicherlich sind es wandernde Bildhauer gewesen, die aus fernen Landen kamen. Ein solches Niveau der einheimischen skulpturalen Kunst findet man in dieser Gegend zu dieser Zeit wohl kaum. Ob es lombardische Künstler sind, die in Königslutter und Quedlinburg gearbeitet haben, oder ob es eher ein französischer Einfluss ist: Darüber mögen die Kunsthistoriker weiter streiten und forschen. Diese Debatte interessiert mich nur, wenn sie durch vergleichende Darstellung Licht in das Dunkel der dargestellten Szenen auf den Kapitellen bringen könnte. Unbedingt wissen will ich, was da auf diesen Säulen unter den reich profilierten Deckplatten als aufregende Abenteuer oder sinnbildliche Darstellungen zu sehen ist. Erst wenn ich all das entziffern könnte, hätte ich das Gefühl, den Künstlern und Stiftsherren und Menschen des 12. Jahrhunderts ein kleines Stück näher zu sein. Vielleicht verstanden sogar die einfachen Menschen der damaligen Zeit auf Anhieb, was sie sahen.

Da wartet zunächst eine große Enttäuschung auf mich. Auf meine Bitte, mir die wunderbar profilierten Darstellungen zu erläutern und zu deuten, sagt Ludger K. glatt heraus: Nein, das könne er nicht. »Die eigene Frau kennt man noch nach 50 Jahren Ehe nicht«, sagt er. »Wie soll ich wissen, was Menschen im 12. Jahrhundert sich dabei dachten«. Anlass für nachdenkliche Meditationen oder für theologische Assoziationen sind für ihn die Kapitelle von Hamersleben. Szenen des Kampfes werden auf vielen Kapitellen dargestellt: Den

Betrachtern wird über das geistliche Leben und über den Glauben nichts vorgegaukelt. Das Gute ist immer mit der Auseinandersetzung und mit dem Sieg über das Böse verbunden. Oder die vielen Mischwesen, die man sieht: Der Mensch ist nie das eine oder das andere, ist nie ganz gut oder ganz böse, ist aus beidem – in unterschiedlichen Teilen sicherlich – zusammengesetzt. Deshalb bedarf der Mensch zur Erlösung das Kreuz Christi. Das kann man alles herauslesen, sagt Ludger K. Aber ob es die Künstler damals auch so meinten? Nur bei einem Kapitell hilft er mir noch: Da steht ein Mensch mit ausgebreiteten Armen zwischen Pflanzen, Tieren und Ungeheuern. »Vielleicht ist das der Hl. Pankratius, der Patron der Kirche, der ein römischer Märtyrer war und mit seinem Gedenktag, dem 12. Mai, wie Servatius zu den Eisheiligen gehört«. Aber dann fügt er auch gleich hinzu: »Vielleicht ist es auch Adam im Paradies«. Verunsichern will er mich, merke ich, in der selbstgewissen Interpretation der Kapitelle. Auf einen Nenner kommen wir noch mit der gemeinsamen Feststellung, dass man Tiere hervorragend als Metaphern zur Herausfindung bestimmter menschlicher Eigenheiten gebrauchen kann. »Das machen wir doch noch immer«, meint Ludger K. »Sagen: Du Schwein, du Affe, du geiler Bock, du alter Esel«. Auf den »Physiologus«, diese griechische Schrift eines Lehrers in einer alexandrinischen Christengemeinde des

Romanisches Kapitell in St. Pankratius, Hamersleben.

2. Jahrhunderts, verweist er mich, die ich zu Hause gründlich studiere. In etwa 50 Kapiteln werden die einzelnen Tiere in ihrer heilsgeschichtlichen Bedeutung, oft in kühnen Interpretationen, dargestellt.

Also: Ich muss es auf eigene Fast versuchen, wenn mir mein kundiger Führer nicht mehr hilft. Eines wird mir mehr und mehr klar: Die häufige Darstellung der Tiere und Pflanzen auf den Kapitellen ist der Kompromiss, den das Reformmönchtum in seinem Kampf gegen den Prunk in den Kirchen mit der bildenden Kunst eingegangen ist. Die typologische Auslegung, die die Darstellung von Tieren und Pflanzen mit einer besonderen heilsgeschichtlichen Bedeutung verband, ist eine Möglichkeit, biblische Geschichten im Bild zu zeigen und zugleich nicht zu zeigen. Bloße Ornamente und schlichte Ausschmückungen könnten das alles sein. Aber es steckt mehr dahinter, dessen bin ich sicher. Deshalb kann ich mich mit der bloßen Anschauung oder der Meditationsanregung nicht begnügen.

Zwei von den 20 Kapitellen nehme ich mir ganz besonders vor. Da zeigt das eine, wie ein aggressiver Vogel Greif einen nackten Menschen geradezu in die Ecke drückt. Ein erster Blick sieht die Angst und Abwehr des Menschen vor dem drohenden Angriff des Bösen, das vielleicht sogar in einem selber steckt. Aber wenn ich im Nachschlagewerk der Symbolik lese, dass der Greif als Mischwesen aus Löwe und Vogel in der christlichen Kunst häufig ein Symbol der beiden Naturen Christi ist, dann sieht die Deutung dieses Kapitells doch ganz anders aus. Dann wird hier vielleicht die Abwehr des Menschen gegenüber der Umkehr und der Verwandlung dargestellt, die in Christus nach ihm »greift«. Oder da ist das Kapitell, in dem zwei Zentauren als Mischwesen zwischen Mensch und Pferd mit Schild und Lanze und Hörnern mächtig sich befehden. Wo – nach der Interpretation des »Physiologus« – das Wankelmütige und Böse mit dem anderen Wankelmütigen und Bösen kämpft, da gibt es keinen Sieger. Aber dann wird mein Blick in die Mitte gelenkt, wo ein Palmbaum als Zeichen der Märtyrer, als Zeichen des Sieges über den Tod und des Einzugs in das Paradies, die Kampfesszene überragt. Ganz andere Ebenen der Interpretation deuten sich auf einmal an.

Am Ende hilft mir Ludger K. doch noch einmal weiter. Vorne im Chor schauen wir gemeinsam auf Kapitelle, auf denen vier an den Kapitellecken stehende Engel kreisrunde Medaillons zwischen sich halten, die ihrerseits Halbfiguren von Märtyrern umschließen. Eine Darstellung der acht Seligpreisungen sei das, sagt mein Führer auf einmal. Woher er das wisse, frage ich, auf diese Idee wäre ich nie gekommen. Vergleichbare Bilder gäbe es, sagt mein Führer, und im Magdeburger Dom seien die Darstellungen mit Texten unterlegt. Immer mehr merke ich: Ludger K. weiß viel mehr, als er mir sagen will.

Das alles wird mich noch lange beschäftigen und begleiten. Im Stift Hamersleben wurde im Mittelalter, in Bild und Schrift, hohe Theologie und Philosophie getrieben. Ein paar Tage später halte ich im Kestner Museum in Hannover ein kleines Buch in der Hand. Mit weißen Handschuhen muss ich das 70 Blätter starke Buch anfassen, das in sauberen, karolingischen Minuskeln in winziger Schrift im Stift Hamersleben in der 2. Hälfte des 12. Jahrhunderts geschrieben worden ist. Aus Alkuins, des Leiters der Aachener Hofschule, berühmtem Dialog mit Karl dem Großen über die Rhetorik und die Tugenden (Dialogus de arte rhetorica et virtutibus) besteht der erste Teil des Buches. Alkuin (um 730–804), der zu den engsten Beratern Karls des Großen gehörte, diskutiert mit dem Kaiser die beiden möglichen Redetypen der Philosophie: Die wissenschaftliche und die »diskutierbare« Rede. In der wissenschaftlichen Rede greift der Autor weit aus, bis in die Naturwissenschaft und Astronomie hinein. Die Hamerslebener Stiftsherren haben dieses bedeutende und folgenreiche Werk des 8. Jahrhunderts nicht nur abgeschrieben. Sie haben es auch verarbeitet und diskutiert, wie die Randnotizen beweisen. Ich freue mich an dem schönen farbigen Titelblatt des Buches, das – als Miniatur – Karl den Großen mit Dreieckskrone, Bart und Lilienzepter und den Gelehrten Alkuin in gleicher Größe zeigt. So sehr haben sich die Hamerslebener Stiftsherren mit Alkuin identifiziert, dass sie den Philosophen und Theologen in das Gewand der Augustiner-Chorherren gekleidet haben. Bei der Entzifferung der schwungvoll ausgemalten Initialen muss ich gelegentlich zu der Mitarbeiterin des Museums laufen, die im Nebenzimmer sitzt. Esther O. überzeugt mich davon, dass in dem Q nicht Fische, sondern

Blätter sind und dass in das R ein Wolfskopf mit Adlerfüßen eingezeichnet ist. Auch hier verkriecht sich das Bildhafte in das Wort der Schrift hinein.

Ein anderes gewichtiges Werk, das im Scriptorium des Augustiner-Chorherrenstiftes entstanden ist, befindet sich im Domschatz von Halberstadt. Es ist der erste Teil der »Hamerslebener Bibel«. Die farbige Titelminiatur des großformatigen Bandes greift voll hinein in das Hamerslebener Klosterleben. In der Mitte steht groß Pankratius als Patron des Stiftes, mit Schwert und Palme. Als 14jähriger Jüngling ist er auf Befehl des Kaisers Diokletian wegen seines Bekenntnisses zum Christentum enthauptet worden. In acht kleinen Szenen zu beiden Seiten der frontalen Figur des Heiligen kann man, in Zweier- oder Dreiergruppen, Angehörige des Chorherrenkonvents erkennen. Von Propst Thietmar (1108–1138) bis Propst Bernhard (1173–1175) geht die Reihe, und die Stifter des Klosters, Bischof Reinhard und die Edle Thietburg aus dem Hause des Pfalzgrafen von Sommerschenburg sind auch dabei. Farblich abwechslungsreiche Anbetungsszenen sind die kleinen Miniaturen, die die Lektüre der Bibel in die Mitte der Gottesdienste in der Hamerslebener Kirche stellen. – In den Umbau der Schauräume im Dom von Halberstadt komme ich bei meinem Besuch nicht hinein. Mit einem Gottesdienst am 13. April 2008 soll die neue Präsentation des Domschatzes eröffnet werden. Leider wird die »Hamerslebener Bibel« wegen ihrer Größe dann auch nicht zu sehen sein. So muss man sich mit der guten Abbildung der Miniatur und den Erläuterungen in dem Führer über den Domschatz Halberstadt begnügen.

Zurück nach Hamersleben. Ein ereignisreicher Vormittag in der Stiftskirche geht zu Ende. Ludger K. begleitet mich noch bis zur Mauer. Das Kreischen der Papageien nimmt noch einmal zu. Lange stehen wir draußen im Gespräch beieinander, bis eine weibliche Stimme ihn aus dem Fenster heraus zum Mittagessen ruft. Ihm möchte ich wieder begegnen, merke ich.

»Ewigkeit der Zeit«

Burchardi Halberstadt

Auf dem Gemälde im Städtischen Museum, das Halberstadt in der zweiten Hälfte des 17. Jahrhunderts zeigt, liegt das Burchardikloster noch vor der Stadt. Die Klostermauer läuft rund um das Gelände, alle Gebäude samt Kirche scheinen unversehrt zu sein. Die Stadtkarte zeigt zu dieser Zeit noch viele Stifte und Klöster. Das Liebfrauen-Stift gibt es da, auf das heute noch die wunderbare Kirche am Domplatz verweist. Das St. Pauli-Stift ist angezeigt, das Barfüßer-, Dominikaner-, Nikolai- und Ursulinenkloster. Grund genug, sich in Halberstadt gründlich umzusehen, Geschichte und Gegenwart ineinanderfließen zu lassen. Aber das Kloster St. Burchardi hat es mir angetan. Seit ich in dem schönen Buch von Ingo Metzmacher »Keine Angst vor neuen Tönen« von dem ASLSP-Projekt in diesem Kloster gelesen habe, interessiert mich das alles noch viel mehr. Ich kann es kaum erwarten, mir selbst einen Eindruck davon zu verschaffen.

Bei meinem ersten Besuch komme ich von Hamersleben her. In der dortigen Kirche habe ich zwei Zimmerleute getroffen, die ich nach dem Weg frage. »Ach, Buschardi«, sagt der eine, »da habe ich auch schon gearbeitet«. »Buschardi« sagen viele Halberstädter, merke ich später. Die Kundigeren wissen natürlich, dass der Name von Bischof Burchard kommt. Der freundliche Mann beschreibt mir die Route nach »Buschardi« so genau, dass ich mich nicht einmal verfahre. »Nehmen Sie den Weg über Huysburg, da kommen Sie direkt hin. Röderhof, Neu-Runstedt. In Halberstadt nach einer Brücke bei der ersten Ampel geradeaus, kurz vor der zweiten Ampel links rein, da sehen Sie schon das Tor zum Kloster«.

An dem massiven Eingangstor zum Kloster steht »John-Cage-Orgelstiftung«, mit den Öffnungszeiten. Im Großen und

Ganzen bin ich inzwischen orientiert. Ich weiß, dass John Cage (1912–1992), ein Avantgarde-Komponist der neuen Musik, 1985 ein Stück für Klavier geschrieben hat mit dem Titel »As slow as possible« (abgekürzt ASLSP). 1987 hat er es, auf Anregung des Orgelprofessors Gerd Zacher, für Orgel umgearbeitet. 1997 fand in Trossingen ein Orgelsymposium statt, auf dem Orgelbauer, Musikwissenschaftler, Organisten, Theologen und Philosophen die Frage erörterten: Was heißt das, ein Stück »so langsam wie möglich« aufzuführen? Wenn die Tonerzeugung bei einer Orgel, durch ein elektroakustisches Verfahren, praktisch ohne zeitliche Begrenzung ist? Ein Musikprojekt in der Mitte zwischen Zeit und Ewigkeit bahnte sich an. Eine zeitliche Begrenzung, selbst wenn der Zeitraum unüberschaubar wird, schien sich dennoch nahezulegen.

»Im Raume lesen wir die Zeit«, hat ein Historiker vermutet. Zu den Zeitgedanken kommen immer Raumgedanken schnell dazu. Halberstadt hatte die erste Großorgel mit Klaviatur. Sie stand im Dom, wurde im Jahr 1361 fertiggestellt. Halberstadt ist also sozusagen der Geburtsort der gesamten Orgelbewegung. Wenn man das Jahr 2000 als Berechnungsdatum wählt, so ist das 639 Jahre her. Wenn man nun das Stück von John Cage über genau diesen Zeitraum mit seinen Tonfolgen in die Zukunft projiziert, so wird es – as slow as possible – im Jahr 2639 zu Ende sein. Ob die Welt dann noch steht? Wie die Welt nach über 600 Jahren aussieht? Wer kann es wissen? Es ist ein Griff der Zeit in die Ewigkeit hinein. – Der Künstler Johann-Peter Hinz hatte den Hinweis auf die leerstehende und gefährdete Kirche des Burchardiklosters gegeben. Seit dem Jahr 2001 läuft nun also das Projekt ASLSP in der Burchardi-Kirche. Ein geradezu irres Vorhaben ist das. Die Phantasie der Künstler bricht unsere Selbstverständlichkeiten auf, das ist wohl wahr.

So weit, so gut. Aber wie machen die das, frage ich mich. Sitzt da, mit Ablösung, jemand bei Tag und Nacht an der Orgel und drückt Tasten? Wie geht das mit den Menschen, die aus anderen Gründen in diese Kirche kommen? Aber erst einmal stehe ich hinter dem Torhaus des Klosters und habe den weiten, leeren Hof vor mir. Die Mauer ringsum ist halb verfallen.

Links die Kirche ohne Turm, die mir nicht sehr groß erscheint. Davor eine Skulptur. In der Mitte das kahle Gutshaus, das wie ein Block da steht. Zur rechten Seite und rechts hinter mir sind Stallungen, die offenbar von Gruppen und Vereinen genutzt werden. Davor liegt, abgeschlossen, wie ich bald merke, ein Taubenhaus. Ich gehe über den freien Platz auf das Gutshaus zu und klingele dort. Eine Dame lässt mich ein, erklärt mir alles, was ich wissen will. Ferdinand Heine habe das Gutshaus bauen lassen. Dort oben, im Zimmer über dem Toreingang, habe er die Vögel präpariert, die jetzt im Heineanum sind. Ferdinand Heine kenne ich vom Kloster in Hadmersleben her, schon fühle ich mich ein wenig vertrauter an diesem Ort. Das Gutshaus ist unten und oben weithin leer, stelle ich fest. Wahrscheinlich wird nur ein Zimmer überhaupt geheizt. Der Beginn der John-Cage-Akademie lässt auf sich warten. Eine Frage des Geldes ist das allüberall.

Ich erkläre meinen Wunsch, das Orgelprojekt zu studieren, lasse mir Unterlagen geben. Einen Führer bekomme ich gestellt. Karsten E. heißt er, ist Musiklehrer am Gymnasium gewesen und vor kurzem in den Ruhestand gegangen. Mit den Führungen im John-Cage-Projekt hat er gerade angefangen, ich bin sein zweiter Versuch. Aber erst einmal bleiben wir draußen vor der großen Skulptur mit den geknickten Stäben stehen: »Zeitbrücke« hat Johann-Peter Hinz sein Werk genannt. Die Zeit ist aus den Fugen. Es scheint aber doch Verbindungen zwischen den Bruchstücken zu geben. Auf der EXPO 2000 in Hannover war die »Zeitbrücke« auch zu sehen.

Karsten E. schließt die Kirche auf. Damit erledigt sich meine erste Frage, wie es mit den Touristen geht, die nur die Kirche besuchen wollen. Die gibt es offenbar nicht. Nur mit Führung gelangt man dort hinein. Ein Schritt in die Kirche – aber dieser Schritt ist wie ein gezielter Schlag. Das ist keine Kirche! Das ist ein ausgeweidetes Gebäude, das einmal eine Kirche war! Das ist eine Ruine mit einem Dach darauf. Die Kirche wäre zusammengefallen, wenn es nicht das John-Cage-Projekt gegeben hätte, sagt Karsten E. Dort hinten tropft es allerdings noch immer. Nicht nur kahle Wände und zerfressene Balken. Nein, geradezu ruinierte Wände und zerstörte Balken. »Da, wo wir jetzt stehen, war nach 1945 der Schweinestall. Das habe ich noch mit eigenen Augen gesehen«, sagt mein Begleiter. »Der Schweinemist ist weg, aber die Säure hat die Balken zerfressen. Das können Sie hier sehen«. Was Profanierung einer Kirche bedeutet, das kann man an St. Burchardi mit eigenen Augen sehen, mit seinem ganzen Körper nachempfinden. Die Kirche soll so bleiben, wie sie ist, hat die Stiftung beschlossen. Sie soll vor dem Einsturz bewahrt werden, aber da wird nicht restauriert oder renoviert. Nachdem ich mich von meinem ersten Schock erholt habe, finde ich gut, was da beschlossen wurde. Die Geschichte unserer profanierten, verhunzten, verleumdeten, an den Pranger der Lächerlichkeit gestellten Kirchen muss irgendwo hautnah erfahrbar sein und bleiben. Die Kirche ein Schweinestall, das lässt mich an die Anfänge des Glaubens denken. Die Ankündigung der Engel über die Geburt des Gottessohnes geschah an die Hirten auf dem Felde. Die wahrscheinlich auch die den Juden unreinen Tiere, die Schweine, hüteten. Man kann überall seine Gedanken spielen lassen.

Aber wie ist das mit der Orgel und mit der Musik? Ein einzelner Dauerton ist in der Luft. In den beiden Seitenschiffen sind zwei Holzaufbauten zu sehen. Links ist das offenbar ein Blasebalg, der auch von Menschen getreten werden kann. In ihn sind aber zwei Generatoren eingebaut, die für die Luft der Orgel sor-

Die Kirche des St. Burchardi-Klosters, in der das ASLSP-Projekt durchgeführt wird.

gen. Wenn der eine ausfallen sollte, springt der andere an. Auf der anderen Seite, der Windkanal läuft unterirdisch, ist eine kleine Orgel aufgebaut. Fünf Pfeifen sind darin im Augenblick zu sehen. Kein Spieltisch. Nur drei Säcke, die drei Tasten herunterdrücken und den Ton produzieren, den wir hören. Jetzt höre ich es allmählich auch: Es ist nicht **ein** Ton. Es ist ein Dreiklang, den wir hören. Das tiefe e und die hohe Oktave und die Terz dazu, ein gis. Man kann es nachsingen, wenn man es eine Weile hört. Diese Terz erklingt also ein Jahr oder zwei. Dann werden, in einer großen Aktion und von einem Symposium begleitet, weitere Pfeifen und weitere Töne hinzugefügt. Das Werk von John Cage kann man hier in der Stiftung kaufen. Ich nehme es in die Hand und blättere es durch. Vier Seiten sind es nur, die könnte man doch in fünf Minuten spielen. Aber hier eben, in St. Burchardi: As slow as possible, in 639 Jahren. Ein unerhörtes Vertrauen in die Zukunft ist das doch! Mit anderthalb Jahren Stille hat das Projekt begonnen. Vor jeder Musik steht doch eine Pause. Immerhin ist man jetzt, Mitte Dezember 2005, bei einem Dreiklang angekommen.

Innen herum laufen, um die ganze Kirche, Stahlschienen an den Wänden. Unregelmäßig verteilt hängen Namen und Aufschriften daran. Karsten E. weiht mich ein: Für eintausend Euro kann man, bis 2639, ein Jahr kaufen. Man hängt dann seinen Namen mit dem gewählten Jahr an die entsprechende Stelle. Ich schaue, wer sich alles ein Jahr gekauft hat. Viele kenne ich natürlich nicht. Die Familie Heine ist dabei, mit dem Zusatz: Enteignung durch Bodenreform im September 1945. Bis dahin hat ihnen also das Kloster und das Klostergut gehört. Klaus R. ist dabei, den ich von der Akademie Hofgeismar kenne. Ingo M., der einmal mein Schüler im Religionsunterricht war und der gerade seinen Generalmusikdirektor in Hamburg aufgibt, hat das Jahr 2026 gewählt. Das wird er hoffentlich noch erleben. Einen Spruch hat er dazugesetzt, der vielleicht von John Cage stammt, aber mit Sicherheit ihm wichtig war: »Die Ruhe des Geistes, die darin besteht, frei von Neigungen und Abneigungen zu sein«.

Mindestens eine Stunde müsste man in der Kirche sein, auf die Töne hören und auf das, was sich beim Hören in einem selbst zu regen beginnt. Ob das wirklich Musik ist, was da erklingt? »Sie müssen es nicht für Musik halten, wenn dieser Ausdruck Sie schockiert«, hat John Cage einmal gesagt. Humor hatte er also auch. Die Welt ist voll von Klang und von Geräuschen, das würde man wahrscheinlich nach dieser Stunde merken. Aber es ist eiskalt in der Kirche, wir halten es beide nicht länger aus. Ich streife dann noch eine Zeitlang auf dem Gut umher. Schaue in das »Möbellager« hinein, das die Kolping-Jugend in einem Wirtschaftsgebäude des Klosters eingerichtet hat und das eher einem Flohmarkt gleicht. Zu

Die Orgel des John-Cage-Projekts in St. Burchardi, Halberstadt.

Hause angekommen, stürze ich mich sofort auf die Geschichte des Burchardiklosters. Um die »Zeitbrücken« zu entdecken, die sich durch die Geschichte hindurch bis in die Gegenwart bauen lassen. Was sind schon 1000 Jahre! Die Phantasie des John-Cage-Projekts hat mich angesteckt.

Auf den ersten Blick entdecke ich nur Ereignisse, die ich – in anderer Weise – auch von den anderen Klöstern aus dem nördlichen Harzvorland kenne. Auch die Wahl des Ortes vor den Toren Halberstadts geht, wie die Kapelle auf der Huysburg, auf Bischof Burchard I. zurück. Da ließ er 1036 eine Kapelle bauen, in die er zur Andacht einkehrte, »wenn strenge Jahreszeit und Witterung es ihm unmöglich machten, hin zu wallen nach seinem Lieblingsort im Huy«. 1059 stirbt Burchard I., wird im Dom beigesetzt. Als 1060 ein Brand den Dom zerstört, lässt sein Amtsnachfolger, Burchard II., die Gebeine seines Vorgängers in »seine Kirche«, in die St. Thomas-Kapelle am Platz der heutigen Burchardikirche überführen.

Halberstadt wird eine wichtige Pilgerstation für die Pilger aus Ost- und Nordeuropa auf dem Weg nach Santiago di Compostela. So nimmt es nicht wunder, als das gerade gegründete Zisterzienserinnenkloster vom Breiten Tor 1208 auf das ruhigere Gelände an der Holtemme übersiedelt (extra muros civitatis), sein künftiges Geschick dem Pilgerpatron St. Jakobus anvertraut. Bis in das 17. Jahrhundert hinein führt das Burchardikloster den Namen eines Jakobusklosters. Am zweigeschossigen Torhaus von 1791 sind außen noch heute die Reliefmedaillons von Jakobus und Burchard miteinander zu sehen.

Die Entwicklung geht, wie auch überall sonst, durch Höhen und durch Tiefen. 1214 wird mit dem Bau der neuen Kirche begonnen. Ein ausgedehnter Wirtschaftshof gehört zu einem Zisterzienserkloster selbstverständlich dazu. 1525 die Plünderung durch die Bauern. 1542 brennen Teile der Klostergebäude ab. 1551 und 1576 tritt infolge von Unwettern die Holtemme über ihre Ufer. »Es ist ein groß Wasser hier gewesen, dass es den Weiden bis über die Köpfe gegangen, des Burchard Tor inzwey getrieben, und das Steg weggeführet«. Besonders hart trifft das Burchardikloster der 30jährige Krieg. Äbtissin Anna Margarete Salzen schreibt einen Bericht über die Überfälle der

Schweden und der Halberstädter Bürger im Jahre 1631/32 auf das Kloster, legt ihn im Turmknopf der Kirche ab, wo er 1810 gefunden wird. »Anno 1631 den 10. Oktober ist dies Closter das erstemal geplündert durch Anstiftung des Rates von Halberstadt«. Anfang 1632 geschieht das noch einmal, das Stadttor wird auch nachts offen gehalten, »damit Jedermänniglich dem Closter zulauffen könnte«. Das Kloster ist unbewohnbar geworden und wird erst ab 1635 wieder aufgebaut. Am meisten Hilfe hat die Äbtissin von dem lutherischen Dekan der Stadt erhalten, »wiewohl dieser Decanus nicht nostrae Religionis dennoch hat er viel mehr gethan als die unserige, bey welchen weder Hülff noch Trost zu finden gewest«. – Solche Berichte liest man als Protestant heute gerne.

Die Säkularisation trifft als erstes die Nonnenklöster, weil vermutlich hier der Widerstand der Bevölkerung am geringsten sein würde. 1808 wird das Kloster St. Burchardi aufgehoben und für 101000 Taler an den Geheimen Finanzrat David Jakobsen verkauft. Der ehemalige Kapitelsaal brennt ab, auf seinen Grundmauern errichtet der neue Gutsherr Ferdinand Heine 1840 sein Herrenhaus. Die Kirche wird Brauhaus, nach 1945 Schafstall, Schweinestall, Geräteschuppen. Die Geschichte von St. Burchardi scheint, als Kloster zumindest, radikal zu Ende zu sein. Bis dann die John-Cage-Stiftung kam.

Und da, in den Anfangsjahren des Burchardi-Klosters, stoße ich auf einmal auf die »Zeitbrücke«. Was sind schon 800 Jahre? »Tausend Jahre sind vor dir, Gott, wie der Tag, der gestern vergangen ist«, sagt der Psalmist (Psalm 90). Von den Anfängen des Klosters spannt sich offenbar ein Bogen bis in unsere Zeit. Und die Zeitbrücke hat deutlich erkennbare Konturen. Im Jahre 1229 hat Graf Burchard von Mansfeld einen Traum: Gott mahnt ihn, bei seinem großen Reichtum etwas mehr für seine Seele zu tun und ein Nonnenkloster zu stiften. Der Graf schreitet sofort zur Tat, lässt ein Frauenkloster bauen und bittet das Burchardikloster in Halberstadt um Unterstützung. Am Fest der Apostel Petrus und Paulus 1229 ziehen die ersten sieben Zisterzienserinnen aus dem Burchardikloster in das neugegründete Kloster ein. Das Kloster wird 1234 nach Rodersdorf, 1258 nach Helpede (Helfta) verlegt. Die erste Äbtissin des Klosters ist die Burchardi-Nonne Kunigunde. 1251 folgt ihr die neunzehnjährige Gertrud von Hackeborn, die schon als junges Mädchen in das dortige Kloster eingetreten ist und die Leitung über vierzig Jahre lang behalten wird. Als siebenjähriges Mädchen tritt ihre jüngere Schwester Mechthild von Hackeborn in die Klosterschule und dann in das Kloster von Helfta ein. Diese ist hochmusikalisch, wird zur Vorsängerin des Klosters. Und sie hat, während der täglichen Stundengebete des Konvents in der Kirche, Visionen und Auditionen, in denen die Nonne in einen intensiven Austausch mit der Heiligen Dreifaltigkeit, mit Maria, den Heiligen und den Engeln tritt. Diese Visionen werden später aufgezeichnet. 1261 wird ihr als junge Schülerin eine fünfjährige neue Gertrud anvertraut, die man später »Gertrud die Große« nennen wird. 1270 endlich findet die achtundfünfzigjährige Begine Mechthild von Magdeburg nach manchen Verfolgungen im Kloster Helfta Zuflucht. Das »heilige Dreigestirn« wird man diese drei Frauen später nennen, und sie machen das Kloster Helfta nahe der Lutherstadt Eisleben zu einem Zentrum früher Frauenbildung und mittelalterlicher Mystik. Das Zisterzienserinnenkloster Helfta, das es seit dem Jahr 1999 wieder gibt, hat die Grundwerke der »drei großen Frauen von Helfta« als »Perlen deutscher Mystik« in einer umfangreichen Kassette mit drei Bänden 2001 im Herder-Verlag neu herausgegeben.

Solche Prägung fällt nicht vom Himmel. Man kann voraussetzen, dass die sieben Zisterzienserinnen, die mit ihrer Äbtissin Kunigunde aus dem Halberstädter Kloster kamen, nicht nur gebildete Frauen waren, die auf ihrer Klosterschule eine gediegene Erziehung auch in den klassischen Künsten genossen hatten. Sondern auch, dass im Burchardikloster der damaligen Zeit eine mystische Ausprägung der Frömmigkeit vielleicht nicht tägliche Praxis, aber doch auch nicht unbekannt war oder gar als ketzerisch angesehen wurde. So dass, wenn bei einer der Schwestern Visionen und Auditionen einsetzten, man davon erzählen konnte. Diese intensive Gotteserfahrung konnte doch als Bestärkung des eigenen Weges und als Intensivierung der eigenen Frömmigkeit verstanden werden. Was war die mystische Erfahrung denn auch anderes als die Erfüllung dessen, was man im Lobpreis Gottes erstrebte: Die Einung der Seele mit Gott als dem Grund allen Seins, der die Welt und das eigene Leben mit umfasst.

Am Beispiel Mechthild von Hackeborn will ich diese mystische Erfahrung der damaligen Zisterzienserinnen noch deutlicher werden lassen. Beim Gottesdienst am Trinitatisfest fühlt sich Mechthild »plötzlich entrückt und vor den Thron der Herrlichkeit geführt«. Ihre Seele aber, ganz aufgelöst in Liebe, ergießt sich in die Gottheit selbst hinein und aus Gott, »in unsäglichen Wonneschauern«, in sie wieder zurück. Mechthild hört die Stimme Gottes: »Siehe, mit meiner Allmacht zusammen bist du allmächtig geworden, und wenn du alles willst, was ich will, so wirst du immer auf ewig mit meiner Allmacht geeint sein«. Gott und die fromme Seele werden eins in solchen Erfahrungen der Ekstase, die sich nicht festhalten lassen, aber einen neuen Blick auf die Welt und die Menschen möglich machen. Keine andauernde Entrückung oder gar Weltflucht ist das, sondern eine Erfahrung der Fülle und des Lebenssinnes, die eine neue und ganz andere Sensibilität im Alltag möglich macht. Die folgende Erzählung über die Erfahrungen der Mechthild von Hackeborn liebe ich besonders, weil sie deutlich macht, dass es bei dieser Variante mittelalterlicher Mystik nicht nur um eine ekstatisch-erotische Verschmelzung geht, die man aus heutiger Sicht nur allzu leicht psychoanalytisch hinterfragen könnte. Im Kern aber geht es doch wohl auch darum, dass die beglückte Seele es lernt, die »Sinne Gottes« im Leben zu gebrauchen.

»Mechthild bat einmal den Herrn, dass er ihr etwas schenke, was beständig in ihr sein Gedächtnis erregen möchte. Darauf empfing sie vom Herrn diese Antwort: ‚Siehe, ich gebe dir meine Augen, dass du mit ihnen alle Dinge schaust, und meine Ohren, dass du mit ihnen alle Dinge vernehmest; auch meinen Mund gebe ich dir, dass du alles, was du an Reden, Beten oder Singen auszusprechen hast, durch ihn tuest. Ich gebe dir mein Herz, dass du dadurch alles denkst und mich und um meiner willen alle Dinge liebest.' In diesen Worten zog Gott diese Seele ganz in sich, dass es ihr erschien, sie sehe mit Gottes Augen und höre mit seinen Ohren, und rede mit seinem Munde, und fühle kein anderes Herz zu haben als das Herz Gottes. Dies ist ihr auch hernach oftmals zu fühlen gegeben worden«. Als Einübung in die Sichtweise Gottes hat Dorothee Sölle mit dieser Geschichte auch das ganz normale Gebet charakterisiert. Als die Wahrnehmung des Kleinen und

Übersehen, als Hören auf das Geschrei der Kinder Gottes, die in Knechtschaft sind. So weit weg scheinen also diese mystischen Erfahrungen von der eigenen Glaubenserfahrung dann auch wieder nicht zu sein.

Aber das ist doch schon eine vibrierende Intensität des Glaubens, wenn solche mystischen Erfahrungen an der Tagesordnung sind. Ich stelle mir vor, dass die Luft und die Atmosphäre auch im Burchardikloster in den Gottesdiensten der Nonnen geradezu geflimmert haben, wie bei der ersten großen Liebe. Das göttliche Ja steht über dem eigenen Leben, man könnte die ganze Welt umarmen. Das Leben in St. Burchardi ist weiter gegangen, sicher oft dann auch in die lähmende Gleichförmigkeit der Tage und Jahre. Und nun zieht, nach fast 800 Jahren, ein John Cage mit seinen Klangexperimenten in die Kirche des Klosters ein. Cage, der seit den späten 40er Jahren unter den Einfluss des zenbuddhistischen Lehrers Suzuki gerät und damit auch in den Bann der Mystik. Um die elementare und grundstürzende Erfahrung des Ganzen und des Wirklichen geht es in den Übungen der Zen-Meditation, die in der »Erleuchtung« nicht hinter die Dinge schaut, sondern die Dinge selbst. Ein weiter Bogen spannt sich von der fernöstlich-buddhistischen zu der christlich-mittelalterlichen Mystik. John Cage zitiert immer wieder den Erfurter Dominikaner Meister Eckhart. Der in der mystischen Erfahrung den paradoxen Weg nachschreitet von dem Wissen in die Unwissenheit, um in der »göttlichen Unwissenheit« mit »übernatürlichem Wissen geadelt und erhöht« zu werden. »Deshalb werden wir vielmehr durch das verbessert, was uns widerfährt, als durch das, was wir tun«. Dieser Satz Meister Eckharts ist John Cage besonders wichtig. Und wenn er sich mit seinem Freund Pierre Boulez über die Frage des »Zufalls« zerstreitet, den Cage für seine Kompositionen mehr und mehr als Grundprinzip einfordert, so ist damit nicht die Beliebigkeit eines umtriebigen Happenings gemeint. Cage geht es um das, »was einem zufällt«, weil nur das »Zufallende« aus der Mitte der Wahrheit kommt. Die Zeit wird so zu einer Kategorie der Ewigkeit, und die Ewigkeit feiert ihren Auftritt in der Zeit.

Dann ist der 5. Mai 2006 da. Wieder einmal ist ein Klangwechsel an der John-Cage-Orgel in der Burchardikirche angesagt. Mehrere Spielveränderungen hat es seit dem Beginn des Projekts am 5. September 2001 gegeben. Der nächste Klangwechsel wird zwei Jahre auf sich warten lassen, also will ich unbedingt dabei sein. So oder ähnlich haben anscheinend viele gedacht, der Auflauf an diesem Tage im Burchardikloster ist beträchtlich. Schon eine Stunde vor dem Beginn des Ereignisses am Nachmittag sind die Kamerateams des Fernsehens da. Es ist ein herrlicher Frühlings-, fast schon ein Sommertag, die Frauen und Männer suchen Schatten unter dem Kastanienbaum in der Mitte des Klosterhofes. Aus der Burchardikirche schallt ein sonsorer, breiter Klang bis weit über den Hof. Ich gehe noch ein wenig spazieren. Schaue mir die Holtemme an, die im Osten direkt an den Wirtschaftsgebäuden vorbeifließt. Ein richtig breiter Fluss ist das. Ich kann mir gut vorstellen, wie der über die Ufer tritt und das ganze Kloster unter Wasser setzt.

Der Nachmittag beginnt mit einer großen Pressekonferenz im Salon mit der schönen Stuckdecke im ersten Stock. Von nah und fern sind die Journalisten gekommen, sogar eine Korrespondentin der »New York Times« ist dabei. Der Vorsitzende des Kuratoriums, Klaus R., gibt die Gründung einer John-Cage-Akademie bekannt, die in der – oft langen – Zeit zwischen den Klangwechseln dem Projekt Breite, Tiefe und Intensität verleihen soll. Und da ist es dann wieder, das Thema Zeit und Ewigkeit. Das erste interdisziplinäre und internationale Symposion, das man plant, wird über das Thema »Zeit« gehen. Der Oberbürgermeister von Halberstadt freut sich, dass die Stadt mit seinen 40 000 Einwohnern durch das John-Cage-Projekt einen so starken Bekanntheitsschub erhalten hat, 3000 Artikel habe es seit dem Beginn darüber gegeben. Der Staatsminister des Landes reklamiert Ähnliches für Sachsen-Anhalt. Aber was ist das alles gegen die Utopie dieses Projekts, das es wagt, seine Markierungen in den Himmel einer fernen, nie erreichbaren Zukunft zu setzen!

Dann ist der Augenblick des Klangwechsels gekommen. Einige hundert Menschen sind vor dem Portal der Kirche versammelt. Hören, soweit sie es akustisch verstehen können, was drinnen in der Kirche geschehen soll. Wir strömen in die Kirche, die drinnen größer ist, als man von draußen vermutet.

Der Klang der Orgel mit seinen sechs Tönen erfüllt den Raum. Wir hören uns eine ganze Weile noch darauf ein. Dann werden gleichzeitig zwei Töne aus diesem Akkord entfernt, das e und das eingestrichene e'. Der Klang schmilzt auf einmal zusammen, vier Pfeifen sind es jetzt nur noch, die ihn tragen. Ich werde mir den Akkord zu Hause auf dem Klavier nachspielen (a', c", fis", g"). Erst allmählich stelle ich mich auf die neue Klangfarbe ein. Ein wenig enttäuscht bin ich doch, wie unspektakulär dieser Klangwechsel sich vollzieht. Es ist doch mehr ein Event, als dass es ein Ritual oder gar eine heilige Handlung wäre. Man trifft Bekannte, redet mit ihnen, ist dabei gewesen. Erst, als die meisten die Kirche schon wieder verlassen haben, stellt sich die Nachdenklichkeit ein, die ich erwartet habe und die ich suche. Ich gehe langsam durch den Chorraum und durch die Seitenschiffe. Schaue auf die Säulen, die nichts mehr tragen. Die zerfressenen, scheckigen Steine, die angefressenen Balken, das alte Chorgestühl, auf das man sich kaum setzen mag. Wie ist das mit deiner eigenen Lebenszeit: Diese Frage ist als erstes da. Wieviele Klangwechsel wirst du noch erleben? Wie ist das mit der Zeit, die in Gottes Händen ist?

Hinterher im Herrenhaus, in dem öffentlichen Gespräch mit dem Komponisten und Theologen Dieter Schnebel, gibt es noch Hinweise und Anregungen zum Weiterdenken genug. Der Zufall als innerer Kern des Schaffens von John Cage bekommt schnell seinen spirituellen Akzent. Das, was einem zufällt, ist das Überraschende. John Cage habe Zeit seines Lebens das Überraschende gesucht, meint der Komponist. Ein Leben der Überraschungen: Ist es nicht das, was alle eigentlich suchen? Und dann rührt sich der Theologe im Komponisten, und der vermutet: Es gibt doch wohl wenigstens Einen, der die ganzen 639 Jahre der Orgelkomposition hören wird. Aber ob dem das ästhetisch gefallen werde, das wisse er auch nicht so genau zu sagen.

»Religionskritik im Kloster«

Hadmersleben

Von weitem scheint der Harz im Nebel zu liegen. Aber als wir auf der B 6 parallel zum Harz dahinfahren, kommt der Brocken klar heraus. Es hat geschneit in den ersten Tagen des Dezembers, auf den Bergen ist nur noch wenig davon liegengeblieben. Kurz vor Blankenburg geht es auf die B 81 in Richtung Halberstadt. Ich bereite meine Frau auf den schönen Blick von der Wilhelmshöhe auf Halberstadt vor. Ja, da liegt sie vor uns, diese Stadt mit den sieben Türmen. Wie ein mittelalterliches Juwel, wie ein mitteldeutsches Rothenburg ob der Tauber sieht die Stadt von hier oben aus. Der Blick aus der Ferne täuscht. Halberstadt ist eine Stadt mit Problemen: Der Zusammenbruch vieler Industrien, eine abnehmende Bevölkerung, vor allem der Weggang jüngerer, aktiver Menschen und die hohe Arbeitslosigkeit. Mit Superintendent Christoph H. habe ich mich lange über das Problem des Rechtsradikalismus unterhalten, durch das Halberstadt immer wieder einmal in die Medien kommt. Der Kollege hat die Problematik präzise im Blick. Es seien keine großen Gruppen, meint er, der Anteil der Altnazis in einer westdeutschen Nachbarstadt sei zehnmal so hoch. Oft seien es nur zwei bis drei Leute, die eine so genannte »sozialrevolutionäre Szene« beherrschen. Aber sie arbeiten professioneller als in früheren Jahren. Gehen in die Jugendarbeit hinein, spielen mit jungen Menschen Fußball. Versuchen, sie über ihre Hobbys zu gewinnen. Rufen »National befreite Zonen« aus, in einem Neubaugebiet oder auf dem Bahnhof. Sie versuchen, die Herrschaft über die Köpfe zu gewinnen, indem sie Angst verbreiten und Einschüchterung durch Terror auf ihre Fahnen schreiben. Dem kann man nur frontal entgegenwirken. Ein »Bündnis für ein gewaltfreies Halberstadt« hat sich gebildet, die Kirche ist an vorderster Stelle mit dabei. Wachsamkeit, Furchtlosigkeit und Reaktionsschnelligkeit sind gefragt. Als wir, aufgrund von Straßenbauarbeiten umgeleitet, durch eine Plattenbausiedlung in einem Neubaugebiet fahren, ahnen wir, wo die Probleme liegen. Diese Art von heruntergekommener Hässlichkeit verdirbt den Geist. Aber die Halberstädter werden es schaffen, mit dem »Terror von rechts« fertig zu werden, das ist mein Eindruck nach vielen Gesprächen. Und die Innenstadt ist wunderschön wieder aufgebaut und lädt, mit guten Gründen, Touristen aus aller Welt mit Freundlichkeit und Entgegenkommen ein.

Hinter Halberstadt, auf Magdeburg zu, wird das Land flach. Die Magdeburger Börde ist das hier, der »Bördelandkreis« ist bald erreicht. Die Zuckerrüben türmen sich auf den Feldern neben den Straßen zu großen Haufen. Wir fahren weiter auf der B 81. Eine glatte und angenehme Straße ist sie an sich. Aber sie ist voll gepfropft von Lastwagen, die offenbar auf der Autobahn die Maut sparen wollen. Da alles einspurig verläuft und es keine Ausweichmöglichkeit gibt, sitzen wir gelegentlich hinter einem kriechenden Fahrzeug fest. Aber wir haben Zeit, und regen uns deshalb auch nicht weiter auf.

Wir haben sogar Zeit, in das Kloster Gröningen hineinzuschauen. Ein eigener Ortsteil von Gröningen ist das hier, wird als »Klostergröningen« sogar zusammengeschrieben. Allmählich tut es mir leid, dass ich dem Kloster Gröningen kein eigenes Kapitel widme. Aber es gibt einfach zu viele ehemalige Klöster in diesem Land, irgendwo muss man die Grenzen ziehen. Und da das Benediktinerkloster, im Jahr der Kaiserkrönung Ottos I., 936, von Graf Siegfried gegründet und mit Corveyer Mönchen besetzt, schon 1550 aufgehoben und dem Mutterkloster wieder inkorporiert wurde, muss hier die Empfehlung zu einer Besichtigung genügen. Die will ich aber dringlich machen, obwohl die dreischiffige Basilika aus dem frühen 12. Jahrhundert nach dem Abbrechen der beiden Seitenschiffe und der Seitenapsiden nur noch ein Torso ist. Aber in der Kirche ist so viel Interessantes zu besichtigen. Das Lebensbaum-Tympanon über der Sakristei fesselt uns und das wunderbare Engelsrelief aus dem Anfang des 13. Jahrhunderts, das im nördlichen Vierungspfeiler eingemauert ist. Die Kapitelle mit den Doppeldrachen betrachten wir; die mit den Adlern, die fast wie Uhus aussehen. Oder die Kapitelle mit den Lämmern, die kräftig blöken und ihre Hinterteile aneinander reiben. Unvergesslich vor allem der Fries an der gewölbten Westempore, den selbst der bedeutende Kunsthistoriker Erwin Panofsky mit seiner Tendenz zur Loslösung der Skulptur von Wand und Fläche als einen »Höhepunkt des streng-romanischen Stils in Sachsen« bezeichnet hat. Christus sitzt auf einem Regenbogen, die Erdkugel zu Füßen, mit weit ausgebreiteten Händen, an denen die Nägelmale zu sehen sind. Die zwölf Apostel sitzen zu beiden Seiten auf Bänken, haben ein aufgeschlagenes Buch auf dem Schoß oder halten es dem Betrachter hin. Was mag in den Büchern stehen? Mit dem pfiffigen Küster Heilo K. kann man so herrlich darüber diskutieren. Ist es das Lebensbuch beim Jüngsten Gericht, bei dem wir unser Leben zu verantworten haben? Oder sind die Bücher die Zeichen der Apostel, die als Missionare und Evangelisten die Botschaft Jesu in alle Welt bringen? Farbige Kopien sind das hier; die Originale, die eine kräftige Wäsche hinter sich haben, wird man im Bode-Museum in Berlin sehen können, sobald es wieder eröffnet ist.

In Kroppenstedt geht es von der B 81 ab, pünktlich gegen 11.00 Uhr rattern wir über das holprige Pflaster von Hadmersleben, biegen in den gewaltigen Klosterhof ein und parken vor dem Eingang der Klostergebäude mit dem Schild »Kulturhistorisches Museum«. Man muss, wenn man das Kloster Hadmersleben umfassend kennen lernen will, zweigleisig fahren. Die Zugänge sind nicht mehr in einer Hand. Wir haben uns im Katholischen Pfarramt zur Besichtigung der Kirche angemeldet und bei dem Leiter des »Kulturhistorischen Museums« zu einem Gang durch das Kloster. Es werden uns noch andere Personen und Institutionen begegnen, dieses Kloster ist auch in der Gegenwart noch ein »weites Feld«.

Helga H. führt uns durch die Kirche. Über die Geschichte des Klosters und der Klosterkirche weiß sie gut Bescheid. Bischof Bernhard von Halberstadt hat das Benediktinerinnenkloster Hadmersleben gegründet. 961 ist das erste feststehende Datum, als dem Bischof Bernhard, zusammen mit seinem Bruder Graf Gero, in Gegenwart des gerade gekrönten sechsjährigen Königs Otto II. die Gründung der Klöster Hadmersleben und Gernrode bestätigt wird. Die erste Äbtissin des Klosters wird

Gundrada, die Nichte Bischof Bernhards. Ihre Nachfolgerin ist Hildiburga, sie ist sogar mit Kaiser Otto III. verwandt. Reiche Schenkungen zeigen die Bedeutung des Klosters an. Das späte Mittelalter wird auch für Hadmersleben eine Zeit des Niedergangs, der sofort gestoppt wird, als die Äbtissin Sancta von Meynegodessen 1461 ihr Amt antritt. Hadmersleben tritt der Bursfelder Reformkongregation bei, die Verkäufe von Klostereigentum hören auf, die Käufe und Schenkungen nehmen wieder zu.

Die zweite Äbtissin, deren Namen man sich in Hadmersleben merken muss, ist Anna Margarethe Blume (1679–1717). Überall, in der Kirche und im Kloster, wird man auf ihr Emblem – die Rosen – treffen. Anna Margarethe Blume ist eine Bürgermeistertochter aus Lügde in Westfalen. Sie muss mit den Folgen der Reformationszeit und den Zerstörungen des Dreißigjährigen Krieges fertig werden. Die Äbtissin schafft es mit Bravour. Sie baut wieder auf und erweitert, sie barockisiert Kirche und Kloster, gibt Aufträge an Künstler und Künstlerinnen von nah und fern. Helga H. zeigt uns ein vermutliches Bildnis dieser resoluten Frau. In dem Gemälde auf dem Altar der Nordkapelle betrachtet eine verschleierte, untersetzte Frau mit rundem Gesicht durch ein Monokel das eben geborene Jesuskind. Traditions- und Modernitätsbewusstsein dieser Zeit ist wunderbar in diesem einen Bild vereint.

Einhundert Jahre später ist es mit den Benediktinerinnen von Hadmersleben zu Ende, die letzten 24 Nonnen ziehen mit ihrer Äbtissin aus dem Kloster aus. 1804 wird die Säkularisierung des Klosters eingeläutet, 1809 wird es samt Klostergut an den Bankier Israel Jakobson für 2,2 Millionen Taler verkauft. Die Klosterkirche selbst ist seitdem in das Eigentum der katholischen Kirche und Gemeinde übergegangen.

Da stehen wir nun also mitten in der Kirche St. Peter und Paul. An die barocke Umgestaltung alter romanischer oder gotischer Kirchen muss ich mich immer erst gewöhnen. Aber diese Kirche enthält eine Fülle von Kostbarkeiten, die den Stab des Besonderen durch die Jahrhunderte reichen.

Da ist die gedrungene Unterkirche, die die später eingebaute Nonnenempore trägt. Der schmalere südliche Teil reicht bis in die Anfangszeit des Klosters zurück, zeigt einfache Säulen mit ottonischen Kapitellen. Die beiden nördlichen Teile sind im 11. Jahrhundert dazugekommen; die neuen Pfeiler wurden einfach an die vorhandenen Säulen dazugesetzt, so sind diese merkwürdigen Säulenpfeiler entstanden. Als ich ein gregorianisches Credo anstimme, um die Akustik zu erproben, steht Helga H. sofort still. Recht hat sie. Dies ist ein Ort, der Lobpreis und Gebet geradezu herausfordert. Nicht ein Raum, in dem jemand sich nur selbst erproben will.

Da sind die Reste gotischer Glasmalereien aus dem 14. Jahrhundert, die in drei Fenstern der Südwand zusammengestellt worden sind. Prophetengestalten sind es, Szenen aus der Leidensgeschichte Christi und aus der Geschichte der frühen Kirche. Wie entschlossen packt der Henker das Schwert, mit dem er den knienden Apostel Paulus enthaupten wird! Wunderbare Detailaufnahmen sind zu sehen: Wie da der Jünger Johannes das Gewand um den Gekreuzigten hüllt und sich an den toten Herrn und Meister schmiegt.

Da ist der »Erbärmdechristus« an der Nordwand der Marienkapelle. Der nackte Christus sitzt, mit den Nägelmalen an den Händen und in der Seite, auf einem Felsblock. Das Haupt ist geneigt und auf die rechte Hand gestützt. Der Blick geht in die Weite. Völlig unhistorisch ist natürlich eine solche Darstellung, ein reines Andachtsbild. Aus der mystischen Tradition wird diese alte Skulptur stammen, die den Nachvollzug des Leidens Christi anregen will. Lange bleibe ich vor dieser Gestalt stehen, und ein Foto des »Erbärmdechristus« nehme ich mir nach Hause mit.

Da ist schließlich die Bildhauerin Gertrud Gröninger aus Paderborn. Welch ein Mut der Äbtissin, eben dieser Anna Margarethe Blume, den Auftrag für den dreigeschossigen Hochaltar an den Halberstädter Meister Tilo Zimmermann einzuschränken, ihn auf die Aufbauten und das Rankenwerk zu begrenzen, und die Figuren für den Hauptaltar und die beiden Nebenaltäre einer Frau zu übertragen, eben dieser Gertrud Gröninger aus Paderborn. Siebzehn lebensgroße Figuren für den Hauptaltar hat Gertrud Gröninger von 1695–1697 geschnitzt. Und als sie noch länger in Hadmersleben bleiben musste, weil der Altar nicht fertig werden wollte (wahrscheinlich betrieb Tilo Zimmermann Obstruktion), schnitzte sie noch eine Reihe weiterer Figuren, die sich alle in der Kirche, aber auch im Pfarrhaus befinden. Ein Stück Frauenemanzipation hat sich im Benediktinerinnenkoster von Hadmersleben vollzogen! Ich möchte mehr von Gertrud Gröninger wissen. Sobald ich einmal wieder in Paderborn bin, werde ich nach ihr forschen.

Am liebsten aber, ich muss es gestehen, bin ich in der St. Peter und Paul Kirche von Hadmersleben auf der Nonnenempore. Dieser große weite Raum, der noch schöner sein wird, wenn die Bänke in der Mitte verschwunden sein werden. Ich sitze in dem barocken Chorgestühl, in dem für 30 Nonnen Platz ist. Auf dem Fußboden haben sich hier und da die kleinen Schuhe der Frauen in den Boden eingedrückt. An den Wänden die 32 Bilder aus dem Leben des Ordensgründers, des Hl. Benedikt, die ich nicht weiter entschlüsseln will. Darüber die neue Orgel hinter dem barocken Prospekt. Da kann ich sitzen und den alten Zeiten nachsinnen. Und mich hinein nehmen lassen in eine Tradition, die mir sicher auch fremd ist. Aber die mich, gerade durch ihre Fremdheit, auch wieder zu mir selbst finden lässt.

Als wir von der Kirche zum Gutshof zurückkehren, kommen uns in langer Reihe Jungen und Mädchen in grünen Hemden entgegen. Alle grüßen freundlich zu uns hinüber. Auf dem Weg zum Sportunterricht sind sie, und die Schulkleidung ist ein Sportdress, nicht ein Einheitsdress. In einem Teil des Klosters ist die »Internatsschule Hadmersleben« untergebracht: Ein Privatgymnasium für Jungen und Mädchen, getragen von einem »Gemeinnützigen Schulverein«. 150 Schülerinnen und Schüler hat die Schule, davon 60 Jungen und Mädchen im Internat. Die Internatsschüler kommen aus der ganzen Bundesrepublik (nördlich des Mains), auch aus dem benachbarten Ausland. Die Tagesschüler kommen aus der näheren Umgebung. Bei Internatsschülern muss man tüchtig in die Tasche greifen. Der Satz für Tagesschüler ist der sozialen Situation der Umgebung angepasst.

Die schriftlich festgehaltenen Ziele der Schule erscheinen mir wie eine Nachricht aus einem modernen Erziehungsparadies. Individuelle Zuwendung, bei Klassenstärken bis zu 15 Schülern, ist einer der Schulgrundsätze. Selbstständiges Lernen, Begabtenförderung, Erziehung zu Toleranz, Mut, Selbstwertgefühl, Fähigkeit zu angemessener Kritik und Selbstkritik, Auseinandersetzung mit der Geschichte: Was kann man eigentlich Wichtigeres in einer Schule lernen?! Feste Formen, klare Grenzen, Demokratiefähigkeit und Identifikation mit der Schule kommen als Medium oder als Ziele der Erziehung noch dazu. All das scheint nicht nur auf dem Papier zu stehen – es scheint umsetzbar zu sein in dieser Schule. Immer wieder fallen uns die Aufmerksamkeit der jungen Leute und die schnelle Bereitschaft zu Gesprächen auf. Das ist man von Mädchen und Jungen dieses Alters einfach nicht gewohnt.

Als mir der Tagesablauf erklärt wird, fange ich an zu schmunzeln. Die strenge Zeiteinteilung der klösterlichen Jahrhunderte scheint sich in diesen Räumen fortzusetzen. 6.30 Uhr Wecken der Internatsschüler. 7.30 bis 7.55 Uhr Frühstück. 8.00 bis 8.05 Uhr Morgenrunde: Die Direktorin und der Direktor begrüßen alle Schüler, Geburtstagsständchen werden gesungen, wichtige Mitteilungen werden gemacht. 8.05 bis 9.40 Uhr

Eine Seite der Nonnenempore in der Kirche St. Peter und Paul in Hadmersleben.

Unterricht in allen Klassen. So geht es weiter über den ganzen Tag, bis zur Nachtruhe am späten Abend und in der Nacht. »Die Mädchen und Jungen begrüßen den festen Rahmen«, wird mir Direktor Frank M. sagen, »er darf natürlich nicht zur Einengung der Persönlichkeit führen. Der konservative Ansatz, die Wertschätzung von Achtung, Höflichkeit, Zuvorkommenheit ist uns wichtig«.

Religionsunterricht kommt im Curriculum der Schule nicht vor, merke ich ihm gegenüber kritisch an. »Die geringe Klassenstärke und die große Zahl der Ausgetretenen unter den Tagesschülern macht eine Organisation des Religionsunterrichts unmöglich«, bekomme ich zur Antwort. Aber Frank M. kommt selbst aus der kirchlichen Jugendarbeit, hat die Religionsfakultas. So gibt er in den ersten Klassen das Fach »Ethik«, für das eine solide Bibelkunde die Voraussetzung ist. Für kirchlichen Unterricht und Gottesdienste wird jede Hilfestellung angeboten. »Schließlich leben und arbeiten wir in einem Kloster«, sagt Frank M. »Sieben Jahre besteht die Schule, aber uns ist, als existierten wir viel länger«. Der genius loci ist anscheinend zeitenübergreifend.

Ein Lehrer bringt uns zu dem Zimmer von Dr. Walter M. Er ist längst da, hat auf uns gewartet. Wir hatten nur draußen, wo »Kulturhistorisches Museum« geschrieben steht, auf die falsche Klingel gedrückt. Aber so haben wir wenigstens einen kleinen Einblick in die Schule bekommen. Walter M. ist ein untersetzter, älterer Herr. Lebendig. Voller Energie. Wie ein studierter Bauer wirkt er, und das ist er auch. Mit Walter M. tritt eine Geschichte in Person an uns heran, die wir in ihrer Andersartigkeit und Hintergründigkeit kaum begreifen werden.

Da ist einerseits der Agrarökonom Walter M., Dr. habil. ist er sogar. Und da ist andererseits sein geradezu unglaublicher Einsatz für die Erhaltung der kulturellen Tradition des Klosters. Er erzählt uns gerne die Geschichte. 1886 hat der Getreidezüchter Ferdinand Heine Kloster und Gut gekauft, hat nach 1889 eine Pflanzenzüchtungsstätte aufgebaut, die weltweit berühmt wurde. Die DDR hat dies aufgenommen. Die Kleinwanzlebener sind mit ihrem Knowhow nach Einbeck in den Westen gegangen, haben dort ihre Produktion von Saatgut-

und Zuckerrübenforschung wieder aufgenommen. Die Getreidezüchtung ist in der DDR geblieben, hat für den Staat enorme Devisen gebracht, von denen man einiges zur Verschönerung der Arbeits- und Produktionsstätten nach Hadmersleben hat zurückgehen lassen. Hier hat sich, im Kloster und in angrenzenden Häusern, das »Institut für Getreideforschung Bernburg-Hadmersleben« und die »VEG Pflanzenproduktion Hadmersleben« etabliert. Walter M. ist Abteilungsleiter der Abteilung »Hybridweizenforschung« im Institut geworden. Hat sich zugleich 1982 zum Leiter der »Kulturhistorischen Kommission« des Instituts berufen lassen. In dieser Funktion hat er dafür gesorgt, dass erhebliche finanzielle Mittel zum Ausbau der historischen Räume in das Kloster flossen. »Herr M., Sie sind ein Glücksfall für das Kloster gewesen«, entfährt es mir bei der Führung dieses Tages immer wieder. Seit 1985 hat er das Kloster für interessierte Besucher geöffnet, hat Führungen angeboten und tut es noch heute. In diesen Tagen, im Dezember 2005, feiert er das 20jährige Bestehen des »Kulturhistorischen Museums« in Kloster Hadmersleben.

Aber warum, aus welcher Motivation kommt dieser kolossale Einsatz für die Erhaltung des Klosters Hadmersleben? Bekomme ich Aufschluss aus einer Schrift, die mir Walter M. beim Verlassen des Schriftenraums im Kloster als Geschenk in die Hand gedrückt hat? Da werden zwei kulturpolitisch bedeutsame Ereignisse des Jahres 1989 in Hadmersleben dokumentiert. Das eine ist die Enthüllung einer Gedenktafel für den Begründer der klassischen Archäologie und modernen Kunstwissenschaft Johann Joachim Winckelmann, der ein Jahr lang als Hauslehrer der Familie des Oberamtmanns auf der Burg Hadmersleben tätig war. Man muss sich vor Augen halten: Am 9. November 1989 ist die Mauer gefallen, hat sich der Zusammenbruch des SED-Regimes angekündigt und vollzogen. Und vier Wochen später, am 9. Dezember 1989 hält Walter M. eine Begrüßungsrede. Winckelmanns Idealvorstellung von einer demokratischen Gesellschaftsordnung stellt er dar, die auf der »edlen Kunst« basiert und ihren Einfluss auf Goethe, Schiller, Lessing, Herder hat. Und führt dann aus: »Ihr aufklärerisches Engagement und ihre ethische Interpretation sollten uns inspirieren und motivieren bei der demokratischen und humanistischen Umgestaltung unseres

Landes – einer Republik, die so viele Hoffnungen geweckt und nun nach 40 Jahren Existenzkampf durch gewissenlose, willfährige Erben Stalins bei vielen Mitbürgern den Glauben an den Sozialismus als höchste Stufe menschlicher Entwicklung zerstört hat«. Die Trauer über das Scheitern des »Experiments Sozialismus« als »höchste Stufe menschlicher Entwicklung« ist überdeutlich herauszuhören. Verständlich ist das für jemand, der sein ganzes Leben darauf gesetzt hat. Aber für jemand aus dem Westen wie mich, für den der Sozialismus zwar eine wichtige Triebfeder der menschlichen Gemeinschaftsentwicklung ist, aber die Umsetzung in der DDR mit tief greifender Kritik sieht, ist das nur schwer rational und emotional nachzuvollziehen.

Noch deutlicher kommt der Hintergrund, nach dem ich suche, aus der Rede des Institutsleiters von Walter M., Professor K., heraus, die er einige Monate vor der Wende, aus Anlass der Eröffnung der »Galerie zeitgenössischer Malerei« im Kloster Hadmersleben gehalten hat. Die Säkularisation des Klosters am 13.5.1809 stellt er hinein in den Einfluss der französischen Revolution von 1789, »die den Sieg der bürgerlichen Entwicklungselemente über die feudale Gesellschaftsstruktur« einleitet und der sich im Sozialismus vollendet. Das ist offizielle DDR-Geschichtsauffassung pur, merke ich. Das Absterben von Religion im Zuge der bürgerlichen Emanzipationsbewegung und der sozialistischen Revolution erscheint als eine unaufhaltsame Geschichtsentwicklung. Die Säkularisation des Klosters ist eine Fremd- und Außenwirkung, ist aber im Kern ein begrüßenswerter Prozess auf dem Weg zu einer veränderten Blickrichtung vom Jenseits auf das Diesseits. Die Existenz des Getreideforschungsinstituts im Kloster ist also, in dieser Deutung, eine konsequente Fortentwicklung dieser dynamischen Geschichtsbewegung. Was Bauernunruhen und Dreißigjähriger Krieg nicht vermochten, ist jetzt – seit 1809 – endlich erreicht. Und jetzt verstehe ich auch, weshalb Ferdinand Heine als Vorreiter einer Stärkung der Produktivkräfte eine so große Verehrung im Kloster Hadmersleben entgegengebracht wird. Was damals und bis zur Wende im Kloster geschah, war als Ort des Schaffens der werktätigen Bevölkerung ein sichtbares Zeichen der Überwindung von Religion durch die Kraft der Produktivität.

Auf einmal ist die ganze Ambivalenz des SED-Staates zu dem kulturellen Erbe der Klöster voll vor mir ausgebreitet. Die »Verantwortung für die Pflege des Kulturerbes« ist sozialistischer Gesellschaftsauftrag, und sie kann, wie das Beispiel Hadmersleben zeigt, effektiv und hingebungsvoll und langwirkend sein. Aber die Pflege dieses klösterlichen Kulturerbes ist ohne inneres Verständnis für dessen Anliegen und Profil. Lebt in dieser Ambivalenz zwischen Bewunderung für das Kunstschaffen früherer Zeiten und der Vermutung, dass das alles nur Fossile, Zeichen einer vergangenen Epoche sind. Von der »List der historischen Vernunft« bin ich da geneigt zu reden, die ein Erbe erhalten hat, ohne ein tieferes Verständnis dafür zu haben.

Nachdem ich das bei mir geklärt habe, kann ich mich der Führung von Walter M. mit Vergnügen und Aufmerksamkeit anvertrauen. Er führt uns auf den Wirtschaftshof, zeigt uns mit innerer Genugtuung das gesamte Gelände. Als er 1965 hierher kam, seien das überwiegend noch Viehställe gewesen. »Das alles ist als Einheit erhalten, weil die Nonnen bis 1809 durchgehalten haben, auch die Bauernunruhen und der Dreißigjährige Krieg haben das nicht zerstören können«. Eine vorsichtige Achtung der Leistungen des Klosterkonvents höre ich heraus. Natürlich hat sich vieles im Laufe der Jahrhunderte verändert. Ferdinand Heine hat durch den Berliner Architekten Grisebach den riesigen Speicher in teurem Bruchstein bauen lassen, um den Gesamteindruck nicht zu stören. Er steht auf einem Kreuzgratgewölbe des 12. Jahrhunderts, »wenn wir Zeit hätten, könnten wir uns das anschauen«. Über die tatkräftige Äbtissin Anna Margarethe Blume unterrichtet er uns eingehend, die die umfassende Erneuerung des Klosters im Stile des Barock durchführte. Alle Rundbögen hat sie in rechteckige Fenster verwandelt. Ihr Wappen mit den Rosen hat sie 1712 über dem Eingang angebracht. Den Taubenturm mit 350 Nestern in Stein, der unübersehbar in der Mitte des Hofes steht, hat sie 1715 bauen lassen. »Weil doch die Nonnen so gerne Tauben aßen«. Den Taubenturm schauen wir uns später vor der Abfahrt an. Er ist offen, und die steinernen Taubennester beginnen auf allen Seiten erst in halber Höhe. In einer solchen einheitlichen Erhaltung wird man ein Kloster mit Klostergut selten finden. Das ist ein ganz besonderer Schatz.

Über die Geschichte des Klosters nach der Wende spricht Walter M. mit einem Anflug von Bitterkeit. Das »Institut für Getreideforschung Bernburg-Hadmersleben« und die »VEG Pflanzenproduktion Hadmersleben« ist von der Treuhand abgewickelt worden. An den schwedischen Saatkonzern »Semundo« hat man das alles verkauft, einschließlich der vielen Produktionsstätten, die auch außerhalb des Dorfes lagen. 500 Mitarbeiter und Mitarbeiterinnen seien damals beschäftigt gewesen. Heute sind es noch 49 Personen. Der Zeitpunkt der totalen Schließung sei abzusehen. »So ist das alles aus Ostdeutschland fortgewandert«. Nur mit dem Kloster ging es besser. Alles war vorbereitet, um das Kloster in ein Hotel zu verwandeln. Da trat eine Gegenbewegung auf den Plan, offensichtlich durch Walter M. kräftig unterstützt: »Das könnt ihr mit einem ehemaligen christlichen Kloster in dieser neuen Ära doch nicht machen!« Wie man sieht, funktioniert die List nach allen Seiten. Die Argumentation schlug durch, ein Nachkomme Ferdinand Heines aus dem Hildesheimer Gebiet, Ulrich von N., konnte Kloster und Gut – allerdings ohne den Forschungs- und Züchtungsbereich – erwerben.

Wir gehen durch das Eingangstor zum Kloster in den Wirtschaftshof, der jetzt der Schulhof des Gymnasiums ist. Gleich rechts ist der Kapitelsaal der Nonnen. Riesige Ausmaße haben diese Räume, um 1500 soll die Höchstbelegung des Klosters 78 Nonnen betragen haben. Wir kommen auf eine Baustelle, der Kapitelsaal ist in eine Grabungsstelle verwandelt. Äbtissin Blume hatte in ihrer praktischen Art den Kapitelsaal um 1,20 Meter aufschütten lassen, um die Höhe der Räume zu verringern und die Raumwärme zu erhöhen. Dadurch sind die fünf mächtigen quadratischen Pfeiler des Kapitelsaales, die das Kreuzgratgewölbe tragen, teilweise in der Erde versunken. Walter M. hatte damit begonnen, einen der Pfeiler auszugraben, mit dem Ziel, den ganzen Kapitelsaal in seiner vollen Höhe und Ausdehnung wiederherzustellen. »Der mächtigste Kapitelsaal im ganzen Land Sachsen-Anhalt wäre daraus geworden«. Aber mitten in die ersten Arbeiten kam der Zusammenbruch der DDR, der Geldfluss vom Staat hörte von heute auf morgen auf, Anträge an die »Stiftung Denkmalschutz« blieben bisher ohne Erfolg. »Die Wende kam zu früh«, sagt Walter M. immer wieder. Immerhin sind Backsteinimitate und Reste der Wandmalereien aus der Zeit der Äbtissin Sancta von Meynegodessen zutage getreten, die ihren Namen und den Namen des damaligen Propstes in gotischen Lettern und mit der Jahreszahl 1505 an einem Pfeiler verewigt hat. Walter M. kann es sich nicht verkneifen, aus dem Visitationsbericht eines Beichtvaters aus dem Jahre 1322 zu zitieren: »Die Nonnen sind rachsüchtig, keifen und schelten. Will man ihrer Liederlichkeit wehren, so wagt man sein Leben«. Aber er unterschlägt auch nicht, dass mit der Investitur der oben genannten Äbtissin 1461 und der Zugehörigkeit des Klosters zur Bursfelder Reformkongregation diese Zeit des Niedergangs beendet war.

Durch den Kreuzgang gehen wir in die ehemalige Klausur. Teile des Forschungslabors sind in der Institutszeit im Kreuzgang gewesen, durch Zwischenwände waren die Labors voneinander abgetrennt. Walter M. hat zunächst die Zwischenwände beseitigen lassen, um den ganzen Kreuzgang wieder sichtbar werden zu lassen, hat dann sogar Gruppen mitten durch die Labors geführt. Das Parlatorium und das Äbtissinnenzimmer mit schweren barocken Stuckdecken von 1693. Im Empfangszimmer der Äbtissin werden alte Urkunden aufbewahrt. Das Treppenhaus hat Grisebach für Ferdinand Heine 1887 gebaut, mit den kunstvollen Masken am Ständer der Aufgänge. Der »Tapetensaal« mit einer klassizistischen Panoramatapete, der »Festsaal«, der zu einem Winckelmann-Raum umgestaltet ist: Man könnte noch und noch und immer wieder von den vielen Räumen im Kloster Hadmersleben erzählen. Aber der Raum im Kloster, der mich am intensivsten beschäftigt und herausgefordert hat, ist die »Gemäldegalerie« dort oben im Flur, wo früher – in der Institutszeit – das Arbeitszimmer von Walter M. und seiner Frau war.

Es ist offensichtlich nicht leicht für Walter M., einen Pfarrer mit seiner Frau durch die Ausstellung dieser Bilder, die er angeregt hat und auf die er stolz ist, zu führen. Er beschränkt sich auf die Nennung der Titel und die Erzählung einiger unverfänglicher Anekdoten. Aber ich kann ja sehen, und verstehe bald, in welchem Deutungshorizont sich diese Bilder bewegen. Michael Emig und Rudolf Pötzsch, zwei Schüler des Leipziger Kunstprofessor Werner Tübke, haben diese sechs großformatigen Bilder zur Klostergeschichte in Vergangenheit und Gegenwart, auf Anregung der »Kulturhistorischen Kommission« des Instituts, von 1985–89 gemalt. Eine altmeisterlich-realistische Malerei ist das, die surreale Visionen mit einbezieht, mit Stilanleihen aus Renaissance und Manierismus offenbar. Durchaus eindrucksvolle Gemälde sind es. Und wenn man genau hinschaut, entdeckt man ein phantastisches Anschauungsmaterial für das Verhältnis von DDR-Sozialismus und Christentum, das in dieser Prägnanz kaum zu überbieten ist. Nur die drei ersten Gemälde will ich herausgreifen.

Da ist das Bild von Michael Emig über die Gründung des Klosters Hadmersleben im Jahre 961. Mit riesigem Bischofsstab in der Mitte Bischof Bernhard von Halberstadt. Halbverdeckt der Burgherr von Hadmersleben. Links die erste Äbtissin des Klosters, Gundrada, mit zum Himmel erhobenen Händen. Eine weitere Nonne in inbrünstigem Gebet. Daneben, ein noch höherer kahler Baumstamm. Was kann das anderes bedeuten als: Ein Anfang ohne Blüte und Frucht. Zur Ergebnislosigkeit verdammt. Vorne groß eine ärmliche Frau, die den Betrachter anschaut.

Da ist das Triptychon über den Bauernkrieg von Rudolf Pötzsch. Links: Ein Lutheraner weist in den Himmel, ein Parteigänger Müntzers bietet Paroli und weist auf die Erde. In der Mitte: Der Schlossherr von Hadmersleben verteidigt mit seinen Rittern das Kloster gegen die eindringenden Bauern. Gestützt wird er von der visionären Gestalt des Kardinals Albrecht von Brandenburg (Thron und Altar). Ein Himmel à la Bosch: Der Papst stürzt in die Hölle. Wer noch mit ihm? Das rechte Bild zeigt die Grablegung eines Bauern, dargestellt wie die Grablegung Christi. Der Regenbogen, das Zeichen der Müntzer-Anhänger, wölbt sich über das mittlere und das rechte Bild. Die Quintessenz liegt auf der Hand: Die wahren Helden der Geschichte, auch vielleicht die wahren Erlöser, sind die Leidenden und Unterdrückten.

Da ist das Bild über den Wahlspruch der Benediktinerinnen, ora et labora, von Rudolf Pötzsch. Eine betende Nonne. Daneben Äbtissin Blume mit Zirkel: Die einer schöpferischen

Arbeit nachgehende Äbtissin ist schon eine höhere Ausgabe des Nonnentums. In der Mitte der Propst, mit der erhobenen Linken auf Gott sich berufend, mit der Rechten den Zehnten fordernd, den Fuß auf den am Boden kriechenden Bauern gesetzt. Das Kloster als eine Institution der Ausbeutung und der Leibeigenschaft: Eine Horrorgeschichte der Klosterzeit wird da geschrieben.

Napoleon und die Säkularisierung, der Faschismus, Erntearbeiten heute: Damit vervollständigt sich der geschichtliche Bilderreigen. Zu dem Triptychon der »Erntearbeiten« weiß Walter M. noch eine Geschichte zu erzählen. Links sollte die Arbeit, rechts der Müßiggang dargestellt werden. Der rechts stehende Arbeiter ließ vor dem Mähdrescher mit der rechten Hand einen Papierflieger starten. Darauf heftige Kritik der Verantwortlichen, denn im Sozialismus gibt es keinen Müßiggang. Der Mann hat jetzt einen Weizenhalm in der ausgestreckten Hand.

Religionskritik im Kloster. Das nehme ich als Eindruck, vor allem von der Bildergalerie, aus dem Kloster Hadmersleben mit nach Hause. Religionskritik hat eine wichtige Rolle. Auch in den Kirchen, auch und gerade in einem aufgeklärten Glauben. Der Schrei der Unterdrückten und der Leidenden darf nicht überhört und übersehen werden, das haben wir aus der Geschichte vieler Jahrhunderte doch hoffentlich gelernt. So ist es wichtig, dass die Bildergalerie im Kloster Hadmersleben weiterhin gezeigt wird. Der Bildersturm, der die Reformation so sehr diskreditiert hat, darf sich heute nicht wiederholen. Aber Religionskritik als Ideologie, als ein Konzept, das vermeintlich alles trägt, ist heute doch auch ein Stück Vergangenheit. Die kritische Sicht auf die Klostergeschichte von Hadmersleben muss sich dem Dialog und der geschichtlichen Überprüfung stellen. Und so stelle ich mir vor, dass man zum 30jährigen Jubiläum des »Kulturhistorischen Museums« in Hadmersleben ein Symposion veranstaltet, an dem sich alle beteiligen: Kunstgeschichtler, Historiker, Theologen, Soziologen, Philosophen. Christen und Marxisten, Menschen, die das in großer Breite aufzuarbeiten suchen, was unsere Vergangenheit geprägt hat und uns noch heute, offen oder verdeckt, bestimmt.

Walter M. verabschiedet uns, nach dieser ausgiebigen Führung durch das Kloster, draußen auf der Veranda. Grisebach hat, direkt über dem Kreuzgang, für Ferdinand Heine noch eine besondere Loggia gebaut, auf der er sitzen und dem Orgelklang in der gegenüberliegenden Klosterkirche am Sonntagmorgen lauschen konnte. Er selbst hatte als Protestant seinen Platz in der Evangelischen Kirche – wenn er dorthin ging. Wir fahren zum Abschluss noch in das Kloster Marienstuhl in Egeln hinüber. Brauchen, nach den Anstrengungen der geistigen Auseinandersetzung, ein wenig Erholung im Unproblematischen. Die finden wir in der schönen und einheitlichen Barockkirche dieses Klosters. Oben auf dem Schwesternchor hängt das Bild des Zisterzienserinnen-Konvents aus dem 18. Jahrhundert. Offen, warmherzig, liebevoll blicken die Zisterzienserinnen den Betrachter an. Das hat es also auch gegeben in diesen Klöstern: Die zuvorkommende Liebe, die Gastfreundschaft und die Bejahung des Lebens, aus der jeder lebt. Ein eigenes Kapitel hätte das Kloster Marienstuhl in Egeln eigentlich auch verdient. Eine wirkliche Klosterlandschaft ist das hier im nördlichen Harzvorland, mit der man nie an ein Ende kommt.

»Das Kloster gehört zum Ort«

Hedersleben

Die Tür zu ihrem Zimmer steht weit offen. Unten, im Jugendtreff des Gemeindehauses, hat sich eine Seniorenrunde versammelt. Die munteren Gespräche sind bis in die Vorhalle zu hören. Sonst ist es ruhig in dem großen Haus. Der Turnraum und der Kegelkeller werden sicher erst an den Abenden frequentiert. Mit einer jungen Frau aus dem Nachbarhaus des Klosters, die ihren Jungen gerade zur Musikschule nach Quedlinburg fahren wollte, war ich in ein längeres Gespräch gekommen. Per Zufall erwähnte sie, dass heute, am Dienstagnachmittag, die Bürgermeisterin ihren Sprechtag hat. Sofort bin ich zum Gemeindebüro in der Magdeburger Straße hoch gelaufen. Unzählige Male hatte ich vergeblich versucht, die Bürgermeisterin per Telefon zu erreichen. Nun sitzt sie dort oben hinter ihrem großen Schreibtisch, sonst ist niemand da, und ich kann die Fragen loswerden, die ich ihr unbedingt stellen wollte.

Kornelia B. ist seit 1998 Bürgermeisterin von Hedersleben. Sie stammt nicht aus dem Ort, ist erst später zugezogen, hat sich aber natürlich informiert über das, was früher war. Da ich mich als »Pfarrer« vorgestellt habe, lässt sie auch ihren Standort erkennen. »Ich bin nichtkirchlich«, sagt sie. »Nichtkirchlich« oder »nichtreligiös«: Das höre ich oft von meinen Gesprächspartnern in diesen Monaten, sobald eine Begegnung eine bestimmte Ebene von Offenheit und Intensität erreicht hat. Es beschäftigt mich zumeist eher im Hinterkopf, dass mein Gesprächspartner seinen Standort primär negativ beschreibt. Wenn er sagen würde: »Ich bin Atheist«, so ist auch das ein Negativbegriff, aber es wäre eine sehr viel deutlichere Position. »Ich bin nichtkirchlich oder nichtreligiös« scheint mir eher einen gewissen Schwebezustand zu markieren. Kornelia B. betont auch sofort den guten Kontakt, den sie – aus ihrer Sicht – zu den kirchlichen Amtsträgern beider Kirchen hat. Sie sagt sogar: »Es war ein erhabenes Gefühl, als ich zum ersten Mal, bei der Verabschiedung eines Pfarrers, in einer Kirche geredet habe«.

»Das Kloster gehört zum Ort«, antwortet die Bürgermeisterin auf meine Frage nach der Rolle des Klosters in der Ortsgemeinde. Ich merke: Das ist für sie ein abgeschlossener Prozess. Das Kloster gehört zum Ort, wie die Gaststätte oder der Friedhof zum Ort gehören. Das Kloster ist da, aber es ist kein Hoffnungs- oder Verheißungsträger mehr, aus seiner Tradition sind keine Kräfte mehr zu schöpfen. Für eine D-Mark hat die Gemeinde das Kloster auf 30 Jahre an das »Internationale Zentrum für Innovation, Qualifizierung und Gewerbeförderung e.V.« verpachtet, das seine Integrationskurse für Jugendliche, Ausländer und Arbeitslose dort betreibt. 1992 ist das gewesen. Nach der Wende hatte sich ein Förderkreis gebildet, der offenbar ein großes Gesamtkonzept im Auge hatte. Mit 15 Millionen D-Mark Fördermitteln und vielen ABM-Kräften aus Hedersleben und Umgebung wurde das ganze Kloster renoviert, auch das Klostergelände samt Taubenturm und Kräutergarten wieder hergestellt. Die Schaffung infrastruktureller Voraussetzungen für eine mögliche Nutzung des Klosters zu Zwecken des Fremdenverkehrs spielte dabei eine wichtige Rolle, auch bei der Bewilligung der Maßnahmen. 1993 findet ein »Tag der Gemeinden« statt, zu dem sich die evangelischen Christen des Kirchenkreises im Kloster St. Gertrudis treffen und der mit einem Konzert abgeschlossen wird. Ein »Tourismusbüro des Klosters« gibt es, das Konzerte plant und veranstaltet und 1997 das erste »Hedersleber Klosterfest«. Dann bricht der Förderkreis auseinander, die nach außen gerichteten Tätigkeiten des Klosters kommen zum Erliegen. »Das ist so traurig, wie sich das Kloster isoliert hat«, sagt der ehemalige Vorsitzende des Fördervereins, Klaus E. »Wir haben ganz andere Vorstellungen gehabt«.

Seit 1998 hat es auch das Klosterfest, »das mit sehr viel Arbeit verbunden war«, nicht mehr gegeben. Kornelia B. hofft zwar, dass in der nächsten Zeit die eine oder andere Außenaktivität wieder aufgenommen wird. Aber insgesamt ist sie mit der Tätigkeit des Vereins im Kloster hochzufrieden. »Um das

Kloster brauchen wir uns, Gott sei Dank, nicht mehr zu kümmern«, sagt die Bürgermeisterin. Sie hat andere Sorgen genug, wie etwa die Entwicklung und Nutzung des Schulgebäudes. Hier wie überall steht man unter dem Diktat der leeren Kassen. Einen Anlass, den Kirchen einen stärkeren Einfluss auf die Entwicklung des Klosters einzuräumen, habe es nie gegeben. Das Kloster habe schon immer der Gemeinde gehört. Meinen vorsichtigen Hinweis auf die Pflicht zur Instandhaltung, die Fenster am Westflügel zeigten schon wieder deutliche Verfallsspuren, weist sie ab. »Das macht alles der Verein, er ist nicht dazu verpflichtet, aber er macht es«. Die Distanz ist ständig spürbar, auch die Genugtuung darüber, dass das Kloster eine sinnvolle Nutzung hat. Fast wie eine Altlast der Geschichte kommen mir auf einmal die Klöster vor. »Das Kloster ist doch das einzig Sehenswerte in Hedersleben«, sagt mir ein paar Minuten später eine Verkäuferin in einem Lebensmittelladen. Einen solchen Satz höre ich von der Bürgermeisterin nicht. Wir verabschieden uns freundlich voneinander. Aber sie ahnt wohl, dass ich mir anderes von dem Gespräch versprochen hatte.

Gut neun Monate vor diesem Gespräch bin ich zum ersten Mal nach Hedersleben gefahren. Mit Tim-Dietrich M. aus Halle hatte ich mich verabredet, der das Buch über die »Vergessenen Klöster« angeregt hat und den ich bisher noch nicht persönlich kannte. Seine Eltern leben in Hedersleben, so kann er die Fahrt dorthin gleich doppelt nutzen. Als ich mein Auto auf dem Platz vor dem Torhaus des Klosters abstelle, kommt er gerade aus der Nebenstraße heraus. Er ist weit jünger, als ich ihn mir vom Telefon her vorgestellt habe, morgen wird er 44, verrät er mir. Vielleicht denkt er von mir: Der ist älter als seine Stimme. Aber das sagt man natürlich nicht. Schnell finden wir uns zusammen in der Bewunderung des Torhauses, vor dem wir stehen. Wie alles, was hier im Kloster Hedersleben bemerkenswert ist, stammt es aus dem 18. Jahrhundert (1780). Über einer großen rundbogigen Toreinfahrt ein kleines Vesperbild, Maria mit dem Kind. Darüber das Relief einer voluminösen Dame. Die erste Äbtissin des Klosters sei es, Gertrud von Hackeborn, habe ich in verschiedenen Beschreibungen des Klosters gelesen. Aber nein, es ist natürlich die Patronin des Klosters, die Hl. Gertrud von Nivelles, eine jung verstorbene Äbtissin des 6. Jahrhunderts im belgischen Nivelles. Die Unsicherheit im Umgang mit der Geschichte des Klosters fällt mir hier zum ersten Mal auf. Aber vielleicht hat diese Verwechslung ja auch einen sachlichen Hintergrund. Vielleicht ist man auf dieses seltene Patrozinium durch den Namen der ersten Äbtissin gekommen. Wie dem auch sei: Wir gehen erst einmal in das katholische Pfarrhaus hinüber.

Jürgen S. hat Geschichte und Archäologie studiert, mit dem Schwerpunkt Mediävistik. Im »Feudmuseum« in Wernigerode war er einige Jahre angestellt. 1988 ist er auf das Priesterseminar gegangen, wurde 1991 zum Diakon geweiht und, da er verheiratet war, ist es dabei geblieben. Ein Team bilden sie in einer großen Region bis nach Quedlinburg hin, mit Priester, Diakon und Gemeindereferent, in der jeder seinen eigenen Bezirk und seine eigene Aufgabe hat. Filialdiakon nennt er sich deshalb, um seine größere Eigenständigkeit zu betonen. Aber zunächst müssen wir eilig zum Kloster hinüber, da jemand zu dieser Zeit da sein soll, der uns die Türen aufschließt. Wolfgang L. gesellt sich noch dazu, ein pensionierter Lehrer, der Stellvertretender Schulleiter war, als die Schule noch im Kloster war, und der mit seiner Frau in dem Kloster wohnt. Eine gewisse Distanz zur Klostertradition ist auch bei ihm zu spüren. Aber er ist ein Hobbyhistoriker, und hat die erklärenden Texte verfasst, die sich als kleine Aushängeschilder rund um das Kloster finden.

Eine große Anlage ist das Kloster. Links steht der mächtige Taubenturm, der nur noch ein Steinhaufen war, die Rekonstruktion war eine regelrechte Neuerrichtung. Überhaupt scheint in den Jahren nach der Wende eine gewaltige Aufbauarbeit geleistet worden zu sein. Vorne ist alles neu gestrichen, die etwa 30 Zimmer im ehemaligen Wirtschaftstrakt sollen alle Nasszellen haben. Einen Augenblick bleiben wir vor dem rechten Eingangsportal stehen. Es ist deutlich architektonisch hervorgehoben: Ein Schweifgiebel mit den Wappenreliefs des Klosters und der Bauherren der barocken Anlage, der Äbtissin Maria Josepha Schnorbusch und des Propstes Ferdinand Schestag. Die Dame schließt uns die Tür zum Kreuzgang auf, der als zweigeschossige Vierflügelanlage um einen kleinen quadratischen Innenhof läuft. In der Mitte des Hofes steht ein Ahornbaum, der – im Oktober – schon seine Blätter abwirft. In dem Bereich der Klausur des ehemaligen Klosters sind wir, und lassen die Frauengeschichte des Klosters in langen Gesprächen unter uns vier Männern Revue passieren.

Am 17. Oktober 1253 ist das Kloster durch Albert und Ludwig von Hackeborn als Zisterzienserinnenkloster gegründet und mit den notwendigen Einkünften versehen worden. »Ut ibidem Monasterium Sanctimonialium Cisterciensis ordinis feliciter construatur«, heißt es am Schluss der Gründungsurkunde. »Damit dort ein Nonnenkloster des Cisterzienser Ordens glücklich errichtet werde«. 1112 war der Theologe Bernhard als Mönch in das Kloster Citeaux eingetreten, hatte mit einer verschärften Benediktinerregel als Abt das Tochterkloster Clairvaux gegründet und geleitet und hatte den damit neugegründeten Orden schnell zu großer Blüte gebracht. Zur Zeit der Gründung von Hedersleben ist die Zahl der Zisterzienserklöster im Abendland schon auf 650 Klöster angewachsen, mit einem geschätzten Personalbestand von etwa 20 000 Ordensmitgliedern. Im August 1153 war Bernhard von Clairvaux gestorben, und es wird kein Zufall sein, dass genau 100 Jahre nach dem Tod des Ordensgründers das Kloster Hedersleben installiert worden ist. Die Schwester der beiden Klostergründer, Gertrudis von Hackeborn, übernahm zunächst für einige Jahre als Äbtissin die Leitung des neuen Zisterzienserinnenklosters in Hedersleben.

Aus diesen Anfangsjahren des Klosters ist mir bis heute einiges unklar geblieben. Einige Autoren verwechseln offenbar Gertrud von Hackeborn mit ihrer visionären Schwester Mechthild oder mit »Gertrud der Großen«. Beide sind Vertreterinnen der bedeutenden Bewegung der Frauenmystik im Kloster Helpede (Helfta) vor den Toren von Eisleben. Gertrud von Hackeborn ist aber, soweit ich weiß, keine Schriftstellerin und keine Empfängerin von visionären und auditiven Offenbarungen gewesen wie die beiden anderen Frauen. Eine kluge, gebildete und charakterstarke Äbtissin ist sie gewesen, die den mystischen Bewegungen in ihrem Kloster den Raum gewährte, in dem diese Frömmigkeit sich breit entfalten konnte. 1251 ist Gertrud von Hackeborn als neunzehnjährige Nonne einstimmig zur Äbtissin des Zisterzienserinnenklosters in Rodersdorf gewählt worden, das 1258 nach Helpede (Helfta) verlegt wurde. Einundvierzig Jahre lang, bis zu ihrem Tod, hat sie diese Aufgabe mit hoher Anerkennung von allen Seiten wahrgenommen. Wenn sie von 1253 bis 1262 als Äbtissin von Hedersleben geführt wird, dann kann das nicht heißen, dass Gertrud von Rodersdorf oder Helfta nach Hedersleben übergesiedelt sei. Dann kann das nur bedeuten, dass einige Jahre lang – wie das oft geschah – die beiden Klöster eine gemeinsame Äbtissin hatten. Das bestätigt sich auch darin, dass am 17. März 1262 – seltsam, wie man nach so vielen Jahrhunderten noch den genauen Tag weiß – zwölf Nonnen aus dem Kloster Helpede nach Hedersleben kamen, aus deren Reihen man die neue Äbtissin wählte. Gertrud von Hackeborn hat sicher diese Delegation von Helpede aus auf den Weg geschickt.

Kunigunde, Zacharia, Sophia, Anna, Beringaria, Gertrud, Jutta, Elisabeth heißen die Äbtissinnen jetzt, und nur die Hälfte von ihnen stammt aus Adelsgeschlechtern. Welch hohen geistigen und geistlichen Standard die Frauenklöster im hohen Mittelalter hatten und was sie für die Emanzipation der Frau damals bedeuteten, habe ich in den Beschreibungen der Klöster St. Burchardi Halberstadt und Drübeck darzustellen versucht. Was mir am Kloster Hedersleben aber darüber hinaus noch auffällt: Ein enormes Alter haben die Äbtissinnen überwiegend erreicht. 84 Jahre, 85, ja 91 und 92 Jahre sind keine Seltenheit, und Gertrud von Scherebeck, die von 1350 bis 1397 als siebte Äbtissin des Klosters amtierte, wurde sogar 102 Jahre alt. Ein gesundes Klima muss es, trotz Pest und Katastrophenzeiten, im Kloster Hedersleben gewesen sein. Oder hat das gute soziale Klima des Konvents, kombiniert mit der tiefen Frömmigkeit der Frauen, das lange Leben garantiert? Pastor Heinrich Dümling hat in seinen »Geschichtlichen Nachrichten über das Kloster und die Gemeinde Hedersleben« (1895) das alles aus Urkunden sorgsam aufgelistet, und ich habe keinen Anlass, seinen Mitteilungen an diesem Punkte mit Misstrauen zu begegnen.

Die 19. Äbtissin, Margarethe von Hoym, die von 1525–1586 amtierte, bekam die Auswirkungen der Reformation voll zu spüren. Bei ihrer Wahl waren nur noch sechs Nonnen im Kloster, die Polemik Martin Luthers gegen das Klosterwesen und die Werkgerechtigkeit des Mönchtums hatte ihre Wirkung gezeigt. Aber in den heftigen Auseinandersetzungen stand der »jungfräuliche Konvent« wie »ein harter Felsen«, so wird es beschrieben, und blieb katholisch. Die Ortsgemeinde wurde protestantisch, das Kloster musste den lutherischen Prediger teilweise mitbezahlen. 55 Jahre lang blieb Margarethe von Hoym als Äbtissin im Kloster Hedersleben. Ganz entziehen konnte sie sich den neuen Gedanken einer Reformation denn doch nicht. Hinter ihrem Rücken wurde geflüstert, sie sei im Grunde lutherisch, weil sie von so vielen lutherischen Büchern umgeben war und darin las. Aber sie brachte ihren Konvent durch die turbulenten Jahre. »Geblüt und Tugend veradelten ihre Seele«, so urteilte ein späterer Chronist. De mortuis nihil nisi bene.

Schöne Einzelcharakterisierungen der Frauen tauchen gelegentlich auf, wie bei der 14. Äbtissin Magdalene von Werden (1580–98), sie habe »als fromme ehrwürdige Äbtissin den frommen Hiob statt ihres Spiegels gebraucht«. Brustkrebs hat sie gehabt, und sie hat sich den Krebs herausschneiden lassen. Dass solche Einzelheiten bis auf unsere Zeit gekommen sind, erscheint mir schon erstaunlich. Dann setzten die Wirren des Dreißigjährigen Krieges ein. Ganz Europa zog, mal die Russen, die Spanier, die Italiener, die Franzosen, dann wieder die Schweden, oft mordend und plündernd, durch die Vorharzlandschaft, das Dorf und durch Kloster Hedersleben. Immer wieder mussten die Nonnen und die Äbtissinnen, manchmal in Männerkleidung versteckt, aus dem Kloster fliehen, um das eigene Leben zu retten. So beim Überfall der Schweden 1632, als die 16. Äbtissin, Anna Runge, nach Quedlinburg floh, um von dort 1635 mit einem schwedischen Oberst aus dem Blickfeld des Klosterkonvents zu entschwinden. Vielleicht doch nicht so ganz: Die Nonnen des Konvents setzten alsbald das Gerücht in die Welt, man habe ihre frühere Äbtissin in Verkleidung in der Klosterküche gesehen, wo sie um ein Stück Brot gebettelt habe. Als sie gemerkt habe, dass man sie erkannte, sei sie sofort verschwunden. An einen guten Ausgang der Flucht der Äbtissin Anna Runge mochte man wohl im Kloster Hedersleben absolut nicht glauben.

Die nächste Äbtissin konnte sich offenbar nur vier Wochen halten. Über die Zeit der 18. Äbtissin, Elisabeth Rottmann (1637–74), sind wir dagegen durch ihre Briefe an ihre Familie eingehend unterrichtet. Diese Briefe gehören zu den erschütterndsten Dokumenten, die ich aus dieser Zeit kenne. Nur zwei Nonnen waren noch im Kloster. Von Leibesvisitationen erzählt sie, bei denen die Plünderer noch die verstecktesten Kostbarkeiten am Hals oder in den Unterröcken finden. »Ich halte, der düfel mostet ine wisen«. »Wan doch gott friden gebe oder neme mir van der welt«, schreibt sie 1642 an den Bruder. »Auf dem lande ist es nur angst und not, doch helfet gott alle zeit«. Der scheinbar endlose Krieg ging dann nach einigen Jahren doch zu Ende, aber die Jahre danach waren nicht viel einfacher. Die fälligen Kontributionen laugten das Land aus.

In der Folgezeit, obwohl nun der Westfälische Friede von 1648 eine Beruhigung des konfessionellen Miteinanders von Protestanten und Katholiken gebracht hatte, nehmen die Spannungen zwischen dem katholischen Kloster und der evangelischen Ortsgemeinde zu. Da beide Konfessionen dieselbe Kirche, die Klosterkirche benutzen, bleiben Zusammenstöße fast unvermeidlich. So berichtet der evangelische Ortspastor Hetling in einer förmlichen Beschwerde an den preußischen König über eine Störung des evangelischen Gottesdienstes am Nachmittag des 16. August 1712. Er habe in der Auslegung des dritten Hauptstückes im lutherischen Katechismus, des Vaterunsers, dargelegt, dass man nur die heilige Dreifaltigkeit im Gebet anrufen dürfe und nicht die heiligen Engel oder die verstorbenen Heiligen. Darauf habe auf der Nonnenempore ein unglaubliches Gepolter eingesetzt, dass er seine eigenen Worte nicht mehr habe verstehen können. Und als er die Frage stellt, ob man wohl die Jungfrau Maria als Mutter des Sohnes Gottes anrufen und anbeten dürfe, habe eine weibliche Stimme, »sonder Zweifel eine Nonne«, überlaut in die Kirche gerufen: Ja! Eine Untersuchung und Bestrafung dieses »großen Ärgernisses«, das dem »instrumento pacis ganz zuwider läuft«, verlangt der Pastor. Tatsächlich setzt der König eine Untersuchungskommission ein, und das Kloster wird verurteilt, öffentlich Abbitte zu tun und 50 Taler Strafe an die evangelische Gemeinde zu zahlen.

Da ist allerdings der Bau einer evangelischen Kirche, die auf dem Klostergelände steht, schon im Gange. Dass der Propst des Klosters, das diesen Bau zu finanzieren hat, bei der Durchführung des Baus die Hederslebener Handwerker übergeht, mag den Ärger erneut angeheizt haben. Am 13. November 1713 wird die Einweihung der neuen Kirche feierlich vollzogen. Von diesem Zeitpunkt an finden die Gottesdienste der beiden Konfessionen in getrennten Räumen statt. Aber auch das Interesse des sorgfältigen Chronisten, Pastor Heinrich Dümling, verlagert sich vom Kloster auf die Ortsgemeinde. Zwar werden die Äbtissinnen und die Pröpste des Klosters weiterhin sorgfältig registriert und aufgezählt. Über den völligen Neubau des Klosters im 18. Jahrhundert aber, der nun wirklich eine eingehende Erörterung verdiente, gibt es nur eine kurze Notiz: Dass das Schlafhaus (südwestlicher Teil) 1721 bis 1724 neu gebaut wurde, der Flügel mit der Wohnung der Äbtissin, der Gaststube, Küche und Keller 1717 und 1748, der östliche Flügel mit der Propstei im Jahre 1765. Und dass das Kloster in der Barockzeit unter den Äbtissinnen Lutgardis Kragen, Maria Carolina Roßhirt und Maria Josepha Schnorbusch noch einmal eine Blütezeit erlebte, kann man allenfalls aus den hohen Zahlen von 15 oder mehr der Nonnen im Kloster schließen. Der Anstoß, den die Ortsgemeinde am Lebenswandel eines Pastors nimmt, die Liste der Einquartierungen bei den Bauern im Siebenjährigen Krieg sind ihm wichtiger als weitere Klosternachrichten. Die letzte, die 23. Äbtissin des Klosters ist Theodora Meinony: 1810 säkularisiert die Westfälische Regierung unter dem Napoleon-Bruder Jerôme das Kloster Hedersleben und verkauft das Klostergut samt Gebäude an die jüdischen Bankiers Israel Jacob und Süßmann Heinemann in Halberstadt. Mit der Äbtissin und der Priorin sind damals noch 16 Nonnen im Kloster. Mit einem kleinen Jahressalär werden sie abgefunden. Nur zwei von ihnen bleiben im Kloster und sterben dort in hohem Alter. Die kleine katholische Gemeinde wird nach Adersleben umgepfarrt.

1827 lässt die preußische Regierung die baufällige Klosterkirche abreißen und verkauft die Steine. Nur der Turm bleibt stehen. Das Kloster hat längst einen neuen Besitzer. Der betrachtet die Kirche als sein Eigentum und klagt gegen die Regierung. Auch die katholische Gemeinde beansprucht die (nun abgerissene) Kirche, versammelt sich 20 Jahre lang jeden Sonntag zu Gottesdiensten im und am Turm. Durch die Standhaftigkeit und die Bitten der katholischen Gemeinde lässt sich König Friedrich Wilhelm IV. erweichen. Eine neue, sehr viel kleinere Kirche wird, an der Stelle der alten Kirche, an den Turm anschließend erbaut. Am 3. Advent 1846 wird sie als Pfarrkirche der katholischen Gemeinde eingeweiht. Das Kloster aber wird für 150 Jahre zu einer Domäne und zum Wohnsitz des Gutsverwalters.

Was wird man aus dieser 550jährigen Geschichte des Zisterzienserinnenklosters Hedersleben und aus der Zeit danach noch sehen und entdecken können? Ohne Erinnerung, geht mir durch den Kopf, können wir Gegenwart und Zukunft nicht bestimmen. Ohne Geschichte sind wir wurzellos. Die Abbrüche der Geschichte tendieren auf Verdrängung; die weiterführenden Elemente, die natürlich neu zu interpretieren sind, nimmt man dann nicht mehr wahr. Ist das Kloster St. Gertrudis in Hedersleben ein Paradebeispiel für eine weitgehende Verdrängung?

Wir gehen einmal um den Kreuzgang herum. Er ist klein, aber angenehm in den Proportionen. Im oberen Kreuzgang werden möglicherweise die Zellen der Nonnen gewesen sein. Im unteren Kreuzgang sind Rundbogen-Fenster, im oberen sind sie rechteckig. Es sind vertraute Formen, aber die Erinnerung an Klosterzeiten ist ganz fern. Unerdenklich lange scheint das alles her zu sein. »Seminarraum« steht an einer Tür, wir gehen dort hinein. Ein einzelner Mann sitzt an einem Tischviereck und schreibt. Fortbildung machen sie, antwortet er auf meine Frage. Die »Gemeinschaftsinitiative Equal« werde vor allem von der »Europäischen Union« finanziert, sei ein Ableger der Europa-Schule Halle. Auf Blättern, die er mir in die Hand drückt, wird ein $2\,^{1}/_{2}$ jähriger Kurs über »Barrierefreien Tourismus« angeboten, mit der Zielgruppe »Arbeitssuchende, Behinderte und Migranten«. Eine Verbesserung der Bewerbungschancen dieser Gruppen auf dem Arbeitsmarkt ist das Ziel. Eine gerade in den östlichen Bundesländern wichtige Thematik ist das ohne Frage. Am 1. Juli 2005 sollte dieser Kurs schon angefangen haben. Als ich frage, woher die Teilnehmer an den Kursen kommen, erhalte ich zur

Antwort: »Wir sind noch bei der Akquise«. Es sei öfter einmal etwas los im Kloster, sagt Lehrer Wolfgang L. Was da eigentlich los ist, bekomme ich nicht heraus.

Die »Aula« sehen wir uns an. Auf der Bühne war früher der Durchgang zur Kirche, wird mir gesagt. Ein »Fitnessraum« ist angezeigt. In den »Speisesaal« schauen wir hinein, den man auch mieten und in dem man Feste feiern kann. Aber der Gedanke geht mir nicht aus meinem Kopf heraus, dass hier ein Juwel von Kloster nur elf Kilometer entfernt von einem Ort wie Quedlinburg ist, an dem das Interesse an der Geschichte boomt. Während die Leerstände hier offenbar die Regel sind.

Wir laufen einmal außen um das Kloster herum. Vorne ist das Kloster verputzt, hinten sind die Steine roh. Einzelne Fenster stehen offen, man sieht die Abnutzungsspuren. Wie lange das wohl noch halten wird? »Das Kloster wird auf totalen Verschleiß gefahren«, hat mir ein Mann im Dorf gesagt, mit dem ich mich über das Kloster unterhalte. Ich kann das nicht beurteilen, aber manches sieht so aus. Auch der Kräutergarten hat schon bessere Zeiten gesehen. Nebenan fließt die Selke. Hopfen und Wein hat man hier früher angebaut, und

Eine Seitenfront des Klosters St. Gertrudis in Hedersleben.

das Covent-Bier gebraut, ein schwaches Braunbier, das es nicht mehr gibt.

Zu Dritt gehen wir in die katholische Kirche hinüber. Wuchtig steht der alte Turm da, ein Wehrtum ist er sicherlich gewesen. Aus der Zeit um 1000 schätzt ihn unser Kunsthistoriker, rein romanisch. Das Doppelfenster und das kleine Fenster mit dem Schachbrettmuster darüber weisen auf den Hirsauer Stil. Erstaunlich klein ist die Kirche innen, man hat von außen, von der Wucht des Turmes verführt, etwas weit Größeres erwartet. Das Kruzifix an der Südwand von 1297, die Strahlenkranzmadonna aus der Riemenschneiderschule, der kleine Pelikan auf dem Tabernakel, der schon auf dem Hackeklotz lag und mehr ein Geier oder ein Schwan als ein Pelikan ist, die Himmelfahrtsmadonna: Lauter kleine Kostbarkeiten. Den Ausstellungsraum oben im Turm hat die Jugend gestaltet: Die Breviere der beiden letzten Schwestern, ein Martyrologion von 1530, eine Reliquienschatulle mit Reliquien von 1750, viele Fotos an den Wänden.

Gemütlich sitzen wir bei einer Tasse Tee eine Weile im katholischen Pfarrbüro zusammen und reden, reden. Der Höhepunkt des Tages aber steht mir noch bevor: Die Besichtigung der »Schatzkammer« oben in dem Haus. Über eine gut gesicherte Tür geht es. Riesenbilder stehen da im ersten Raum, die früher einmal im Keller waren und von denen einige große Löcher haben. Alle stammen aus der Barockzeit, alle müssten restauriert werden. Irgendwo im Kreuzgang des Klosters hingen sie früher.

Vor einen Paramentenschrank werde ich geführt, in dem – liegend – Priestergewänder aus der Barockzeit aufbewahrt werden. Jedes Jahr nimmt sich die katholische Gemeinde ein Gewand vor, das in der Paramentenwerkstatt auf dem Marienberg in Helmstedt restauriert wird. 4000 Euro kostet im Durchschnitt eine solche Restaurierung. Seidengewänder sind das teilweise (»der Mercedes unter den Stoffen«), Messgewänder mit gesponnenem Silber, sogar eine gotische Stickerei mit einer Kreuzigungsszene ist dabei. Eine ganze Ausstellung über die Entwicklung der Paramentik vom Mittelalter bis zur Neuzeit könnte man damit machen. Damaszener Seide, Bursen, Stolen. Liturgische Geräte kommen hinzu, von denen einige gerade auf Ausstellungen sind. Eine Strahlenmonstranz mit der Hl. Gertrud, der Jungfrau Maria und dem Hl. Bernhard bekomme ich gezeigt; Geräte, die auch im Gottesdienst benutzt werden, die Jahreszahl 1713 ist eingraviert. Weihrauchgefäße, Chormäntel. Und ich spüre, dass eigentlich hier und nur hier der Geist des alten Klosters weht. Providentia Dei: Dass es einen Kunsthistoriker als Theologen dort hingeführt hat, der all das zu schätzen, zu bewahren und zu erneuern weiß. Davon wird man noch manches hören.

Mit Tim-Dietrich M. gehe ich noch in die danebenliegende Evangelische Kirche hinein. Das Drama des Zusammenbruchs des alten Kanzelaltars von 1715 wird mir erzählt: Bei der Renovierung des Kircheninnenraums 1970 wurde der Anker an der Wand gelöst, der Altar kam aus dem Gleichgewicht und brach nach vorne in sich zusammen. Der von Holzwürmern befallene Altar war nicht mehr zu retten. Zwei Figuren daraus stehen vorne in der Kirche, und vier Säulen. Ein Taufengel hängt an der Decke, die alte Taufe ist nicht mehr da. Ein Glanzlicht ist die Reubke-Orgel von 1847, mit dem Barockprospekt davor, an der Tim-Dietrich M. kürzlich ein Konzert gegeben hat. »Viele Kontakte zum Kloster haben wir nicht«, sagt Pastorin Gudrun S., die in einem Nachbardorf wohnt. »Nach dem Gottesdienst zur Goldenen Konfirmation dürfen wir in diesem Jahr unsere anschließende Feier im Kloster halten«. Meine Bemerkung, dass es doch eigentlich auch von der Evangelischen Gemeinde mehr Kontakte dorthin geben müsste, bringt sie ins Nachdenken. Eigentlich –, sagt sie. Eigentlich ja.

Zum Abschluss meines letzten Besuchs in Hedersleben, bei dem ich das eingangs geschilderte Gespräch mit der Bürgermeisterin führe, gehe ich noch einmal durch das Kloster. An Veränderungen bemerke ich wenig. Allerdings ist der Parkplatz voll von Autos. »Verdi« hält eine mehrtägige Betriebsratsschulung im Kloster. »Das organisiert aber »Verdi« alles selbst«, sagt eine Projektleiterin des Zentrums, die ich beim Weggehen gerade noch erwische. »Aber schauen Sie sich alles in Ruhe an«. Bei dem schönen Wetter sitzt eine Gruppe von Verdi-Leuten im Innenhof unter dem Ahorn und diskutiert mit Leidenschaft. Da stellt sich plötzlich dann doch so etwas wie eine klösterliche Atmosphäre ein. Kontinuität würde das alles brauchen und einen weiten Horizont.

Das Kloster gehört zum Ort: Die Ambivalenz dieses häufig angewandten Slogans ist mir in Hedersleben bewusst geworden. Sicher ist es gut, wenn Ort und Kloster ein enges Gefühl der Zusammengehörigkeit entwickeln. Das ist oft genug, auch von Seiten der Klöster, auch und gerade durch deren Einbindung in die Herrschaftsstrukturen einer feudalistischen Gesellschaft, gestört gewesen. Aber die Klöster sind, wenn man von den Verfallszeiten absieht, auch Orte einer geistigen Hochkultur und einer intensiven Frömmigkeit gewesen, die weit über das Niveau der Umwelt hinausragte. Um die Klöster ist immer auch ein Hauch der Besonderheit gewesen. Diese in einer total gewandelten Situation zu erhalten, überfordert nicht nur in finanzieller Hinsicht die Kommunen, die Orte und die Städte. Ein Zusammenschluss von Kräften, von Personen und von Initiativen ist vonnöten, um ein kleines Stück der Dynamik zu erhalten, die sich einmal in den Klöstern bündelte und deren Zeugen in der Architektur und Kunst wir noch heute bewundern können. Ich kann nur hoffen, dass ein solcher Aufbruch, wie kurz nach der Wende, auch dem Kloster St. Gertrudis in Hedersleben noch einmal wieder gelingt.

Auf dem Rückweg fahre ich beim Kloster Adersleben vorbei. Das hätte ich besser nicht tun sollen: Eine schöne barocke Kirche steht in einem geradezu brutalen Kontrast zu einem völlig verfallenen Klostergut. Bilder sind das, die mich noch bis in den Schlaf verfolgen.

»Mysterium des Glaubens«

Gernrode

Es ist am Ostersonntag um 6.00 Uhr in der Frühe. Es wird schon langsam hell in diesem Jahr; es gibt Jahre, in denen Ostern früher liegt und es wirklich noch ganz dunkel ist. Aber es fällt auf, dass in der ganzen Kirche kein Licht und keine Kerze brennt. Die Kirche ist voll, die Sitzplätze sind besetzt und einige Besucher müssen stehen. Eine Gruppe von etwa 20 Menschen zieht, mit dem Pfarrer, still in die Kirche ein. Die Osterspieler sind es, und zwei Engel sind dabei. Eine Lesung aus dem Alten Testament wird vom Altarraum her gehalten. Die Orgel improvisiert. Während die Orgel spielt, gehen der Pfarrer und die beiden Engel in das dunkle Grab hinein. Mit einer brennenden Kerze kommen sie aus dem Grab heraus. »Christ ist erstanden«, der Jubelruf setzt sich fort, das Licht wird an die Osterspieler und an die Gemeinde weitergegeben. Dann setzt sich das Osterspiel im Altarraum fort, mit Dialogen und Gesängen, mit dem Gang der drei Marien zum Grabe und dem Wettlauf der Jünger, mit dem oft wiederholten österlichen Gruß: »Der Herr ist auferstanden, er ist wahrhaftig auferstanden.« Eine Prozession der ganzen Gemeinde zum Friedhof mit einer Andacht an den Gräbern schließt sich an. Dann wird das festliche Osterfrühstück gehalten mit allen Gästen von nah und fern.

Ich habe das alles nicht miterlebt, da wir zur gleichen Zeit die Osternacht mit den Benediktinern in Huysburg gefeiert haben. Der Gernroder Pfarrer Andreas M. hat mir den ungefähren Ablauf so erzählt. Im nächsten Jahr aber sind wir vermutlich zum Osterfest in der Stiftskirche St. Cyriakus in Gernrode mit dabei. Denn das »Gernroder Osterspiel« ist ein Geheimtipp, der sich unter der Hand offensichtlich schon weit herumgesprochen hat. Beim Osterfrühstück kann man nach der Herkunft der Leute fragen, sagt der Pfarrer. Menschen aus Dresden, aus der Schweiz, aus Österreich, aus Holland sind dabei. Um ein »Osterspiel« aus dem 12. Jahrhundert handelt es sich, das 1502 schriftlich festgehalten und dessen Text 1972 wieder entdeckt wurde. Eng an die Ostergeschichten der Evangelien ist das »Osterspiel« angelehnt. Klaus Voigtländer hat in seinem Buch über die Stiftskirche in Gernrode einige Auszüge aus dem »Osterspiel« abgedruckt. Ich kenne mich mit der Sprachentwicklung des Mittelalters nicht aus, aber ich vermute, mittelhochdeutsch werden – neben den lateinischen Dialogen und Antiphonen – die Regieanweisungen sein. Die Kanonissen haben offenbar dieses »Osterspiel« in der Gernroder Kirche gespielt. Drei Kanonissen – »dy margen« – stellen die zum Grabe gehenden Marien dar. Mit einem Schleier sind sie gekennzeichnet, »bewümpelt«, mit roten Kreuzen sind die Schleier bestickt. Drei Klageantiphonen singen sie, die den Tod ihres Herrn erinnern. »Wer wälzt uns den Stein von des Grabes Tür?«. Die beiden Engel treten in den Dialog mit den »margen« ein. Der Priester am Altar verkörpert den Auferstandenen: »Maria, quid ploras?« Was weinst du, Maria? Die Osterbegegnung der Maria mit ihrem Herrn, den sie für den Gärtner hält, ist eingebaut. Mit der Verkündigung der »margen« an die Äbtissin: »Surrexit Dominus de sepulchro«, der Herr ist aus dem Grabe auferstanden, und weiteren Osterantiphonen endet das mittelalterliche Osterspiel.

Seit 1989 wird das »Gernroder Osterspiel« von der Evangelischen Kirchengemeinde als Verkündigungsspiel nun wieder aufgeführt. Schon bei meinem ersten Besuch in Gernrode wird mir in der Kirche davon erzählt. Der genaue Text wird geheim gehalten, höre ich. Er ändert sich, sagt der Pfarrer, auch immer wieder. Der Kirchenmusiker spielt bei der Auswahl der Gesänge und der Antiphonen eine wichtige Rolle. Ist nun das »Heilige Grab«, das es in der Kirche von Gernrode gibt, der Anlass des »Osterspiels« gewesen, oder hat das »Osterspiel« den Anstoß gegeben, das »Heilige Grab« in den Südflügel der Kirche hineinzubauen? Man wird das nicht endgültig entscheiden können. Aber ich komme noch einmal später darauf zurück.

Irritiert bin ich immer wieder, dass ich hinter Quedlinburg bei der Einfahrt in Gernrode, das sich den Hang hinaufzieht, von der Stiftskirche absolut nichts sehe. Aber ich weiß jetzt schon: Immer richtig in den Ort hinein, rechts einen Berg hinunter, dann kommt man hin. Beim Eingang in die Kirche durch das nordwestliche Seitenschiff muss ich mich mahnen, die Augen nach oben zu richten. Denn die beiden Portallöwen rechts und links in einer Nische, die übersieht man wirklich leicht. Menschenmasken haben sie sich mit den Vordertatzen vom Gesicht gezogen: Dämonen sind es also eigentlich, die eintretende Dämonen entlarven wollen. Innen dieser herrlich proportionierte Raum einer dreischiffigen Emporenbasilika mit rheinischem Stützenwechsel. Eine Kirche von einer Geschlossenheit und Ausgewogenheit, wie man sie nur selten findet. Mit der Gründung des Kanonissenstiftes im Jahre 959 hat man offenbar auch sofort den Bau der Kirche begonnen, 963 ist sie schon eingeweiht worden, eine zweite Bauperiode der Langhausarkaden schloss sich unmittelbar an. Eine weitere Bauzeit im 12. Jahrhundert fügt eine Westapsis mit Krypta der Kirche noch hinzu. Schon ein flüchtiger Besuch macht einem deutlich, dass die Stiftskirche im 19. Jahrhundert noch einmal umfassend erneuert worden ist. Von 1859 bis 1865 hat Ferdinand von Quast, der Konservator für die Kunstdenkmäler in Preußen, die Kirche eingehend restauriert. Hat die mittelalterlichen Freskoreste in der Kuppel der Ostapsis mit dem Bild des segnenden Christus freigelegt und mit den darunter liegenden beiden Reihen der Heiligen frei ergänzt. Die Kassettendecke hat er ersetzt und neu ausgemalt, die Kanzel und den Orgelprospekt entworfen und die Westapsis mit der Darstellung des Jüngsten Gerichts ausgestaltet. Die Wiederherstellung des ottonischen Kirchenbaus, ohne dabei die Umbauten des 12. Jahrhunderts zu beseitigen, war das Restaurierungsziel des Konservators. Da er wusste, dass die mittelalterlichen Kirchen farbig ausgemalt waren, fügte er seine eigenen Ausmalungsvorschläge an den Apsiden und an der Decke, nicht aber an den Wänden, noch hinzu. Wieweit seine historistischen, mehr dem Idealismus zugeneigten Malereien den Raum der Kirche verändern, ihn gar verfälschen, wird jeder Besucher der Stiftskirche selbst entscheiden müssen. Ich selbst kann mit der Restaurierung von Ferdinand von Quast erstaunlich gut leben.

Die Gründungsgeschichte des Kanonissenstiftes Gernrode führt bedeutende Namen heran. Markgraf Gero, einer der engsten Vertrauten Kaiser Ottos I., von diesem zum Herrn der Ostmark eingesetzt und mit der Sicherung der Grenzen gegen die Slawen betraut, hatte das Kloster 959 gestiftet. Anlass war wahrscheinlich der Tod seiner beiden Söhne in diesem Jahr. Hathui, seine Schwiegertochter, die so schnell Witwe geworden war, setzte er zur ersten Äbtissin des Stiftes ein. Gero selbst begab sich zu einer Pilgerreise nach Rom, brachte von dort außer der »Exemtion« des Stiftes, der direkten Unterstellung unter den Papst, auch als Reliquie den Arm des Heiligen Cyriakus nach Gernrode mit. Wie ein Jäger auf der Pirsch muss Markgraf Gero auf der Jagd nach Reliquien gewesen sein, die die Anwesenheit einer besonderen Gottesgnade im Kloster zu garantieren schienen. Aus Verona brachte er später auch noch die Gebeine des Heiligen Metro mit, in deren Besitz Gero, wie ein Historiker urteilte, »schwerlich auf rechtmäßige Weise« gelangt sein konnte (M. Springer). Reliquienraub war offenbar im Mittelalter keine Seltenheit. Es war doch eben auch eine sehr andere Zeit. Von beiden Heiligen, die Markgraf Gero in Gernrode heimisch machte, wissen wir nicht viel. Cyriakus gehört immerhin zu den 14 Nothelfern. Und von Metro gibt es die eindrückliche Geschichte, dass er sich vor der Kirche San Vitale in Verona anketten ließ, um seine Sünden zu büßen. Den Schlüssel für die Kette warf er in den Fluss nebenan. Nach sieben Jahren brachte ein Fisch den Schlüssel im Maul zurück: Die Sünden waren vergeben.

Hathui hat das Stift 55 Jahre lang geleitet. Ein Ausbildungsstift war das Kloster Gernrode, in dem 24 Mädchen des Hochadels – neben der Pflicht zur »Memoria«, dem Gebet für die Gründerfamilie in den Stundengebeten des Stiftes – eine sorgfältige und standesgemäße Erziehung und Bildung erhielten. Mit ihrer Verheiratung war die Kanonissenzeit im Stift vorbei. 34 Äbtissinnen soll es im Stift gegeben haben. Darunter ist auch noch eine Frau aus dem kaiserlichen Haus, Adelheid I., die Tochter Ottos II. und seiner byzantinischen Ehefrau Theophanu, die das Stift von 1014 bis 1044 leitete. Der Reformation kann sich das Stift Gernrode nicht entziehen. Aber noch kurz vorher, 1519, wird die Sandsteintumba des Stiftsgründers Gero in der Vierung der Kirche errichtet. Dort liegt, vor dem Altarraum, der Markgraf mit Rüstung, Schwert und Fahne noch heute. Die hohe Kunst der Steinmetzarbeiten hat

Vermutungen laut werden lassen, der Künstler komme aus der Schule Tilman Riemenschneiders. Solche Zuschreibungen kommen, wenn man sich das Grabmal eingehend betrachtet, nicht von ungefähr.

Schon bald nach der Einführung der Reformation und der Umwandlung des Stifts in eine Schule wurde die Stiftskirche St. Cyriakus Gemeindekirche. Diesem Umstand und dem Interesse der fürstlichen Familie, der Kirche und Stift zeitweise gehörten, ist es zu verdanken, dass die Kirche in einem so hervorragenden Zustand ist. Um sich davon zu überzeugen, muss man nur durch die Kirche hindurchgehen und von der Südseite her, von dem Kreuzganghof aus, die Stiftskirche betrachten. »Unsere Postkartenseite ist das«, sagt Herbert L., der auf ABM-Basis für einige Zeit die Kirchenführer unterstützt. Und wirklich: Ich stehe dort eine geschlagene halbe Stunde lang, bewege mich höchstens von rechts nach links. In vier gestuften Anläufen wächst die Kirche in die Höhe. Da ist unten der doppelstöckige Kreuzgang, der auf der Nordseite noch erhalten ist, die an die Kirche grenzt. Durch eine Mittelsäule sind unten die größeren, oben die kleineren Öffnungen zum Kreuzgang hin geteilt. Darüber, mit Blendarkaden, die Fenster des südlichen Seitenschiffes. Darüber, wieder zurückgesetzt, die unregelmäßig in die Wand gebrochenen kleinen Obergadenfenster des Mittelschiffs. Dann das Dach. Links die beiden Türme des Westwerks, rechts der kleine Turm der Vierung. Eine derart vielfältige Gliederung einer Kirchenfassade kenne ich sonst kaum. Hier fallen das Kleine und das Große, das Einzelne und das Ganze in einem Bild zusammen. Aus den Fenstern des »Cyriakusheims Gernrode«, das ich anschließend besichtige, der Jugendbegegnungsstätte der Ev. Landeskirche Anhalts, kann man diesen faszinierenden Blick noch einmal wieder haben. Selbst in die archaische Ostkrypta, die sicher zu den frühesten Hallenkrypten in Deutschland gehört und in der man noch, in einer Nische, den Ort der Armreliquie des Hl. Cyriakus sehen kann, gehe ich nur kurz. Immer wieder treibt es mich hinaus auf die Südseite der Kirche, und dies nicht nur, weil sich in der Kirche die winterliche Kälte selbst im Mai noch sammelt.

Aber das »Heilige Grab«, das muss ich nun doch in aller Ruhe und Sorgfalt weiterhin studieren. In Deutschland soll es die älteste aller Nachbildungen des Heiligen Grabes in Jerusalem sein. Keine genaue Kopie des Grabes Jesu war geplant. Aber eine weitgehende Übereinstimmung ist offenbar doch feststellbar: Eine Doppelkammer, ein kleiner Eingang, ein trogähnlicher Sarg auf der rechten Seite, ein quadratischer Grundriss der Grabkammer mit einem Gewölbe. Nachträglich eingebaut ist das Heilige Grab in das südliche Seitenschiff, zwischen 1080 und 1130 soll dieser Einbau geschehen sein. Schriftliche Zeugnisse über das Heilige Grab existieren erst aus späterer Zeit. Aber einen Zusammenhang mit dem »Gernroder Osterspiel« will ich mir nicht ausreden lassen.

Es ist ein wenig dunkel in der Gernroder Stiftskirche, aber die hervorragende Qualität der Plastiken, die das Heilige Grab schmücken, lässt sich trotz vieler Beschädigungen gut erkennen. In das Innere des Grabes kommt man normalerweise nicht, aber schon allein die Außenwände halten mich in der Betrachtung und Deutung der Bilder und Gestalten lange fest. In der Nordwand ist die linke Seite mit dem Lauf der Jünger zum Grabe leider abgeschlagen, die Umrisse von Petrus und Johannes sind noch zu erkennen. Ein Rankenfries

Die Südansicht der Stiftskirche St. Cyriakus, Gernrode.

mit den Evangelistensymbolen umrahmt die Szene. Die rechte Seite der Nordwand beeindruckt mich ungeheuer. Die Szene der Begegnung Maria Magdalenas mit dem Auferstandenen, den sie für den Gärtner hält und den sie erst bei ihrem Namensruf erkennt, wird in zwei getrennten Feldern dargestellt. Links die Gestalt Jesu mit einem langen Gewand – ist die erhobene Hand ein Sprachgestus oder eine abwehrende Bewegung? Noli me tangere, rühre mich nicht an? Rechts Maria Magdalena: Das ganze Schönheitsideal der frühromanischen Zeit ist in diese demutsvolle Frauengestalt hineingesehen. Das war sicher eines der Idealbilder, auf das hin die jungen Frauen in diesem Stift erzogen wurden: Anmutig und fromm. Darüber eine Gestalt mit einem abgeschlagenen Kopf: Gott selbst ist der eigentliche Autor der Auferstehung!

Noch vielfältiger und deutungsoffener ist die Westwand des Heiligen Grabes. In der Mitte, noch einmal eingefasst von zwei Säulen, Maria Magdalena. Weinend vor dem Grab in frontaler Stellung. Außen herum aber ist in einer Rahmenleiste die ganze Tieremblematik des Mittelalters versammelt. Oben in der Mitte das Lamm mit Kreuznimbus und Kreuzstab, als Zeichen für den gekreuzigten und auferstandenen Christus noch heute klar zu deuten. Daneben jeweils ein

Das „heilige Grab" in der Stiftskirche.

Vogel, der linke ist durch einen Kreuznimbus ausgezeichnet. Löwe, Hirsch, Pelikan, Greif, Bär, Basilisk, hasen- und vogelähnliche Tiere: Den »Physiologus« und andere mittelalterliche Deutungsbücher der Tierwelt kann man von vorne bis hinten an dieser Grabwand zu Rate ziehen. Oben rechts und links zwei menschliche Gestalten: Auf das Lamm weisen sie in frontaler Stellung. Johannes der Täufer wird der eine sein, mit Fellbekleidung und Kreuzstab. Der rechte Mann vielleicht Moses, oder der Evangelist Johannes mit dem Buch. Genaueres ist da kaum auszumachen. Aber man kann lange vor dieser Bilderwand stehen und sich an der Fülle der möglichen Beziehungen und Verbindungen erfreuen. Der Lebensbaum als das Sinnbild der Todesüberwindung umrankt das alles.

Im Inneren des Heiligen Grabes Grabengel und, gleich rechts in der Hauptkammer, die Gruppe der drei Marien, die leider erheblich beschädigt ist. Aber mit ihren fließenden Gewändern noch immer von der Eleganz und der Zusammengehörigkeit der Frauen in der Trauer zeugt. In der Westwand aber, zwischen zwei Säulen, die übergroße Gestalt des Auferstandenen, dargestellt in dem Gewand eines Erzbischofs. Man schaue sich nur das Haupt Christi an: Das lange, in der Mitte gescheitelte Haar, das schmale Gesicht, die geschlossenen Augen, der »Fischerbart«: Die Bewunderung und die Anbetung hat dem frühromanischen Künstler die Augen und die Hand geführt. Und ist sie da nicht wieder, diese Verbindung zu dem »Gernroder Osterspiel«?! Der Auferstandene, der durch die Gestalt des Priesters am Altar verkörpert wird? Und die ganzen Szenen außen und innen an dem Grab, die im »Osterspiel« die Dialoge und die Gesänge lenken! Ich denke, dass beides, das Grab und das Spiel, miteinander entstanden sind. Im Grunde ist es dann auch gleichgültig, wer wem vorangegangen oder nachgefolgt sein mag.

Denn diese Zusammengehörigkeit von Architektur und geistlicher Aktion ist es, die mich am meisten berührt. Das »Heilige Grab« ist ja, im Ursprungssinn seiner Entstehung, kein bühnenartiges Requisit, und das »Osterspiel« ist kein Theater, das man sich als Zuschauer aus gebührender Entfernung ansehen könnte. Die Auferstehung Christi ist ein Geheimnis des Glaubens, ein Mysterium, und ein Mysterium ist dem

Mythos eng verwandt. Mythen aber sind Enthüllungen des Verborgenen, das sich auf eine andere Weise als eben in der Form des Mythos gar nicht sagen lässt. Mysterien und Mythen sind nicht Geschichten in einem rational beweisbaren Sinn. Sie leben von der Wiederholbarkeit des Rituals, in dem sie ihre Wahrheit jeweils erst erweisen müssen. Der Bericht von der Auferstehung Jesu ist zwar mit einer Person verbunden, die historisch nachweisbar zu einer bestimmten Zeit gelebt hat. Aber der Glaube an die Auferstehung Jesu lässt sich nie und nimmer historisch exakt verorten. Könnte man präzise beweisen, dass das Grab Jesu wirklich leer war, so wäre das keine Stärkung des Auferstehungsglaubens, sondern eher schon sein Ende. »Die Wahrheit des Mythos ist nicht historisch, sondern existentiell«, hat Vilém Flusser in seiner Beschreibung des Judentums gesagt. Das Christentum steht auch in dieser Glaubenserfahrung auf den Schultern des Judentums. Die Auferstehung Jesu ist nicht beweisbar, aber in jeder Ostererfahrung ist sie lebenerweckend da. Der Osterjubel »Der Herr ist auferstanden, er ist wahrhaftig auferstanden« gilt nicht in erster Linie einem Ereignis vor 2000 Jahren. Er gilt der Begegnung mit dem Auferstandenen in unserer Mitte.

Deshalb ist das »Heilige Grab« kein Museumsstück in einer Kirche und das »Osterspiel« kein Volksstück, das Vergangenes beschreibt. Beide sind Teil des Rituals, das von Karfreitag bis zum Osterfest reicht. Innerhalb des Festrituals wiederholt sich der Mythos, an den er erinnert, immer wieder, und seine Wahrheit wird immer aufs Neue und immer aktuell bewiesen. Deshalb muss ich auch das »Gernroder Osterspiel« unbedingt einmal sehen. Weil ich erleben möchte, ob es noch diese Vergegenwärtigung des Mysteriums, diese Offenbarung der Auferstehungsbotschaft leisten kann. Oder ob das doch nur ein Teil der gut gemeinten Frömmigkeitsspiele ist, denen die Intensität der unmittelbaren Verankerung im Mysterium des Glaubens fehlt. Steht die Ergriffenheit von dem unbeweisbaren, aber gegenwärtigen Gott am Ende, oder nur die Sehnsucht nach einer Einheit von Vergangenheit und Gegenwart, die uns heute fehlt? Einen mutigen Weg hat die Erneuerung des »Gernroder Osterspiels« eingeschlagen. Wohin er führt, das würde ich gerne sehen.

Ich fahre noch ein wenig durch die Lande. Vom Kanonissenstift Frose, an dem der reformatorische Sozialrevolutionär Thomas Müntzer von 1515–1517 Probst war, steht nur noch die eindrucksvolle, gedrungene romanische Pfeilerbasilika auf dem Berge. Vom Benediktinerinnenkloster Hecklingen sind noch Reste des Kreuzgangs erhalten. Aber die hervorragend erhaltene Klosterkirche aus dem 12. und 13. Jahrhundert ist doch so stark neoromanisch überformt, dass ich heute nicht mehr den langen Atem habe, diese verschiedenen Stadien der Geschichte auseinander zu dividieren. Lange halte ich mich dagegen auf der Konradsburg auf. Von Ermsleben aus geht es in die Wälder hinein, so dass man schon zweifelt, noch auf dem richtigen Weg zu sein. In die Konradsburg hoch auf dem Berg mit weitem Blick ist, zu einem nicht ganz genau bestimmbaren Datum, ein Benediktinerkloster hineingebaut, in dem später die Kartäuser waren. Der »Förderverein Konradsburg e.V.« hat eine vorbildliche Wiederaufbauleistung vollbracht, die längst noch nicht zu Ende ist. Liebevoll werde ich in einer Einzelführung durch das Gelände geleitet. Der hohe Chor ist das Einzige, was von der riesigen romanischen Basilika noch geblieben ist. Darunter liegt eine Krypta mit schönen Säulen und Kapitellen. Im Zentrum des einstigen Kreuzgangs steht ein Brunnenhaus mit einem 45 Meter tiefen Brunnen, aus dem man mit Hilfe eines Esels auf einem Tretrad Wasser schöpfen konnte. So kann es also auch sein: Keine großen wissenschaftlichen Projekte im Augenblick. Aber eine menschennahe und herzliche Betreuung, die den Besucher schnell auf der Konradsburg zu Hause sein lässt.

»Metropole des Mittelalters«

Quedlinburg

Auf der Autofahrt nach Quedlinburg höre ich »Am Morgen vorgelesen« auf NDR-Kultur. Der neue Roman von Cees Nooteboom »Paradies verloren« ist in dieser Woche dran. Die Geschichte der Freundinnen Almut und Alma, die beide Kunstgeschichte studieren, wird in Rückblenden erzählt. Almut nimmt Alma mit ihrem »Engeltick« auf die Arme, mit ihrer Begeisterung für die gemalten Szenen der Verkündigung des Engels an Maria. Ob die Engel eigentlich Frauen oder Männer sind? Dann stehen die beiden vor dem Bild der »Verkündigung« von Sandro Botticelli in den Uffizien von Florenz. Eine Szene einer »schneidenden Intimität« zwischen dem schönen Jüngling und der jungen Frau ist das. Alma versinkt in Trance. Almut holt sie auf die Erde zurück mit der Frage, ob man mit einem Engel wohl ins Bett gehen könne, und wie das wäre, die Flügel eingeschlossen. »Glaubst du denn das alles«, fragt Almut, »das mit der Jungfrauengeburt und dem anderen?« »Nein«, sagt Alma, »aber auf diesem Bild ist es einfach wahr«.

Stunden später werde ich oben auf dem Berg von Quedlinburg in der »Neuen Abtei« vor einem Bett im Schlafzimmer der Äbtissin stehen. Ich glaube meinen Augen nicht zu trauen: Zwei weibliche Engel bewachen am Kopfende des Bettes die Ruhe der Äbtissin in der Nacht. Auch wenn das Bett sicherlich erst später in den Raum hineingestellt worden ist, auch wenn das Gelübde der Keuschheit in dem »Freiweltlichen Stift« der frühen Neuzeit nicht mehr hoch im Kurs stand: Das Bild bleibt in mir hängen. Ein Stück der Klosterexistenz dieser Frauen ist in diesem Bilde eingefangen. Im Schlafzimmer einer Äbtissin haben Männer, selbst wenn es Engel wären, nichts zu suchen! Zur Rücksichtslosigkeit einer touristischen Neugierde gehört es, wird mir auf einmal klar, selbst in die

Schlafzimmer von Stiftsdamen und Äbtissinnen einzudringen und sogar den vorgestellten Stuhlgang dieser Frauen auf dem Toilettenstuhl zu bestaunen, der daneben steht. Distanzen müssen erst einmal wieder aufgerichtet werden, um etwas zu begreifen von dem Leben der Frauen in einem Kloster oder einem Stift. Das grüne Holzbett mit den beiden nackten weiblichen Engeln am Kopf: Dieses Bild ist einfach wahr.

Es sind die Bilder, die mich in diesen Tagen von Quedlinburg begleiten. Bilder, die das »ewige Schweigen der Geschichte« (Golo Mann) für einen Augenblick durchbrechen können, wenn sie von Menschen aufgenommen werden, die ihnen mit Verstehensenergie, mit Urteilskraft, ja mit Phantasie begegnen. Das ist mir schon nach einer Stunde klar: Vor den Bildern, die ich in Quedlinburg zu sehen bekomme, werde ich glatt versagen. Ein Kompendium deutscher Geistesgeschichte liegt da, manchmal wie auf einem Tableau und manchmal tief verborgen wie in einem Labyrinth, vor mir ausgebreitet. Immer noch mehr müsste ich wissen, immer geduldiger noch und eindringlicher müsste ich schauen. Mit Quedlinburg kommt man nie an ein Ende.

Da ist, die ganze Stadt beherrschend, das Bild der Stiftskirche mit den beiden Türmen und den Abteigebäuden hoch oben auf dem Berg. Die Anfahrt nach Quedlinburg ist unspektakulär und mühsam. Ab 2007 wird das hoffentlich anders sein, wenn der Ausbau der B 6 weiter vorangetrieben ist. Aber im Augenblick quäle ich mich, oft in langen Schlangen, durch Westerhausen hindurch und über Baustellen hinweg in die Stadt hinein. Nichts ist zu sehen, was meine Aufmerksamkeit fesseln könnte. Die hochgespannten Erwartungen sinken jedes Mal aufs Neue in den Keller. Aber dann, am Rande der Altstadt, wird das auf einmal anders. Links ist, in den Lücken zwischen den Häusern an der Straße, der hochragende Burgberg zu sehen. Ich halte irgendwo an, und muss erst einmal nur schauen. Bis zu 30 Metern liegt das Sandsteinplateau über der Stadt, unten am Berg ragen einzelne Felsen so malerisch heraus, als seien sie künstlich gemacht. Eine kompakte Bebauung ist das da oben, Gebäude drängt sich an Gebäude, der Raum scheint eng zu sein. Ein Dreiflügelbau aus dem 16. Jahrhundert, mit späteren Veränderungen, soll das sein. Die barocke Innenarchitektur ist an den Renaissancegebäuden nur zu ahnen. Hoch darüber ragt das Westwerk der Stiftskirche mit den beiden Türmen, die erst im 19. und 20. Jahrhundert neu gestaltet sind. Schon der vierte Kirchenbau soll es an dieser Stelle sein. Nach dem verheerenden Großbrand auf dem Burgberg im Jahre 1070 ist die jetzige, noch immer klar romanische Kirche 1129 geweiht.

Nein, es passt nicht alles zusammen, was da hoch über der Stadt Quedlinburg auf dem Berge steht. Aber ich spüre sofort: Das ist das Zentrum dieser Stadt. In Quedlinburg zu sein und nicht auf den Burgberg zu gehen, zur Stiftskirche und zur Abtei, das geht einfach nicht. Die Sehnsucht nach Bedeutung und Größe ist Gestalt geworden und zieht mich unwiderstehlich an. Ich muss mich richtig zwingen, den Blick aus der Distanz erst einmal auszuhalten. Am schönsten der Blick von der Höhe des Münzenberges hinüber, aber auch aus der Tiefe, vom Wiperti-Kloster her, oder von der anderen Seite, aus der Altstadt heraus. Ein zu Stein gewordenes historisches Gedächtnis ist dieser Burgberg von Quedlinburg. Wie ein Haltegriff in einer sich ständig beschleunigenden Welt kommt er mir vor. Aber ob es mir gelingt, die Erinnerung, die er weckt, für meine Gegenwart zu erschließen?

Der Burgberg von Quedlinburg mit Stiftskirche und Stift.

Dann ist da, Stunden später, das andere Bild: Der Blick vom Abteiberg hinunter auf die Stadt. Im Jägergarten stehe ich, oberhalb der zweiten Umfassungsmauern, die schon bald nach ihrer Errichtung nur noch eine Zierde waren. Keine Straßen sind zu sehen und keine Menschen. Ein Gewirr von roten Dächern breitet sich vor mir aus, kreuz und quer, eine Ordnung ist nicht erkennbar. Diese Stadt ist einfach so gewachsen, ist nicht geplant. Ein Gefühl von Nähe und Vertrautheit stellt sich ein. Wie schutzsuchend schmiegen sich die Häuser an den Burgberg heran und um ihn herum. Im Mittelalter sind Städte ja häufig so entstanden, um eine Burg oder um ein Kloster herum, das dem Leben in einer gefährlichen Welt Schutz, Bedeutung und Auskommen versprach. Die Abtei hier oben und die Stadt dort unten gehören sicher von Anfang an eng zusammen. Was nicht ausschloss, dass es im Zuge des wachsenden Selbstbewusstseins der Städte heftige Auseinandersetzungen gab. Die Szene steht mir noch lebhaft vor Augen, die ich gerade unten im Festsaal des Rathauses in einem Gemälde gesehen habe. Wie da im Jahre 1477 die machtbewusste Äbtissin Hedwig, eine Herzogin von Sachsen, mit Hilfe eines sächsischen Heeres die nach Unabhängigkeit strebende Stadt gewaltsam in die Knie zwingt. Die Stadt Quedlinburg muss auf alle Privilegien verzichten, muss aus der Hanse austreten, der Roland als Sinnbild städtischer Selbstständigkeit wird gestürzt. Als der Roland in den Jahren um 1870 vor dem Rathaus wieder aufgerichtet wird, ist die Herrschaftsgeschichte des adeligen Damenstiftes oben auf dem Burgberg schon um mehr als 50 Jahre vorbei. Aber die wechselseitige Abhängigkeit ist geblieben. Was wäre die Stadt Quedlinburg ohne die Hunderttausende von Menschen, die Jahr um Jahr in die Stadt kommen und auf den Burgberg wandern.

Das Bild der Stadt von der Abtei aus prägt sich immer tiefer ein. Links ragt der Münzenberg in die Höhe mit seinen Gebäuden, auf dem im Mittelalter nur ein Benediktinerinnenkloster war, St. Mariae in Monte, dessen geringe Überreste gerade wieder ausgegraben und gesichert werden. In der Mitte der Altstadt das Rathaus mit der Marktkirche, links dahinter St. Mathildi und St. Aegidii, rechts St. Nikolai. Aus vielen Zimmern der Abtei, auch aus dem Restaurant, in dem früher der

Stifthauptmann wohnte, schaut man so auf die Stadt hinunter. Mit welchen Empfindungen und Gedanken werden die Äbtissinnen, die Pröpstinnen, die Kanonissen über fast 900 Jahre hinweg diesen Blick begleitet haben? Man schaut dasselbe Bild, und sieht doch ganz Verschiedenes.

Längst ist es aber an der Zeit, den langsamen Aufstieg aus der Stadt zur Stiftskirche und zum Damenstift zu beschreiben. Auf dem Parkplatz an der Carl-Ritter-Straße habe ich mein Auto abgestellt. Durch die »Lange Gasse«, an der – wie fast überall in der Altstadt – dicht gedrängt die Fachwerkhäuser stehen, geht es in sanfter Steigung hinauf. 1300 Fachwerkhäuser soll es in der Stadt geben, und das »Fachwerkmuseum im Ständerbau« in der Wordgasse 2 lohnt jeden Besuch. Direkt laufe ich auf den schön restaurierten Edelhof des früheren Stifthauptmanns Christof Vitzhum von Eckstedt und seiner Frau Maria von Hagen zu. Auf einer Seite hat sich das Restaurant »Old Dutch« einquartiert, in dem ich mit meiner Frau bei unserem vorigen Besuch in Quedlinburg einkehrte. Munter waren die Gespräche mit dem Wirt Erik S. und seiner holländischen Frau. Nach der Zubereitung des Essens setzte er sich einfach an unseren Tisch. Ein Weltenbummler war der Koch, bis er sich hier in Quedlinburg selbständig machte. Als er mitbekommt, dass ich an einem Buch schreibe, will er mich gleich für seine Lebenserinnerungen engagieren: »Meine längsten vier Wochen in der ehemaligen DDR«. Überall treffen wir auf Menschen, die in der Umbruchsituation des Landes eine neue Chance ihres Lebens sahen. Ob sich die Hoffnungen überall erfüllt haben? In den historischen Keller »La Cachetta« (Das Versteck) mit seinem alten Kreuzgewölbe müssen wir natürlich hinuntersteigen. Dass man hier vor drei Jahren eine Serie des »Pater Brown« gedreht hat, wollen wir gerne glauben.

Dann wird es tief historisch. Der »Finkenherd« ist ein kleines dreieckiges Tortenstück von Gebäuden. Nach der Legende soll das der Ort sein, an dem der sächsische Herzog Heinrich gerade mit dem Vogelfang beschäftigt war, als ihm Herzog Eberhard, der Bruder des gerade verstorbenen ostfränkischen Königs Konrad I., die Nachricht von seiner Wahl zum König samt den Reichsinsignien überbrachte. An der Stirnseite des

Rathaussaales ist die Szene in einem Glasfenster der heimischen Firma Ferdinand Müller von 1901 groß geschildert: Herzog Heinrich steht, jung und rank, unter einer Eiche natürlich, und empfängt Krone, Schwert und Reichsapfel von dem knienden, älteren und bärtigen Herzog Eberhard. Rechts die erstaunte Begleitung Heinrichs mit den gefangenen Vögeln im Käfig, links im Hintergrund die Stiftskirche auf dem Berg. Eine glorifizierende Historienmalerei ist das natürlich. Ein wenig gestrickt scheinen mir Teile der Legende nach dem Muster der göttlichen Wahl des Hirtenjungen David zum König über Israel zu sein (1. Samuel 16). Aber der Übergang der Königsherrschaft von den Franken zu den Sachsen im Jahre 919 war schon für die deutsche Geschichte ein entscheidender Schritt. Ein energischer, kluger und weit blickender Mann muss dieser Heinrich gewesen sein. Es gelang ihm, in der kurzen Regierungszeit von nur 17 Jahren das zerrissene ostfränkische Reich zu befrieden und zu einen, sein Herrschaftsgebiet bis nach Lothringen auszudehnen und im Jahr 933 die einfallenden Ungarn zu besiegen. Er hat auch durch die frühzeitige Bestimmung seines ältesten Sohnes Otto zum Thronfolger die Königsherrschaft im Deutschen Reich, das sich bald bis nach Italien ausdehnte, fest in seiner Familie verankert. Was nun aber für Quedlinburg entscheidend war: Als Heinrich I. im Jahr 929 daran ging, »sein Haus mit Gottes Beistand durch ordnende Verfügungen zu bestellen«, bestimmte er für seine Ehefrau Mathilde insbesondere jenen Ort als »Witwengut«. Dort wollte er auch begraben sein. Und als, nach dem Tod Heinrichs am 2. Juli 936, Otto I. – den man schon zu seinen Lebzeiten den Großen nannte – vier Wochen später in einer glanzvollen Inszenierung im Aachener Münster seinen Herrschaftsantritt feierte, eilte er hinterher sofort nach Quedlinburg, um am Grab seines Vaters zu beten. In diesen Tagen stellte er dort auch die Stiftungsurkunde für das neue Frauenkloster aus, in dem die »memoria«, das fürbittende Gedächtnis seines Vaters und der ganzen ottonischen Familie gepflegt werden sollte. »Quedlinburg sollte auch künftig der vornehmste Sitz des ottonischen Königtums in Sachsen sein, und blieb bis unter Otto III. der Ort für hervorgehobene Akte der Herrschaftssrepräsentation« (Hagen Keller). Das »Überlieferungszentrum« für die Ottonen wurde das Kloster mit der Stiftskirche. Und die Königinwitwe Mathilde übernahm bis kurz vor ihrem Tode im Jahre 968 selbst die Leitung des adeligen Damenstiftes, ohne sich formell als Äbtissin zu bezeichnen. 966 wurde die andere Mathilde, die Tochter Ottos I., als elfjähriges Mädchen zur ersten Äbtissin des Frauenklosters geweiht.

Ich will hinauf zum Stift, und werde doch noch eine Weile festgehalten. Dieser Wechsel von Enge und Weite in Quedlinburg ist schön. Vor dem steileren Aufgang auf den Burgberg noch einmal dieser große Platz, an dem bemerkenswerte Häuser liegen. Die Lyonel-Feininger-Galerie ist ein wenig versteckt, aber das Klopstockhaus bietet sich breit zur Besichtigung an. Am 2. Juli 1724 ist der Dichter Friedrich Gottlieb Klopstock, als erstes von 17 Kindern, in diesem Hause geboren und, mit Ausnahme seiner Schulzeit in der Fürstenschule Schulpforta, hier aufgewachsen. Verdankt sich die starke religiöse, genauer gesagt pietistische Prägung seines dichterischen Werkes auch der Prägung seiner Jugendjahre? Der Erinnerung an dieses Leben direkt unterhalb des reichsfreien Stiftes auf dem Berg? Der Vater war als Advokat oben im Stift beschäftigt. Ich erinnere mich an meine vergeblichen Versuche, in die für das heutige Sprachempfinden nahezu unzugänglichen Höhen der 20 000 Verse seines Hauptwerkes »Der Messias« einzudringen. Über Hunderte von Seiten geht das in dem Stile: »Gott gehet unter den Menschen / Seinen verborgenen Weg mit stillem Wandeln; doch endlich, / Wenn er dem Ziele sich naht, mit dem Donnergang der Entscheidung!« Lessings Epigramm kann ich gut nachempfinden: »Wer wird nicht einen Klopstock loben? / Doch wird ihn Jeder lesen?: Nein! / – Wir wollen weniger erhoben, / und fleißiger gelesen sein!« Einige Oden haben ihren Zauber bis heute erhalten, wie: »Willkommen, silberner Mond. Schöner, stiller Gefährt der Nacht«. Vielleicht genügt das ja auch, wenn ein Dichter die Seele der Menschen mit zwei/drei Gedichten bereichert. Das Klopstockhaus in Quedlinburg kann man mit vielen solcher Gedanken durchstreifen.

Dann aber geht es endgültig zum Stift hinauf. Das alte Kopfsteinpflaster, auf dem man sich alle Knochen brechen kann, nimmt an Unebenheit noch zu. Ich stelle mir vor, wie die Kutschen der hohen Stiftsdamen mit ihren eisenbeschlagenen Holzrädern in einem ohrenbetäubenden Lärm hier früher hinunterrauschten. Durch das wuchtige Torhaus aus dem 13. Jahrhundert, das später wohl vielfach umgebaut worden ist, komme ich in den Stiftsbereich. Noch einmal ein kleiner Platz, mit der Möglichkeit, auf die Stadt hinunterzuschauen, und dann wird es eng. 65 x 160 Meter misst das Gelände auf dem Berg, und auch diese kleine Fläche ist nur durch ständige Aufschüttungen und Abstützungen zu sichern. Die Anordnung der Gebäude ist eine komplizierte Angelegenheit, und in die vielen geschichtlichen Veränderungen der Gebäude will ich mich gar nicht erst vertiefen. Die Dreiflügelanlage der Abtei, die man jetzt »Schloss« nennt, springt sofort in die Augen. Sicher wird es hier im Mittelalter auch einen Kreuzgang gegeben haben, samt Wohnungen für den kaiserlichen Hof, auch wenn der eigentliche Königshof unten im Tal rund um die Wipertikirche war. Wie das alles einmal war, will ich den Archäologen und Kunsthistorikern überlassen, Klaus Voigtländer hat in seinem umfangreichen Buch über die Stiftskirche auch darüber Recherchen angestellt. Die Frauen interessieren mich, die hier über 850 Jahre hinweg gelebt, gedacht, gebetet und – regiert haben. Denn dieses adelige Damenstift war zugleich eine Institution von Herrschaft. Die Äbtissin stand im Rang einer Reichsfürstin, hatte im Reichstag Sitz und Stimme, verwaltete umfangreiche Ländereien und war entsprechend reich dotiert. Die freie Äbtissinnenwahl und die Immunität des Stiftes war in der Gründungsurkunde von 936 garantiert. Reichsunmittelbar war das Stift, unterstand nur dem Kaiser und dem Papst. Die Aufgabe eines Schutzvogtes übernahmen die Ottonen selbst, und Otto I. hatte sogar bestimmt, dass das Amt der Äbtissin in der Königsfamilie verbleiben sollte. Auch die anderen Ämter des Stiftskonventes, die Pröpstin als Stellvertreterin der Äbtissin, die Dechantin, die Kustodin, die Pförtnerin, die Scholastica waren mit Damen aus dem Hochadel zu besetzen. Die Funktionen von Ausbildung, Erziehung und Versorgung für die Töchter des Hochadels kamen, neben den täglichen Gottesdiensten und Gebeten, wie selbstverständlich noch dazu. In einem Jahreskalender, der die Sterbedaten aller Mitglieder der königlichen Familie aufnahm und der sich von Jahr zu Jahr verlängerte, wurde die Memoria des Stiftes dem ewigen Heil der einzelnen Personen direkt zugewandt. Vergessen wurde hier niemand, ausgeschlossen konnte man natürlich werden.

Ich komme gerade zurecht, wie ein Führer vor dem Westportal der Kirche, das jetzt geschlossen ist, einer Gruppe den Türgriff in der Form eines Schweines (mit Halsband) deutet: Man solle den inneren Schweinehund überwinden, um einmal wieder eine Kirche zu besuchen. Nein, damit hat es bei mir nicht das geringste Problem. Aber ich entscheide mich, erst einmal in das Gebäude gegenüber zu gehen, das früher das »Mushaus« (also Speisehaus) hieß, dann die »Alte Abtei,« heute als Teil des so genannten »Schlosses« das »Schlossmuseum« beherbergt. In den Festräumen des Obergeschosses soll es eine Reihe von Äbtissinnenporträts geben, und ihren Gesichtern mit dem, was sie erzählen oder verbergen, will ich mich eine Weile stellen. Aber die Reihe der zwölf von den 39 Äbtissinnen, die dort zu sehen ist, beginnt erst mit der Reformation. So muss ich wieder in die Kirche hinüber, um in der Krypta die »memoria« an die Frauen zu üben, die die Anfänge dieses Stiftes prägen.

In der Krypta, die für die Öffentlichkeit erst wieder 2007 nach der Restaurierung zugänglich sein wird, befinden sich das Grab der Königinwitwe Mathilde und die Grabplatten dreier Äbtissinnen des Stiftes. Aber ich muss erst eine andere Erinnerung in mir aufzuarbeiten suchen. Denn die nationalsozialistische Usurpation der Stiftskirche von Quedlinburg (wie auch des Domes von Braunschweig) machte sich – neben der Monumentalisierung des Kirchenraumes (Doppeltreppe) – vor allem bei den Gräbern und in der Krypta fest. Wie in Braunschweig Heinrich der Löwe, so schien in Quedlinburg König Heinrich I. das idealtypische Vorbild für die Bestrebungen der Nationalsozialisten zu sein. »Herrschaft durch genealogischen oder ideologischen Anschluss an eine geschichtliche oder heilsgeschichtliche Autorität« (Tim Lorentzen): Das war das Muster. Heinrich I. als Held der Einheit der streitenden deutschen Stämme, in seiner angeblich antiklerikalen Haltung, in seiner konsequenten Ostpolitik – so etwas war den Zielen der Nazis gerade recht. Eine Umgestaltung der Stiftskirche zu einer »Nationalsozialistischen Weihestätte« war die Folge, die evangelische Kirche wurde langsam, endgültig 1938, aus der Kirche herausgedrückt. Heinrich Himmler, der »Reichskommissar SS«, der entscheidende Organisator des Holocaust, tat sich in Quedlinburg besonders hervor. Ja, Heinrich Himmler

– den Joachim Fest, um seine Kleinkariertheit zu kennzeichnen, den »Hühnerzüchter von Waldtrudering« und Hugh R. Trevor-Roper einen »Pedanten der Barbarei« nannten – sah sich sogar als Reinkarnation des von ihm mit mystischer Religiosität verehrten Königs. »König Heinrich« nannte man Himmler nicht nur in der SS.

Nach Himmlers Vorstellung sollte der 1000. Todestag von König Heinrich I. am 2. Juli 1936 als nationaler Weihetag gefeiert werden. Das Problem dabei: Die Ruhestätte König Heinrichs in der Stiftskirche war nicht bekannt. Der Jubilar musste auf die eine oder andere Weise her. Die Ausgrabungen förderten aber nur den Sarg der Königinwitwe Mathilde zu Tage. Das Jubiläum wurde dann doch, in der Nacht vom 1. zum 2. Juli, mit großem Aufwand samt Rundfunkübertragung und einer ekstatischen Rede Himmlers gefeiert. Hitler als Erbe König Heinrichs, ihm zu gehorchen heißt, den König zu ehren: Das war die Tendenz. Zu Himmlers Enttäuschung war Hitler zu dieser Feier in Quedlinburg nicht erschienen. Himmler ging später noch oft in die Krypta hinunter, um »stille Zwiesprache mit dem Ahnen« zu halten – wo immer der auch sei. Die mitternächtlichen Gedenkfeiern vom 1. auf den 2. Juli wurden bis 1944 jährlich wiederholt.

Das alles darf nicht verschwiegen werden, meine ich. Die Erinnerung hält auch die barbarischen und perversen Züge der Geschichte fest. Es ist gut, dass im »Schlossmuseum« auch ein kleiner Kellerraum der nationalsozialistischen Vereinnahmung der Quedlinburger Geschichte gewidmet ist. Da bietet nun doch die Erinnerung an die großen Frauen der Anfangsgeschichte von Quedlinburg ein anderes, wenn auch kein völlig ungetrübtes Bild.

Durch zwei in den Fußboden eingelassene Gitter in der Krypta schaut man hinunter in eine Gruft. Der Ort der »Königsgräber« ist dies, auch wenn vom Grabe des Königs Heinrich I. nur Reste eines Steinsarges übriggeblieben sind. Der monumentale Steinsarg der Königin Mathilde aber ist, mit ihren sterblichen Überresten, unversehrt geblieben. Keine Grabplatte mit Skulptur freilich, nur ein gewölbter Deckel auf dem Sarg mit einem großen Kreuz und einer lateinischen

Inschrift, deren Übersetzung man überall nachlesen kann: »An den II. Iden des März starb die Königin Mathilde, die auch hier ruht, deren Seele ewige Ruhe erhalten möge«.

Mit dieser Frau beginnt die Geschichte des adeligen Hochstiftes von Quedlinburg. 909 hatte Heinrich, damals noch als Herzog von Sachsen, sich von seiner ersten Frau getrennt und die blutjunge Mathilde »aus der Sippe des großen Herzogs Widukind« – wie die zeitgenössischen Geschichtsschreiber betonen – zur Frau genommen. Widukind war der Herzog, der bis 785 den Kampf der Sachsen gegen den Frankenkönig Karl angeführt hatte. Mathilde brachte also sächsisches Profil in die Herzogsfamilie zusätzlich hinein. Vielleicht hatte sie politischen Willen und Durchsetzungskraft auch von ihren Ahnen geerbt. Denn als König Heinrich 936 starb und hier beigesetzt worden war, begnügte sie sich nicht damit, die Memoria, das Gebet für das Seelenheil ihres Mannes zu pflegen und täglich an seinem Grab zu beten. Dies tat sie mit einer geradezu unerbittlichen Konsequenz, so dass sie – die großzügige Almosenverteilung war darin eingeschlossen – bald in den Ruf der Heiligkeit geriet. Sie mischte sich aber auch rigoros in die politischen Auseinandersetzungen der Folgezeit ein. Offenbar war Mathilde mit der Bestimmung des ältesten Sohnes Otto durch ihren Mann als dessen Nachfolger nicht einverstanden. Sie hätte am liebsten ihren zweiten Sohn Heinrich auf dem Königsthron gesehen. In den blutigen Auseinandersetzungen der Brüder, die sich anschlossen, stand sie anscheinend unverbrüchlich auf der Seite Heinrichs. Dieses Zerwürfnis zwischen Mutter und König muss sich früh angebahnt haben. Denn es ist den Historikern schon immer aufgefallen, dass Otto I. zwar den letzten Willen seines Vaters zur Errichtung des Kanonissenstifts in Quedlinburg sofort vollzog. Dass er aber in der Gründungsurkunde des Stiftes seine Mutter Mathilde, der doch Quedlinburg als Witwengut übereignet worden war, mit keinem Wort erwähnte. In der Pfalz Grone fand 941 eine rituelle und öffentliche Versöhnung zwischen König Otto I. und seiner Mutter statt, die Edgith, Ottos erste Frau, eine Schwester des regierenden englischen Königs Aethelstan, vermittelt hatte. Otto warf sich seiner Mutter zu Füßen, bat sie um Verzeihung für alles, was er gegen sie getan hatte, und erhielt von ihr den Friedenskuss.

Der Friede im Königshaus war aber damit noch nicht endgültig hergestellt, die Auseinandersetzungen zwischen den beiden Brüdern gingen noch eine Weile weiter. Und es ist sicher kein Zufall, dass Otto noch zu Lebzeiten seiner Mutter, im Jahre 966, seine eigene Tochter, die elfjährige Mathilde, zur Äbtissin von Quedlinburg ernannte. Dem Nachruhm der Königinwitwe konnte das allerdings nicht mehr schaden, im Heiligenkalender der katholischen Kirche hat sie einen festen Platz. »Für uns Katholiken ist es wichtig, dass wir eine Heilige in der Stadt haben«, wird mir später mein Führer, Gottfried A., in der Wiperti-Kirche sagen. An ihrem Sterbetag, am 14. März, findet in jedem Jahr ein ökumenischer Gottesdienst in der Stiftskirche St. Servatius statt. Wenigstens einmal im Jahr geht also die Memoria auf dem Burgberg weiter.

Auch von der Enkelin der Königin Mathilde, der ersten Äbtissin in der langen Reihe der 850jährigen Stiftsgeschichte, haben wir kein Bild. In einem Bleisarg in der Königsgruft ist sie begraben. Was konnte man von einem jungen Mädchen, das auch noch im Stift aufgewachsen ist, erwarten? Aber Mathilde ist wohl die bedeutendste Äbtissin gewesen, die Quedlinburg je besessen hat. Mathilde, eine Tochter aus Ottos zweiter Ehe, die er als 40jähriger mit der 20jährigen italischen Königin Adelheid eingegangen war, musste zunächst vor ihrer Mutter zurückstehen. Eine Zeit der großen Frauen ist diese Zeit des ottonischen Kaisertums. »Früh gefordert, klug, gebildet, mit riesigen Besitzungen ausgestattet«, liefen bei Adelheid alle verwandtschaftlichen und politischen Fäden zusammen (Hagen Keller). Am 2. Februar 962 in der Peterskirche von Rom als erste Kaiserin im Abendland mit Kaiser Otto I. mitgekrönt, hatte sie dafür gesorgt, dass ihr gemeinsamer Sohn als Otto II. schon 961 im Alter von sechs Jahren zum Mitkönig erhoben und in Aachen gekrönt wurde. Die Äbtissin Mathilde in Quedlinburg aber wurde alsbald, gerade infolge der starken Kaiserin, als Vermittlerin dringend gebraucht. Die Familienfehden hatten bei den Ottonen offensichtlich Tradition. Ihr Bruder Otto II. hatte 972, also mit 17 Jahren, die byzantinische Prinzessin Theophanu geheiratet, war in Rom in St. Peter vom Papst getraut worden. Das Paar hielt, zusammen mit den kaiserlichen Eltern, Otto dem Großen und Adelheid, Ostern 973 in Quedlinburg mit großem

Aufwand Hof, empfing Gesandte der Herrschenden aus aller Welt. Aber als Otto der Große schon vier Wochen später starb und nach seinem Wunsch im Magdeburger Dom beigesetzt worden war, brach die ursprüngliche Harmonie zwischen der Kaiserwitwe und dem jetzt herrschenden jungen Paar schnell auseinander. Adelheid nahm ihrem Sohn die Behandlung der bayrischen Verwandtschaft übel, ein offener Krieg brach auf allen Seiten aus, die Gräben schienen unüberwindbar zu sein. Als Otto II. auch noch den italischen König Lothar demütigte, der mit einer Tochter Adelheids aus ihrer ersten Ehe verheiratet war, zog sich die Kaiserwitwe erbittert aus dem Hof ihres Bruders nach Burgund zurück. Da entschloss sich die Äbtissin von Quedlinburg, mit ihrer Mutter nach Burgund zu gehen, reiste mit ihr anschließend zu der vorbereiteten Aussöhnung nach Pavia, erlebte diese mit. Sie blieb mehrere Jahre lang, auch als Vertraute der Kaiserin Theophanu, bis zum plötzlichen Tod ihres Bruders im Jahre 983 in Italien. Bei den Auseinandersetzungen um die Nachfolge des schon mit drei Jahren zum König gekrönten Otto III. spielte die Äbtissin eine entscheidende Rolle, besonders als seine Mutter Theophanu 991 starb. Und als Otto III. im Spätjahr 997 wegen der Auseinandersetzungen um den Papst dringend nach Rom musste und mit seinem Heer über den Brenner zog, da setzte er nicht den Erzkanzler des Reiches, Williges von Mainz, sondern seine Tante, die Äbtissin Mathilde als Reichsverweserin ein. Er kehrte erst nach Deutschland zurück, als Mathilde am 7. Februar 999 im Alter von nur 44 Jahren schon gestorben und seine Schwester Adelheid Äbtissin von Quedlinburg geworden war. Eine ganz und gar ungewöhnliche Frau muss diese Mathilde gewesen sein. Der Benediktiner Widukind von Corvey, der seine Sachsengeschichte wahrscheinlich in der Zeit zwischen 967 und 973 schrieb, hat sein Werk über die Geschichte des ottonischen Herrscherhauses weder Otto dem Großen noch Otto II. gewidmet, sondern der Äbtissin Mathilde aus dem Stift Quedlinburg. In den Vorreden seiner drei Bücher preist er sie als »tugendhaft und ruhmhaft«, als Person der »herrlichsten Weisheit«. Die Kaiserwürde, die ihren Glanz auf das ganze Königshaus gelegt hat, habe gerade Mathilde »der Welt als hellsten Glanz und strahlendsten Edelstein geschenkt«. Auch wenn man die mittelalterlichen

Huldigungsformen abzieht, bleibt erkennbar, dass Widukind diese Frau, mit der er offenbar in wissenschaftlichem Austausch stand, tief verehrte. Die »Dominae imperiales«, die »herrscherlichen Gebieterinnen«, haben in der Geschichte der Ottonen schon eine entscheidende Rolle gespielt, und das Stift in Quedlinburg war der ruhende Mittelpunkt dieser Geschichte.

Von den nächsten drei Äbtissinnen haben wir ein Bild. In der Krypta sind die drei Grabplatten aufgestellt, die in einem Relief die Gestalten der Äbtissinnen Adelheid (gest. 1044), Beatrix (gest. 1062) und Adelheid II. (gest. 1095) zeigen. Alle drei Grabplatten scheinen zusammen angefertigt zu sein, die Ähnlichkeit der Gestaltung und die Identität des Buches, das die Äbtissinnen halten, weisen darauf hin. Als Zeit der Entstehung wird der Zeitraum zwischen dem Tod der Jüngsten der Drei (also 1095) und der Weihe der neu gebauten Kirche im Jahre 1129 vermutet. Sicher sind es Idealisierungen. Schade, dass gerade das Gesicht von Adelheid II. zerstört ist, die zeitliche Nähe ihrer Person zur Entstehungszeit der Grabplatten hätte noch am ehesten eine Porträtähnlichkeit vermuten lassen. Aber auch im Idealbild werden die Äbtissinnen in der Erinnerung ihres Konventes weiterleben: Schlanke, würdevolle Gestalten, segnend oder im Gebet versunken, dem Studium der Bibel und den Wissenschaften hingegeben. Zur Zeit Adelheids, der Schwester Ottos III., die 1014 auch noch Äbtissin der Stifte Gernrode und Vreden wurde, ist das große Geschichtswerk der »Annales Quedlinburgenses« im Stift geschrieben worden. Der genaue Bericht des Kaiseraufenthaltes im Jahre 1000 ist darin enthalten: Drei Tage und Nächte betet Otto III. in der Stiftskirche an den Gräbern, und hält dann 14 Tage lang unten in der Königsresidenz großen Hof. Dass dabei das Stift mehrfach als »metropolis« erwähnt wird, wundert höchstens den, der heute unter »Metropolen« etwas anderes versteht. Damals traf sich wirklich in Quedlinburg die Welt. Die Äbtissinnen Beatrix und Adelheid II. reichen dann schon in eine andere Zeit. Als Töchter Heinrichs III. und Schwestern Heinrichs IV. sind sie Mitglieder des Königshauses der Salier. Auch da geht die wichtige Rolle des Servatiusstifts in Quedlinburg noch weiter, aber sie schwächt sich spürbar ab.

Noch manche Äbtissinnen aus mittelalterlicher Zeit wären sicher erwähnenswert. Manche werden einem auch auf den Gängen durch Stift und Museum wieder begegnen, wie etwa die kunstsinnige Agnes II. (1184–1203), die in dem wunderbaren »Servatiusreliquiar« der Schatzkammer, das in Elfenbeinreliefs Christus und die 11 Apostel im eifrigen Gespräch zeigt (um 870), einfach einen Dionysoskopf aus dem 1. Jahrhundert einsetzen lässt. Was der Gott der Fruchtbarkeit und der Ekstase mit der Apostelgruppe und dazu noch mit der Servatiusreliquie in dem Kasten zu tun hat, mag man sich fragen. Hier hat dann wohl schon das Repräsentations- und Kostbarkeitsbedürfnis über die Stimmigkeit der Inhalte gesiegt. Aber ich breche die Erinnerung hier unten ab und gehe hinüber in das »Schlossmuseum«, um mich der Neuzeit zuzuwenden.

Da ist im Barocksaal (Blauer Saal), der früher als Festsaal und Aufenthaltsraum der Stiftsdamen diente, das Porträt der Äbtissin Anna II., einer Gräfin von Stolberg (1515–1574). Dies ist die Frau, die die Reformation im Stift eingeführt und durchgesetzt hat. Offensichtlich eine hartnäckige und zähe Frau, eine Auseinandersetzung mit ihr wird kein Zuckerschlecken gewesen sein, denke ich mir. Aber der Glaube wird ihr eine Herzensangelegenheit gewesen sein, wie das bei den Stolbergs über Jahrhunderte üblich war. Oben auf dem Schloss der Stolbergs in Wernigerode kann man das in sinnlicher Anschauung studieren: Der Rundgang durch das Schloss beginnt in der Schlosskirche. Bei einem Besuch seines Kanzlers, des Fürsten Otto zu Stolberg-Wernigerode, hat Kaiser Wilhelm II. einen von den wenigen Sätzen gesagt, den ich voll unterstreichen kann: »Der Weg zur Familie Stolberg führt über die Kirche«. Diese Beharrlichkeit des Glaubens, hier des lutherischen Glaubens, sieht man der Äbtissin Anna an.

Die Porträts anderer Äbtissinnen zeigen bäuerliche (Elisabeth II, Gräfin zu Reinstein, 1574–84), elegante (Dorothee, Herzogin von Sachsen, 1610–17, in Renaissancekleidung) oder strenge Frauen (Maria Elisabeth, Herzogin von Holstein-Gottorp, 1718–1755). Aber dann bleiben meine Augen und Gedanken an einer Frau hängen, über die ich schon viel nachgedacht und gelesen habe. Eine Frau, die unbedingt hatte

Äbtissin von Quedlinburg werden wollen, es aber nur bis zur Pröpstin gebracht hat. Warum die verschlungenen Wege der Maria Aurora Gräfin von Königsmarck im Stift von Quedlinburg mündeten, ist mir lange ein Rätsel geblieben, bis ich es vor Ort studieren und nachempfinden konnte.

Maria Aurora, aus einem hochadeligen schwedischen Geschlecht stammend, wuchs im Schloss Agathenburg bei Stade, in Hamburg und Stockholm auf. Klug, gebildet, sprachgewandt: Mit ihrer fesselnden und liebenswürdigen Schönheit ist sie der Mittelpunkt aller Soireen und Bälle. Dichterisch wie musikalisch ist sie ungemein begabt. »Die berühmteste Frau zweier Jahrhunderte« wird sie Voltaire später nennen. Die lukrativsten Heiratsangebote schlägt sie aus. Da wird die »Affäre Königsmarck« zum Wendepunkt ihres Lebens. Die leidenschaftliche Liebesbeziehung ihres Bruders Philipp Christoph mit der hannoverschen Kronprinzessin Sophie Dorothea, der Frau des späteren englischen Königs Georg I., wird entdeckt. Die Folgen sind für beide katastrophal. Philipp Christoph verschwindet auf immer, wahrscheinlich in der Leine in Hannover. Sophie Dorothea wird bis an ihr Lebensende in der Verbannung auf dem Landgut Ahlden (bei Celle) leben.

Maria Aurora ist die einzige, der man es in der Familie zutraut, Licht in das spurlose Verschwinden des Grafen Königsmarck zu bringen. Hilfe suchend wendet sie sich nach Dresden an August den Starken, Herzog von Sachsen und später König von Polen, in dessen Diensten ihr Bruder zuletzt stand. August verliebt sich sofort in die faszinierende Frau. Ein rauschendes Fest auf Schloss Moritzburg, Maria Aurora spielt die Spröde und gibt sich hin. Fast zwei Jahre genießt Maria Aurora es, öffentlich anerkannte Staatsmätresse, »maitresse en titre« zu sein, die Glanz in das Ansehen des Hofes bringt. Sie schafft es sogar, sich mit der frommen Gattin Augusts, Christiane Eberhardine, zu befreunden. Aber so schnell, wie die Zeit an der Seite dieses fürstlichen Frauenhelden gekommen ist, so schnell ist sie zu Ende. Maria Aurora ist schwanger, zur gleichen Zeit, in der Augusts Gattin schwanger wird. Der Herzog hat auch schon wieder andere Frauen im Blick. Maria Aurora zieht sich sofort zurück. Das Stift in Quedlinburg, wo sie früher schon bei ihrer mütterlichen Freundin, der Äbtissin

Anna Dorothea, Herzogin von Sachsen-Weimar, in Krisenzeiten Aufnahme und Erholung gefunden hatte, wird ihre Zuflucht. In Goslar bringt sie, absolut anonym, ihren Sohn zur Welt, den sie – in Erinnerung an glückliche Zeiten – Moritz nennt und der später als französischer Feldmarschall Berühmtheit erlangen wird.

Maria Aurora will jetzt Stiftsdame in Quedlinburg werden, mit dem Ziel, später Nachfolgerin der Äbtissin Anna Dorothea zu werden. Die Äbtissin unterstützt den Plan, der Schutzvogt des Klosters, ihr ehemaliger Liebhaber, der jetzt König von Polen ist, auch. Am 24. Mai 1700 wird Maria Aurora als Pröpstin des Stifts Quedlinburg in einem feierlichen Gottesdienst in der Stiftskirche eingeführt. Über das uneheliche Kind wird im Stift nicht gesprochen, sicher weiß es jede, zumal August später den Sohn als legitimen Nachkommen anerkennt.

Die neue Pröpstin denkt aber nicht daran, ihren flotten Lebenswandel aufzugeben. Auf den Festen und Karnevals allüberall, ob in Leipzig oder Dresden, ist sie zu finden. Die Äbtissin ist tief enttäuscht, entzieht ihr das Vertrauen. Und als Anna Dorothea 1704 stirbt, hat Maria Aurora den ganzen Konvent von Quedlinburg gegen sich. Es gelingt ihr nicht, ihre Wahl zur Äbtissin durchzubringen, auch weil August der Starke inzwischen für gutes Geld die Schutzvogtei über Quedlinburg an Preußen verkauft hat. Stark genug ist sie noch, für eine Zeit die Wahl einer anderen Äbtissin zu verhindern. So hat sie 14 Jahre lang, von 1704 bis 1718, das Stift von Quedlinburg als Pröpstin geleitet. Viel hat die Abtei wohl auch in dieser Zeit nicht von ihr gehabt. 1718 konnte sie die Wahl von Maria Elisabeth, Herzogin von Holstein-Gottorp, zur Äbtissin nicht mehr verhindern. Maria Aurora wird einsamer, Krankheiten stellen sich ein, Musik, Lesen und Dichten sind die Freuden ihres Alters. In der Nacht vom 15. auf den 16. Februar 1728 stirbt sie im Alter von 66 Jahren und wird bald darauf in der Stiftskirche begraben.

An Maria Aurora wird mir noch einmal deutlich, aus welchen Motiven sich der Wunsch mancher Frauen auf ein Leben in den Klöstern oder Stiften speiste. Sicher war da auch die Sehnsucht nach Geborgenheit, die »angenehme Solitude«, als die Maria Aurora ihr Leben im Kloster oft bezeichnete. Aber es war vor allem das Streben nach Selbstständigkeit. Der emanzipatorische Impuls. Zum ersten Mal hatte Maria Aurora in ihrem Leben ein eigenes, sogar ein beträchtliches Einkommen, von dem sie auf eigene Kosten leben konnte. Die Verpflichtung zur Einordnung und Unterordnung im Stift, die sie bei ihrer Einsegnung als Pröpstin auf sich genommen hatte, zählten dagegen wohl nicht viel. Und von ihrem Glauben wissen wir nur, dass sie höchsten Wert auf ihre lutherische Konfession legte und es auch durchsetzte, dass ihr Sohn – trotz seines zum Katholizismus konvertierten Vaters – im lutherischen Glauben erzogen wurde. Von einer tieferen Frömmigkeit spürt man in ihren Briefen nichts.

Hier wird auch für Quedlinburg das sichtbar, was ich in diesem Buch die »Klostervergessenheit« nenne. In Maria Auroras Briefen findet man schon gelegentlich den Ausdruck »Residenz«. Bald ist das Wort »Abtei« oder »Stift« oder »Kloster« dem wachsenden Repräsentationsbedürfnis nicht genug. Bald wird man die Abteigebäude »Schloss« nennen und, zumindest im Volksjargon – etwa des »Schlossrestaurants am Dom« – die Stiftskirche einen »Dom«. Obwohl die Abtei nie ein »Schloss« gewesen ist; es sei denn, man stilisiere die Jagdaufenthalte preußischer Könige im 19. Jahrhundert zu einem Aufenthalt im »Schloss«. Überall auf dem Burgberg wird mir versichert, dass man bisher den Namen »Schloss« für die Abtei nie als Problem empfunden hat. So tief ist das Vergessen der Ursprungs- und Bestimmungsgeschichte des Frauenstifts in die Selbstverständlichkeit der Sprache eingewandert.

Ich schaue mir noch einmal die fünf Bilder an, die Maria Aurora zeigen. Selbst das Verführungsbild mit dem Raben als Liebesboten zeigt ein anderes Schönheitsideal, als dass es mich begeistern könnte. Aber wenn sie zu reden anfinge, wäre das vielleicht ganz anders. Und wenn ich mir im Barocksaal das Bild der Äbtissin Anna Amalia, der Prinzessin von Preußen und Schwester Friedrichs des Großen (1756–1787) anschaue, dann spüre ich direkt, wie große fürstliche Damen im Abendkleid und langen Roben durch diese Räume rauschen.

Ich gehe hinüber in die Kirche. An die Strenge des weiten Raumes mit dem hoch liegenden Chor, unter dem die Krypta ist, muss ich mich immer erst gewöhnen. Die leise Berührung des ganz anderen meine ich zu spüren, auch wenn der Eindruck des Mittelalters durch die farbige Bemalung der Wände, die ganz verschwunden ist, sicherlich in Teilen ein anderer war. Den niedersächsischen Stützenwechsel (zwei Säulen, ein Pfeiler), die eindrücklichen Kapitelle mit dem vorherrschenden Adlermotiv nehme ich fast nebenher wahr. Ein königlicher Vogel ist der Adler, insofern ist er hier am rechten Platz. Auf 69 Besuche von 16 Kaisern und Königen kommen die Historiker, Reichstage und Kirchenversammlungen zuhauf. Lombardische Künstler sollen die Kapitelle geschaffen haben, Italien und Deutschland waren damals doch in einem Reichsverband. Die christliche Interpretation des Adlermotivs hat die beschützende Seite herausgestrichen: So wie der Adler seine Jungen bewacht und nährt, so behütet Christus die Seinen. Als Schutzmacht der Menschen und der Völker haben sich die Kaiser und Könige sicher immer gerne auch verstanden. Aber auf einmal spüre ich, gerade hier in Quedlinburg, einen ganz anderen Wind. Das Adlermotiv hat doch eine aggressive und bedrohliche Seite, und der Gedanke daran lässt mich, als ich durch die Kirche gehe, nicht mehr los.

Die Zeit des hohen Mittelalters, die für Quedlinburg die große Zeit seiner weltweiten Bedeutung war, macht auf mich den Eindruck einer permanenten Abfolge von aggressiven, ja geradezu brutalen Auseinandersetzungen. Die Sachsengeschichte des Widukind von Corvey ist, obwohl ihr Schreiber ein beschaulicher und friedfertiger Mensch in einem Benediktinerkloster war, eine einzige Geschichte von Schlachten, Intrigen, Morden, Tod. Dass politische Gegner heimtückisch vergiftet oder hinterhältig im Schlaf ermordet werden, scheint an der Tagesordnung zu sein. Diese Männer an der Spitze eines kleinen oder großen Staates sind, mit ihrem Anhang und ihrer Streitmacht, offenbar dauernd Kämpfer gewesen. Außerhalb dessen waren sie wenig oder manchmal nichts. Die geistigen und karitativen Aufgaben wurden anscheinend weithin den Frauen und den Mönchen überlassen. Deshalb spielen die Frauen, die Stifte, die Klöster und die Bischöfe eine überragende Rolle in dieser Zeit. Selbst die großen christlichen Feste gerieten zur Demonstration einer Machtentfaltung, die andere klein machen und in Schranken halten sollten. So wurden auch diese Festtage vom Alltag der mörderischen Auseinandersetzungen eingeholt.

Widukind erzählt, dass in der Zeit des Bruderzwistes zwischen Heinrich und Otto dem Großen, Heinrich mit einer Verschwörerclique seinen Bruder während des Osterfestes zu ermorden plante. Die Verschwörung wird aufgedeckt, Heinrich kann fliehen und wird später gefangen gesetzt, die Komplizen werden auf der Stelle hingerichtet. Widukind schreibt nicht, wo sich dies ereignete; aber da die Ottonen das Osterfest vornehmlich in Quedlinburg zu feiern pflegten, kann ich mir gut vorstellen, dass das hier geschah. – Der bedeutende Markgraf Gero, der das Nachbarstift Gernrode gründete, sollte von Slawenherzögen heimtückisch ermordet werden. Darauf rächte sich dieser so, dass er die Slawenfürsten bei einem Gastmahl betrunken machte und 30 von ihnen in einer Nacht ermordete. Ein Geschick, das ihm auch selbst später widerfuhr. – Ottos III. eiliger Zug über die Alpen hatte zum Anlass, dass der von ihm eingesetzte Papst Gregor V. von den Römern vertrieben und ein ehemaliger Lehrer Ottos und Vertrauter seiner Mutter Theophanu, der Grieche Johannes Philagothos zum Gegenpapst eingesetzt worden war. Das Strafgericht des Kaisers und seiner Kommandos war furchtbar. Der Gegenpapst wurde an Augen, Nase, Zunge und Ohren verstümmelt, auf einer Synode wurde ihm der Ornat vom Leibe gerissen, nackt und rücklings auf einem Esel sitzend wurde er durch die Stadt gejagt. Kampf, Auseinandersetzung, Grausamkeiten, wohin man blickt. Und dann kamen diese selben Männer in die Dome und Stiftskirchen und feierten in der Messe das Opfer dessen, der für die Sünden der Welt gestorben und auferstanden ist ... Wie passt das zusammen?

Norbert Elias hat in seinem großartigen Werk »Über den Prozeß der Zivilisation« auch ein Kapitel über die »Veränderungen der Angriffslust« geschrieben. Gegenüber den nahezu ungebremsten Affektentladungen der Völkerwanderungszeit, in der die Lust an der Zerstörung und an der Qual der anderen die beherrschende Rolle spielte, sieht Elias im Mittelalter schon eine gewisse Form der Domestizierung, insofern die

Lebensnotwendigkeit des Kampfes dem Aufbau einer Gesellschaft dient. Aber eine »Wildheit des Gefühls« sei noch immer vorherrschend, die »Grausamkeitsentladung« war noch nicht gesellschaftlich verfemt. In einem langsamen, oft viel zu langsamen Prozess der Humanisierung befindet sich die Gesellschaft. Sofern nicht fundamentalistische Strömungen neue atavistische Triebstrukturen freisetzen, spielt nach meiner Überzeugung das Christentum dabei die entscheidende Rolle. In der Vergegenwärtigung des Opfers Christi lernen diese Männer, die andere permanent zu Opfern machen, das Leben auch unter der Perspektive des Opfers zu betrachten. Die Symbolisierung alltäglicher, eigener Erfahrungen in der Geschichte Christi entwickelt ihre integrative Macht offenbar nur zögernd. Manche haben wahrscheinlich ihr ganzes Leben davon nichts gespürt. Aber wir wissen es ja auch von uns selbst, wie schwer es ist, mit den eigenen Vernichtungswünschen umzugehen. Wie oft diese plötzlich ungebremst herausbrechen, wie bei dem Völkergemetzel auf dem Balkan oder bei den Folterungen in amerikanischen Terrorlagern. Das Mittelalter ist ein guter Spiegel, in dem man die Bilder der wunderbaren Kulturleistungen des Menschen erblicken und sich daran freuen kann. Auch die Bilder der Abgründe des Menschlichen sind zu sehen, über die man nur erschrecken kann. Auch und gerade dieses sollte man sich nicht verschweigen.

Inzwischen bin ich in dem Zitter, der Schatzkammer, angekommen. Schon bei der Erbauung der Kirche ist dieser Raum im nördlichen Querhausarm eingeplant, später ist ein ähnlicher Raum im südlichen Querhaus als Aufbewahrungsort des Stiftsschatzes dazugekommen. So selbstverständlich liegen und stehen die Reliquienkästen und Schmuckbibeln da. Sie lassen nicht ahnen, welch eine turbulente Geschichte sie hinter sich haben. Begehrlichkeit haben die kostbaren Kunstschätze schon immer ausgelöst, deshalb ist auch die Mehrzahl der Stücke im Laufe der Jahrhunderte verkauft, gestohlen, verschleudert worden. Aber die unglaublichste Geschichte von einem spurlosen Verschwinden eines Teiles des Stiftsschatzes und seinem plötzlichen Auftauchen nach über 40 Jahren ereignete sich erst nach dem letzten Krieg. Der Mann, der wesentlich am Aufspüren der verschwundenen Kunstgegenstände beteiligt war und der sich später ausgebootet fühlte, hat zusammen mit seinem Rechtsanwalt ein 500 Seiten starkes Buch über diese Kriminalstory geschrieben.

Bei Kriegsende lag der Stiftsschatz, in 16 Kisten verpackt, in einem sicheren Bunker am Stadtrand von Quedlinburg unterhalb der Alteburg. Wie sich später herausstellte, war in dem Bataillon der amerikanischen Besatzungskräfte ein Oberleutnant, der sich in dem eroberten Deutschland, später sogar in Frankreich, immer mehr auf Kunstdiebstahl spezialisierte. Zwölf der wichtigsten Teile des Stiftsschatzes sind und bleiben unauffindbar. Darunter sind das Samuhel-Evangeliar, der so genannte Kamm Heinrichs I., auch das Servatiusreliquiar. Vier Jahrzehnte nach dem rätselhaften Verschwinden der Keinodien – der Dieb ist indessen längst verstorben, wie sich später herausstellt – tauchen einzelne Angebote im Kunsthandel auf. Der Jurist und Historiker Dr. Willi A. Korte, der sich auf Aktenstudien in amerikanischen Archiven spezialisiert hat, macht sich auf die Suche. Er landet auf einer Bank in einem Landstädtchen des nördlichen Texas, wo in einer langen und immer wieder hinausgezögerten Aktion der Reliquienkasten Heinrichs I. mit den Elfenbeinreliefs aus dem 10. Jahrhundert vor ihm auf den Tisch gestellt wird. Ein jahrelanges Tauziehen zwischen Justizbehörden, Kriminalämtern, Kulturinstituten und Botschaften schließt sich an. Die Argumentationen auf Kriegsbeute, Reparationszahlungen, Rückführungsverträge, Diebstahlssanktionen heben sich gegenseitig auf. Am Ende wird der Stiftsschatz für 900 000 Dollar nach Deutschland zurückgegeben. Als der Anwalt das Geld unter »Schmerzensgeld« verbuchen will, erheben die Deutschen Einspruch: Schmerzensgeld stehe doch wohl den Bestohlenen, aber nicht den Nachkommen des Diebes zu. Mehr als 6 Mio. DM hatte die Wiederbeschaffung des Stiftsschatzes von Quedlinburg, einschließlich aller Honorare für Juristen und andere Mittelsmänner gekostet. Am 19. September 1993 wird die Wiedereröffnung der Präsentation des Stiftsschatzes in der St. Servatius-Kirche mit einem Festakt gefeiert. »Mit der Rückführung des Domschatzes hat die tausend Jahre alte Stadt im Herzen Deutschlands ihre Identität, ihre Seele zurückgewonnen«, schreibt der damalige Stiftspfarrer, Friedemann Goßlau, in seinem Buch. Das Hochgefühl der Stunde ist aus den pathetischen Worten des um die Rückgabe des Stiftsschatzes sehr verdienten Pfarrers deutlich genug herauszuhören. So lange ist das alles noch gar nicht her.

Überschaubar ist das, was vom Stiftsschatz nach den Verlusten der Jahrhunderte übrig geblieben ist, aber von kaum überbietbarer Qualität. Jedes dieser Stücke verdiente einen ausführlichen kunsthistorischen, vor allem aber auch – was bisher offenbar nicht geleistet worden ist – einen eingehenden theologischen Kommentar. Da ist das Samuhel-Evangeliar in der Vitrine 2, dessen Handschrift wohl aus dem süddeutschen Raum (9. Jahrhundert) oder das Otto-Adelheid-Evangeliar in Vitrine 3, dessen Handschrift aus dem Stift Quedlinburg selber stammen wird (um 1000). Die Buchmalerei, die sich vor allem mit den Texten der Heiligen Schrift beschäftigt, ist ja die Antwort des Westens auf den Bilderstreit der frühen Kirche, aus dem der Osten die Entwicklung der Ikonenkunst folgerte, die das im Abbild zu verehrende Urbild der heiligen Personen repräsentierte. Der Westen konzentrierte sich zunächst – sozusagen vorreformatorisch – auf das Wort der Bibel, durch das die Offenbarung Gottes zu den Menschen kommt. Und die Kunst beschäftigt sich auf lange Zeit mit der Ausschmückung des Wortes: Initialen werden sorgfältig ausgemalt oder mit Randzeichnungen versehen. Auch die Freskomalerei an Wänden und Decken oder die Tafelmalerei der Altäre ist überwiegend eine Nacherzählung der Geschichten, die man im Wort der Bibel findet. Die Spannung zwischen Osten und Westen kann man schön im Otto-Adelheid-Evangeliar sehen: Das byzantinische Elfenbeinrelief auf dem Buchdeckel fasst einen in Quedlinburg geschriebenen Bibeltext ein, das in solcher Detailfreudigkeit in westlichen Bibeltexten kaum je vorkommen würde. Manche von diesen Kunstgegenständen, die doch alle in liturgischem Gebrauch waren, wird aus dem Brautschatz der byzantinischen Prinzession Theophanu stammen, den sie bei ihrer Heirat mit Otto II. mit in die Ehe und in den Westen brachte.

Da sind die vielen Reliquiare, deren Inhalt – die Reliquien heiliger Frauen und Männer – für die Gläubigen im Realismus des Mittelalters so wichtig waren, dass sie an der heiligsten Stätte des Gotteshauses, im Altar, untergebracht wurden. Man wollte auch möglichst in der Nähe der Reliquien beerdigt werden. Die, die sich im Glauben bewährt haben, ziehen uns andere als Fürbitter und Fürsprecher im Glauben nach. Der Videofilm, den man vorne am Eingang der Kirche in einem Nebenraum sehen kann, versucht, Verständnis für die Reliquiengläubigkeit des Mittelalters zu wecken: Auch wir hängen an äußeren Dingen, die uns wichtig sind, weil sie die Erinnerung an entscheidende Situationen des Lebens enthalten. Aber ich muss gestehen: Reliquienkästen und Reliquiare ermüden mich zumeist. Da wird die innere Distanz des Protestanten zu den Reliquien eine Rolle spielen. Wenn man die Wirkmacht, aber oft auch die Glaubwürdigkeit des Inneren bezweifelt, wird das einen Schatten auf die oft prachtvolle Darstellung im Äußeren werfen.

Das geht mir völlig anders bei einer Reihe anderer Stücke aus dem Stiftsschatz von Quedlinburg. Den so genannten »Kamm Heinrichs I.« (7./8. Jahrhundert) sehe ich direkt im liturgischen Gebrauch der Einführung des Königs oder der Äbtissin. Selbst so handgreifliche Dinge wie das Kämmen der Haare wurden in Zeremonien ritualisiert. Das regt mich an. Den schlanken »Äbtissinnenstab«, den Otto III. seiner geliebten Schwester Adelheid zur Einführung geschenkt haben soll, sehe ich direkt in der Hand dieser schlanken Frau. Aber vielleicht war es auch eine Reliquie, nämlich der Bischofsstab des Hl. Servatius, dem Patron der Stiftskirche von Quedlinburg. Bischof von Tongern (Belgien) soll er im 4. Jahrhundert gewesen sein, sogar einer der Eisheiligen fällt am 13. Mai jedes Jahres auf seinen Todes- und Heiligentag. Vor allem aber erweckt der Alabasterkrug in Vitrine 4 meine freudige Phantasie. Einer der Krüge soll dies sein, in denen Christus bei der Hochzeit von Kana Wasser in Wein verwandelt hat. Ob das nun ein Gefäß aus dem 5. oder 6. nachchristlichen Jahrhundert (aus Syrien) ist, wie der etwas ältere Kirchenführer von St. Servatius behauptet, oder doch schon aus dem 1. nachchristlichen Jahrhundert stammt, wie der Sonderführer zur Schatzkammer sagt: Die Frömmigkeitsgeschichte, die damit verbunden ist, interessiert mich mehr. Wie sich der Glaube an die Wunderkraft Christi sofort an sinnlich erfahrbare Gegenstände hängt, das ist überraschend und phänomenal. Nicht zu einem Realbild, zu einem Sinnbild des Kana-Wunders wird der Krug für mich. Dieser Verwandlungskraft des Glaubens will ich meine volle Ehrfurcht erweisen.

Die Stiftskirche in Quedlinburg ohne einen Gang in die Krypta: Das geht einfach nicht. Aber die Renovierungsarbeiten sind in vollem Gange, bis Ende 2007 kommt man vermutlich nicht hinein. Der Baustellenleiter nimmt mich freundlicherweise mit und lässt mich einen Blick in die weite, niedrige Halle tun. Die Secco-Malerei an der Decke wird gerade restauriert. Die Säulen mit den vielen schönen Kapitellen sind alle eingewickelt, die Confessio sehe ich nur von weitem. Es muss ja auch noch etwas für künftige Ausflüge übrig bleiben: Das ist ein schwacher Trost, aber immerhin.

Dann gehe ich auf dem Weg, den früher die Heereszüge der Könige und Kaiser nahmen, vom Stift auf dem Burgberg zur St. Wiperti-Kirche hinunter in das Tal. Ein riesiger Königshof muss das früher um die Wiperti-Kirche herum gewesen sein, sicher waren manchmal 1000 Leute aus der Begleitung der Herrscher unterzubringen. Nur ein später Wirtschaftshof erinnert noch daran. Und eben: St. Wiperti. Als ich vor der Kirche auf den verabredeten Führer warte, fällt mir rechts eine Felsenformation auf. Felsengräber sind das, wird mir gleich Gottfried A. sagen, einige sogar doppelstöckig. Die einzigen Felsengräber im norddeutschen Raum sollen das sein. Sofort ist die Erinnerung an das Felsengrab Jesu da, und wenn ich noch munter genug wäre, würde ich mir das näher anschauen wollen.

Aber jetzt reicht die Kraft nur noch für die Krypta in der Wiperti-Kirche. Seit 1955 hat die katholische St. Mathildis-Gemeinde den Bau übernommen, hat ihn als Kirche unter sorgfältiger Bewahrung des alten Bestandes wieder herrichten lassen. Moderne Kirchenfenster des von mir sehr geschätzten Glasmalers Günter Grohs aus Wernigerode sind auch schon in Auftrag gegeben. Ehrenamtliche Führer wie Gottfried A. halten die Kirche für Besucher offen. Hinter dem Altar ein oben offener Raum, da ist die Tür in der Westwand der Krypta. Gottfried A. schaltet das Licht an, wir gehen hinein. Ich halte einen Augenblick vor Überraschung den Atem an: Ein unerwartet kleiner Raum. Das Maß des Menschlichen hat diese Krypta, und das nimmt mich noch einmal für die Ottonen ein. Nach neueren Untersuchungen ist die Krypta am Anfang des 11. Jahrhunderts in das Sanktuarium der kreuzförmigen

Basilika des Klerikerstiftes eingebaut worden. War der Anlass die Translation der Reliquien des Hl. Adalbert, die Otto III. nach seiner Pilgerfahrt von Gnesen nach Rom brachte, mit einem Zwischenstopp zum Osterfest in Quedlinburg? Wir wissen es nicht. Gottfried A. macht mich auf die seltenen Pilzkapitelle der Säulen aufmerksam, auf die Spolien, die Reste von Grabstelen, die in eine Säule und – auf dem Kopf stehend – mit Inschrift in die Außenwand des Umgangs hinter dem Altar eingefügt sind. Reste einer Ausmalung aus dem 13. Jahrhundert sind über dem Altar noch zu erkennen, eine Krönung Marias kann man mit einiger Phantasie erraten. Aber bei allen Einzelheiten: Die Krypta als ein Raum der Geborgenheit und Stille wirkt lange in mir nach.

Dann sitzen wir beide zum Abschluss des Tages im »Café Romanik« an der Rückseite des Burgberges und sprechen, bei Kaffee und Kuchen, noch über dies und jenes. Die Zahl der Einwohner von Quedlinburg hat infolge des Zusammenbruchs vieler Industriezweige erheblich abgenommen, ist von 29 000 auf unter 23 000 gesunken. Davon mögen 5000 zu den verschiedenen Kirchen gehören, 1200 sind Katholiken. »Man kennt sich als Christen in der Stadt«. Unter den veränderten Lebensbedingungen der Kirchen in den neuen Bundesländern muss Kirchenbesuch eine »Einladung zur Kirche« sein, davon ist er ganz fest überzeugt. Da hat er hier und da vorsichtige Kritik zu üben. Aber das bleibt im Detail dann besser unter uns.

»Faszination der Kulturlandschaft«

Michaelstein

Es ist der 1. Mai. Die Sonne wagt sich, nach langen trüben und kalten Tagen, endlich wieder einmal heraus. Wir fahren in »unsere Harzklöster«, um ein paar Aufnahmen zu machen. Am Kloster Ilsenburg treffen wir auf Bekannte aus Münster, die mit Freunden aus Göttingen mehrtägige Klosterbesuche in dieser Gegend machen. Im Kloster Drübeck haben sie gerade übernachtet. Sie murren über Ilsenburg, dass hier an einem Tag, »an dem alle Leute unterwegs sind«, die Kirche geschlossen ist. Ich versuche zu beschwichtigen, verweise darauf, dass die Stadt Ilsenburg, der die Klosterkirche gehört, mit bemerkenswertem Einsatz normalerweise die Kirche als »romanisches Museum« geöffnet hält. Wenn man vor einer verschlossenen Tür steht, helfen solche Hinweise wenig. Einen Mann mit einem Mountainbike frage ich, ob er auf den Brocken will. Auf den Brocken sei er gestern gefahren, in ein Schneegestöber sei er gekommen, minus vier Grad seien es gewesen, er wäre fast erfroren.

Im Kloster Drübeck ist alles offen. Wir staunen wieder einmal über die archaische Wucht der Kirche. Wandern über den »Herrenberg«, das Kloster mit den Türmen der Klosterkirche liegt so wunderschön eingebettet in das Dorf im Tal. Als wir einen neuen Film einlegen wollen, versagt unser Apparat, den wir gerade haben reparieren lassen. Wir versuchen, uns gegenseitig wieder in Stimmung zu bringen. Ich schwärme meiner Frau von den wunderbaren Fischteichen der Zisterzienser im Kloster Michaelstein vor. Dort eine Forelle essen und an den Teichen spazieren gehen: Das könnte der Höhepunkt dieses Tages sein.

Die Fülle der Autos, die jeden freien Platz auf dem großen Klosterhof von Michaelstein besetzen, stimmt uns bedenklich.

Vielleicht war es doch keine gute Idee, gerade an diesem Tag hierher zu fahren. Im Restaurant »Zum Klosterfischer« zuckt man nur die Achseln. Vielleicht könnten wir es in einer Stunde noch einmal versuchen. Das Personal wirkt genervt. Nebenan, an der »Imbiss-Theke« scheint es günstiger zu sein. Wir ergattern sogar noch einen Platz im Innenraum, an den Tischen draußen wird es doch auf die Dauer empfindlich kühl. Die Getränke kommen schnell. Dann beginnt die Wartezeit. Zwei junge Frauen an der Theke versuchen, dem Ansturm der Laufkundschaft und der Bestellungen der sitzenden Gäste Herr zu werden. Wir probieren es eine Zeitlang mit Humor. Scherzworte gehen von Tisch zu Tisch. Aufmunterung verbreitet sich, wenn jemand an einem anderen Tisch sein Essen bekommt. Allmählich kommen Paare herein, die draußen schon bestellt haben und ihr Geld zurückverlangen. Schließlich ist auch unsere Geduld zu Ende. Als es nach einer Stunde immer noch unabsehbar ist, wann unsere Forelle kommt, die beiden Damen auch auf Nachfragen nicht mehr reagieren, legen wir das Geld für unsere Getränke auf den Tisch und verschwinden einfach. »An bestimmten Tagen, auch an manchen Wochenenden, ist bei uns die Hölle los«, wird mir bei einem späteren Besuch die Restaurantchefin sagen. Für ein Klosterrestaurant ist das immerhin ein bemerkenswerter Satz. Also ist es doch nichts mit dem Titel der »vergessenen Klöster«? Als wir zu unserem Auto gehen, steht die Dame, die an der Kasse zum Kloster und zum Instrumentenmuseum sitzt, einsam und allein vor der Tür und raucht eine Zigarette. Aber auch wir gehen heute nicht dort hinein. Nicht nur zum Forellenessen, auch zu einem Gang um die Fischteiche ist uns die Lust vergangen. Wir fahren auf direktem Wege nach Hause, und werfen uns dort am Spätnachmittag ein paar Eier in die Pfanne.

Dabei ist das Kloster Michaelstein wirklich ein rundherum wunderbarer Ort. Im vergangenen September bin ich zum ersten Mal dort gewesen. Einfach zu erreichen ist das Kloster auch. An der Abfahrt »Blankenburg Zentrum« geht es von der B 6 herunter. Man braucht nicht nach Blankenburg hinein, gleich beim nächsten Kreisel ist Michaelstein ausgeschildert. Zum Ortsteil Oesig führt die Straße, der kirchlich seit dem Jahr 2000 mit der Kirchengemeinde Blankenburg vereinigt ist. Dann tauchen die ersten Teiche auf. In eine Sackgasse geht es hinein, die mitten auf dem Klostergelände oder vor dem Restaurant »Zum Klosterfischer« endet.

Mein erster Gang führt natürlich und überall in das Kloster, in die Klosterkirche oder in die Gebäude, die vom Kloster übrig geblieben sind. Das scheint in Michaelstein viel zu sein, der vorzügliche neue Klosterführer gibt darüber gute Auskunft. Vorne rechts sind die Klostergebäude, die Tür steht weit offen. Eine Dame sitzt an der Rezeption. Gleich links ist der Eingang in eine kleine Kirche, zu deren Besuch man noch keinen Eintritt bezahlen muss. Nicht die ursprüngliche Klosterkirche ist es; diese ist nach dem Bauernüberfall von 1525 und dem anschließenden Verfall der zerstörten Kirche spurlos vom Erdboden verschwunden. Mit der Einrichtung des 1717 etablierten Predigerseminars im Kloster Michaelstein hängt diese kleine Kirche zusammen. 1720 wurde die barocke Kirche mit Säulen, Orgelempore und Kanzel hinter dem Altar im Beisein des Herzogs von Braunschweig-Wolfenbüttel eingeweiht. Eine Grabtafel erinnert an die Äbtissin Beatrix I. von Quedlinburg (1027–61), die später hier im Kloster Michaelstein begraben wurde. Auf der Kanzel ist, die theologische Gelehrsamkeit lässt grüßen, »Jahwe« in hebräischen Lettern angeschrieben. Mich erheitern die beiden Kohleöfen mit Rohr in der Kirche. Doch, sagt die Dame an der Rezeption, die werden noch benutzt und gebraucht, auch wenn die Wärme mehr nach oben geht. Aber Gottesdienste gibt es in der Kirche nur bei besonderen Gelegenheiten.

Dann wandere ich durch den Kreuzgang. Aus einer Einsiedlergemeinschaft, den »Volkmarsbrüdern«, ist das Kloster entstanden. An einer Stelle war das, die etwas höher liegt und die man heute den Volkmarskeller nennt. Das Quedlinburger Stift hielt seine Hand über das neue Kloster, die Äbtissin Beatrix II. bezeichnete sich 1146 in einer Stiftungsurkunde als seine Gründerin. 1152 enthält die Bestätigungsurkunde des Papstes Eugen III. die erste eindeutige Erwähnung des Klosters als Konvent der Zisterzienser. Vom Kloster Kamp als Mutterkloster aus ist die Besetzung von Michaelstein unter der Leitung von Abt Roger mit der traditionellen Mannschaft von zwölf Zisterziensern vollzogen worden. Kluge Äbte muss das Kloster auch in der Folgezeit gehabt haben, die bei Schlichtungen gut einsetzbar waren. Groß ist das Kloster nicht geworden, Tochtergründungen hat es von hier aus nicht gegeben. Die Krankenpflege scheint ein Schwerpunkt der Arbeit im Kloster Michaelstein gewesen zu sein, und die Wissenschaft. Mit der Plünderung und Zerstörung durch den Bauernaufstand und der anschließenden Einführung der Reformation geht die Zisterzienserzeit zu Ende. Klosterschule, Predigerseminar, Kollegiatstift: Die übliche Karriere von Klöstern in evangelischen Landen zeichnet sich auch im Kloster Michaelstein ab.

Aber, trotz aller Wechselfälle der geschichtlichen Ereignisse: Erstaunlich viel hat sich aus der Zisterzienserzeit erhalten. Der Kreuzgang ist schlicht, in rohem, ungeputztem Stein, aber er geht rundherum. Man kann die Männer in ihrer grauen Ordenskleidung, oder dann später auch mit weißer Kukulle (»weiße Mönche«) meditierend im Geiste vor sich schreiten sehen. Das Refektorium ist, mit seinen Säulen, zum Vortragsraum umdisponiert. Kalefaktorium, Mönchssaal, Auditorium, Kapitelsaal, Armarium: Es ist alles noch da und es ist schlicht. Ein Arkadengang ist vor einen älteren Kreuzgang vorgebaut. In einer »Abtskapelle«, die ich zunächst für das Brunnenhaus halte, sind die einzigen gotischen Maßwerkfenster erhalten. Möglicherweise wurde hier, als Tonsorium, den Mönchen die Tonsur geschnitten.

Durch einen kleinen Gang gehe ich vom Kreuzgang hinunter in den Kräutergarten. An der sonnigen, windgeschützten Südseite des Klosters liegt er, ist ab 1990 nach alten Quellen aus dem 9. Jahrhundert neu angelegt, und ist einer der schönsten Kräutergärten, die ich kenne. Von den Duftkräutern geht es über die Färberpflanzen, die Zauberpflanzen bis zu den Sympathiepflanzen. Auch die Weinstöcke, die es damals noch gab, sind nicht ausgelassen. In den danebenliegenden Gemüsegarten schaue ich kurz hinein. Wer sich für das unermessliche Feld der mittelalterlichen Pflanzenkunde interessiert, wird Stunden – vor allem im späten Sommer und Herbst, wenn alles ausgewachsen ist – hier verbringen. Aber mich zieht es schnell zurück in den Kreuzgang. Im Kreuzganghof ist eine Eisenplatte als Bühne für Aufführungen gelegt. Ich setze mich, direkt daneben, auf eine Bank. Die Rosen am nördlichen Kreuzgang, die Marienblumen, die den Zisterziensern so besonders am Herzen lagen, blühen noch. Die Sonne scheint so schön darauf. Und auf einmal weiß ich, was mir fehlt an diesem Tag. Es fehlt mir die Musik.

Denn das Kloster Michaelstein ist ein Ort, der – wenigstens virtuell – bis an den Rand voll ist von Musik. In eine »Stiftung Kloster Michaelstein« ist der ganze Komplex überführt, die eine Reihe von musikalischen Institutionen auf dem Klostergelände beherbergt. Da ist das »Musikinstitut für Aufführungspraxis« vor allem des 17. und 18. Jahrhunderts, das eine Fülle von Publikationen herausgebracht hat und in jedem Jahr eine Reihe von Seminaren und Konferenzen in den Häusern des Klosters durchführt. Seminare für »Stilistik auf Streichinstrumenten« gibt es da, für Kontrabass, Violine, Violone da gamba, Laute, Flöte, einen Meisterkurs für Barockvioline, ein Seminar für Bühnenpräsenz, die Michaelsteiner Sommerakademie für Alte Musik, den Internationalen Sommerkurs und vieles andere mehr. Es sind alles Fortbildungskurse für Musiker. Sie finden, wenn man die gelegentlichen Abschlusskonzerte ausnimmt, unter Ausschluss der Öffentlichkeit statt. Da ist im Kloster die »Landesmusikakademie

Einige Zisterzienser-Teiche des Klosters Michaelstein.

Sachsen-Anhalt«, die einen regional weitgefassten Auftrag hat, aber mit dem »Musikinstitut für Aufführungspraxis« auch für das Veranstaltungsprogramm zeichnet. Im »Abtshaus« residiert die »Ständige Kommission Mitteldeutsche Barockmusik«. Im Westflügel des Klosters hat in den Räumen, die im 18. Jahrhundert für das Predigerseminar neu hergerichtet worden sind, die »Musikinstrumenten-Ausstellung« mit Instrumenten des 18. bis 20. Jahrhunderts ihren Ort gefunden. Aber wenn man nun meint, das ganze Kloster töne vom Morgen bis zum Abend von Musik, dann hat man sich getäuscht. Die Kurse finden offenbar alle in den hinteren Gebäuden des weitläufigen Wirtschaftshofes statt, in dem ehemalige Ställe und Scheunen zu Gästewohnungen, Proben- und Seminarräumen umgebaut worden sind. Öffentliche Konzerte gibt es, gelegentlich. Wenn, dann an den Abenden der Wochenenden. Ich habe bei meinen mehrfachen Besuchen im Kloster Michaelstein nicht einen Ton von Musik gehört. So bleibt die geistige Mitte dieses Klosters, obwohl es voll genutzt wird und die Kurse sich wechselseitig ablösen, für den Besucher seltsam leer. Wenn da im Refektorium oder im Kapitelsaal einmal geprobt würde, würden die alten Mauern erleichtert mitschwingen, stelle ich mir vor.

Ich gehe die Treppe hinauf in die Sammlung der historischen Musikinstrumente. Eine Musikgeschichte in nuce der letzten 300 Jahre kann man an der Entwicklung der Flöten, der Geigen, der Hammerklaviere, der Mandolinen und Harfen darstellen. Etwa 700 historische Instrumente umfasst die Sammlung, das ist viel. Von den Adelskapellen des 18. Jahrhunderts bis zur bürgerlichen Hausmusik im 19. Jahrhundert und der Volksmusik im 19. und beginnenden 20. Jahrhundert reicht der musikalische Instrumentenbogen. Ich nehme mir eine CD über die Entwicklung des Hammerflügels mit, die an sechs verschiedenen Instrumenten, die in der Sammlung vertreten sind, im Spiel verschiedener Stile von Mozart bis Debussy demonstriert wird. Ganz seltene Exemplare sind darunter, wie der Hammerflügel von Friedrich Kuhlbörs aus Breslau (um 1810); von diesem Hofinstrumentenbauer ist außer dem Michaelsteiner Flügel nur noch ein weiteres Instrument bekannt, das sich in London befindet. Aber ich merke: Ich kann zwar die Unterschiedlichkeit der Klänge heraushören; aber dieses mit dem jeweiligen technischen Entwicklungsstand zu kombinieren, dabei versagt mein musikalischer und instrumententechnischer Sachverstand. Ich müsste einmal eine Führung durch das Museum mitmachen, bei der auch einzelne Instrumente vorgeführt werden. Dazu aber müsste man mit einer angemeldeten Gruppe kommen. Die angebotenen Klangbeispiele helfen dem doch nur unvollkommen ab.

Ich schlendere über den weiten Klosterhof. Das barocke »Abtswohnhaus« ist heute das Klosterrestaurant, der »Cellarius«, bei dem man, wie mir Kenner versichern, den besten Kuchen im Kloster bekommen soll. Das stattliche Torhaus ist erhalten, von der danebenliegenden Kapelle für die Klostergäste gibt es nur noch Reste. Die hohe Mauer rechts mit dem leeren Raum lässt ahnen, dass Michaelstein mit dem Untergang der Klosterkirche sein eigentliches Zentrum verloren hat. Aus verschiedenen Autos steigen junge Menschen mit Musikinstrumenten, die in den südlichen oder nördlichen Stallgebäuden, die heute respektable Gästehäuser oder Seminarhäuser sind, verschwinden. Man ahnt das rege Klosterleben, ohne ein Teil davon zu sein.

Anders ergeht es mir in der großen Scheune, die die Wasserorgel des Salomon de Caus beherbergt. Stühle stehen dort, damit man nicht nur das räumlich große Werk der Wasserorgel studieren, sondern auch anhand eines Videos die Installation des Werkes in der Michaelsteiner Scheune und die Wasserorgel in Aktion erleben kann.

Der Franzose Salomon de Caus (1576–1626) war einer der großen Universalgelehrten seiner Zeit, ähnlich wie, einhundert Jahre später, der hannoversche Philosoph und Erfinder Gottfried Wilhelm Leibniz. Die Einbeziehung von »lustigen Maschinen« in die Produktion von »gewaltsamen Bewegungen« und von Musik interessierte ihn, wie der Titel seines Hauptwerkes von 1615 andeutet. Nach Anstellungen am Hofe des Statthalters der Niederlande und König Jakobs I. von England war er 1613 als Hofingenieur bei Friedrich V. in Heidelberg gelandet. Der Schlossgarten war zu gestalten. Dafür waren Maschinen zu entwickeln, die Figuren bewegen oder Musik erzeugen und so die fürstlichen Gäste bei ihren

Spaziergängen unterhalten konnten. Die geplante Wasserorgel kam nicht zur Ausführung, war aber von de Caus so genau beschrieben, dass sie 1998 in einem Forschungsprojekt der Technischen Hochschule Aachen nachgebaut werden konnte.

So arbeiten die beiden Werke: Ein doppeltes Wasserrad mit Umschlagmechanismus setzt die Figur der von Delphinen auf einem Wagen gezogenen »schönen Galathea«, eine der 50 Töchter des Meeresgottes Nereus, in Bewegung und zieht sie hin und her. Zur gleichen Zeit treiben zwei andere Wasserräder eine durch Stiftwalzen gesteuerte Orgel mit 62 Pfeifen an. Dass die schöne Meeresgöttin bedrängten Seefahrern zu Hilfe kommt, kann man durch die liebliche Orgelmusik gut nachvollziehen. Nicht nur eine hervorragende Präsentaton ist das hier in der Scheune von Michaelstein, die zumeist einmal im Monat durch eine Life-Vorführung der Orgel am Sonntag um 11.00 Uhr noch unterstrichen wird. Sondern auch das eigentliche Thema des Klosters Michaelstein ist damit angeschlagen: Wie Natur (Wasser) und Kultur zusammenkommen. Eben: Wie eine Kulturlandschaft entsteht.

Denn der Mittelpunkt von Michaelstein sind und bleiben für mich die Fischteiche der Zisterzienser. 20 Fischteiche hätten die Zisterzienser im 12. Jahrhundert angelegt, so heißt es in den Unterlagen. 17 dieser Teiche sind noch heute da. Ich kenne kein anderes Zisterzienserkloster, in dem die Landschafts- und die Wassergestaltung ein so eindrucksvolles Panorama bieten. In Terrassen steigen die Teiche bis zum Eckeröder Brunnen hoch, oder, wenn man von oben kommt, geradezu in Kaskaden gehen die Teiche den Hang hinunter. Der obere Teich hat jeweils einen oder mehrere Abflüsse in den unteren Teich. Das alles wird gespeist aus dem Wasser, das aus dem Eckeröder Brunnen kommt. Klug ist die Hanglage ausgenutzt, Dämme sind zwischen die einzelnen Teiche gebaut, und von jeder Höhe hat man den weiten Blick auf die unteren Teiche. Eine kultivierte Natur ist das per excellence, eine Kulturlandschaft. Unumgänglich erscheint es mir, in die geistigen Hintergründe vorzustoßen, die die Zisterzienser bewogen haben, diese Natur so kunstvoll zu bebauen und zu gestalten. Die einfachen materiellen Notwendigkeiten können das nicht allein sein. So viele Fische essen, wie man hier halten und fangen kann, konnten die Zisterzienser sicher selbst bei maximaler Klosterbesetzung nicht. Zumal Fische eher zu einer Fastenspeise als zu einem normalen Essen gehörten, das im Großen und Ganzen vegetarisch war.

Ein erster Schritt in ein tieferes Verständnis einer alten Kulturlandschaft ist die Wahrnehmung, dass für den mittelalterlichen Menschen und also auch für die Zisterzienser von Michaelstein Natur im eigentlichen Sinn immer die von Menschen gestaltete, nicht die unberührte Natur war. Mit dem Auftrag, Gottes Schöpfung »sich untertan zu machen« (1. Mose 1, 28) und sie also zu bebauen, zu ordnen und zu gestalten, ist der Mensch in seine Funktion und in seinen Auftrag als Gottes Ebenbild eingesetzt. Die unberührte und unbebaute Natur erschien den Glaubenden damals offenbar eher als ein Gleichnis der unerlösten Welt. Dabei hatte der Herrschaftsauftrag des Menschen gegenüber der Schöpfung und der Natur sicher immer auch der Fürsorge und der Bewahrung gegolten, wie man es von einem guten Herrscher erwarten kann. Die Zeit der rücksichtslosen Ausbeutung der Natur, wie sie für die Neuzeit kennzeichnend geworden ist, lag noch fern am Horizont.

Es war ein anderes kulturelles Klima, als wir es heute kennen. Die Gestaltung der Natur ist Mitwirkung am Schöpfungshandeln Gottes, das war die geistige Voraussetzung, von der auch die Zisterziensermönche an ihre Arbeit gingen. Die Hochschätzung der Handarbeit hatten die Mönche unter das Volk gebracht. Noch bei den Griechen und Römern war sie Sache der Sklaven. Ora et labora, die Arbeit war dem Gottesdienst gleichgestellt. Die vom Menschen durch seine Fertigkeiten vervollständigte Natur bekommt ein dynamisches Element, wird sogar zu einem Element der Heilsgeschichte, die an die baldige Wiederkehr des Herrn auf dieser Erde glaubt. Renovatio in melius heißt es in den lateinischen Schriften dieser Zeit: Eine Erneuerung der Welt zum Besseren, daran schaffen die, für die Christus die Mitte des Lebens geworden ist, mit allen Kräften mit. Die Verwandlung der Natur auch mit Hilfe neuer technischer Errungenschaften ist ein wichtiges Element darin. Das Entdecken wird entdeckt, die Euphorie technischer Erfindungen greift im 12. und 13. Jahrhundert um sich, und die Zisterzienser sind mit ihrer praktischen Ausrichtung die Speerspitze dieser geistigen Entwicklung.

Es ist spannend, diese und ähnliche Gedanken bei einem großen Theologen und Philosophen nachzulesen, der wahrscheinlich um 1100 bei Blankenburg, also unmittelbar in der Nähe unseres Klosters, aber kurz vor seiner Gründung geboren worden ist. In Hamersleben bei den Augustiner Chorherren hat er seine Ausbildung erhalten, ehe er nach Paris ging und dort Leiter einer Klosterschule wurde. Hugo von St. Viktor hat 1130 eine Schrift »Didascalicon« veröffentlicht, die schnell eine derart große Bedeutung bekam, dass noch heute nahezu 100 Handschriften aus diesen Jahren auf uns gekommen sind. Mit Sicherheit hat es eine Abschrift dieses Werkes auch in der Bibliothek des Klosters Michaelstein gegeben, hat man der Vorlesung dieser Gedanken während der Schweigemahlzeiten gelauscht. Zu den vier Fächern der Philosophie (artes) zählt Hugo erstmals auch die Mechanik, die für ihn die handwerkliche Tätigkeit wie die technische Entwicklung umfasst. Diese neue Disziplin, die von ihm in die traditionelle Dreiheit von Physik, Ethik und Logik eingefügt wird, verteidigt der Augustiner Chorherr leidenschaftlich. Nach dem Bilde der göttlichen Weisheit ist der Mensch gemacht, durch den Sündenfall ist dieses Bild zerstört. Nun kann alles menschliche Wissen und alle menschliche Praxis nur dazu dienen, »dass die menschliche Wiedereinsetzung in die Glückseligkeit in der Kenntnis und Liebe Gottes enden wird«. Die Verwandlung der Natur geht mit der Erneuerung des Menschen Hand in Hand, und beides mündet, mit Hilfe der Gnade, ein in die neue Welt, die Gott verheißen hat und in der Christus der Herr ist. Die endzeitliche Harmonie der ganzen Schöpfung wird zum Fluchtpunkt der Geschichte, an der der Mönch sozusagen als Full-Time-Mitarbeiter Gottes arbeitet.

Einen ganzen Nachmittag gönne ich mir dann noch, um diese Teichlandschaft des Klosters Michaelstein, die in der Interpretation Hugos als Ahnung einer anderen Welt nun wirklich eine Kulturlandschaft ist, auf mich in aller Ruhe wirken zu lasssen. Ein Fischzüchter aus dem Schwarzwald, Hans Z., hat das ganze Gelände, das früher einmal den hannoverschen Welfen gehörte, 1994 von der Treuhand übernommen. In den

Fischzuchtanlagen in Altenbrak und Rübeland am Harz werden die Fische aufgezogen. Im Restaurant »Zum Klosterfischer«, im festlich umgebauten »Schafstall« und an der »Imbiss-Theke« werden sie im Kloster Michaelstein serviert. Am Mittwochnachmittag bin ich sogar einen Augenblick lang allein im Restaurant. Lasse mir von der Chefin den Einzugsbereich der Gäste schildern, die vor allem aus den Städten im Westen, bis nach Braunschweig und Hannover hin, nach Michaelstein kommen. »Das Ambiente der ganzen Anlage schätzen unsere Gäste. Ruhe und Erholung können sie auf ihren Spaziergängen an den Teichen entlang und in den Wäldern finden«. Und natürlich: »Die verrückten Ideen unseres Küchenchefs« sind ein wichtiger Anziehungspunkt. Von Fried S., der dabeisteht, lasse ich mich dann auch noch gleich verwöhnen, esse ein Lachsforellenfilet mit einer Hummer-Garnelen-Sauce zu einem durchaus angemessenen Preis.

Dann breche ich auf zu einer langen Wanderung an den Teichen entlang und den Klostergrund hinauf. »Nicht nur die Forellenteiche sind es«, hat mir Hartmut P. vom Amt für Wirtschaftsförderung in Blankenburg eingeschärft. »Auch die Mühlen waren wichtig, mit denen die Zisterzienser die Wasserkraft genutzt haben. An dem Ort der ‚Historischen Gaststätte' war das Haus des Papiermüllers, kleine frühgotische Fenster aus dem 12. Jahrhundert sind dort immer noch zu sehen«. Auch der Mühlenwanderweg, der bis zur Regensteinmühle führt, beginnt an dieser Stelle. Unten die Angelteiche, in denen man mit einem Angelschein selbst angeln und Karpfen, Schleie, Forellen und andere Fische fangen kann. Dann geht es langsam hinauf, von Teich zu Teich. Dem Ehepaar mit der Ziege Lisa am Halsband begegne ich wieder, die sich ständig auf die Hinterbeine stellt und selbst die Ehefrau mit den Hörnern von unten angeht. Es ist mir fast, als sei ich mit dem allen schon lange vertraut. Einen Reiher auf Fischfang beobachte ich, der sich aber von mir sichtlich gestört fühlt. Und immer wieder der Blick auf die vielen anderen Teiche hinunter und zurück. Auf der Rückfahrt halte ich noch einen Augenblick bei den Teichen ganz unten an der Straße, wo die Nutrias, diese südamerikanischen Biberratten, sich im Wasser jagen und sich sogar bis vor meine Füße trauen. Nein, das Reich Gottes haben die Zisterzienser mit ihrer Arbeit an der

Naturverwandlung nicht herbeigeführt. Die Erneuerung des Menschen hat damit nicht Schritt gehalten. Aber die Geschichte hat einen langen Atem. Die Zisterzienser haben mit ihrer technischen Erfindungskraft nicht Gott in unsere Welt hineingezwungen. Aber sie haben, in einer solchen Landschaft ist das zu spüren, Gleichnisse des Ewigen geschaffen, die dem Menschen noch heute unendlich gut tun. Wenn er ein Auge dafür hat, und eine Seele, die das aufzunehmen und zu erfassen in der Lage ist.

»Seelenlandschaft und Gnadenorte«

Drübeck

In dem Führer des Klosters Drübeck sind ab 11.00 Uhr Klosterführungen angegeben. Aber im Äbtissinnenhaus sagt man mir, dass wegen der Ferienzeit die Anwesenheit der Mitarbeiter sehr reduziert sei, und die Dame für die Führungen erst ab 13.00 Uhr im Hause ist. Etwas ratlos verlasse ich das Haus, überlege einen neuen Tagesplan. Vor dem Äbtissinnenhaus steht eine prachtvolle Sommerlinde, überall sind Stühle und Tische im ganzen Gelände verteilt. Das lockt, sich einfach irgendwo hinzusetzen, zu träumen, nachzudenken, die sommerlichen Augusttage zu genießen. An einem der Tische sitzt eine Dame mit einem dicken Aktenordner, die offensichtlich auch im Augenblick nichts zu tun hat und auf jemand wartet. Ich spreche sie an. Es wird eine Begegnung, wie man sie wohl nur in der Gelassenheit eines Klosters haben kann.

Daniela S. heißt die Dame. Sie ist die Landschaftsarchitektin, die im Kloster Drübeck im Rahmen des Projekts »Gartenträume« die Revitalisierung und den Ausbau der alten Klostergärten leitet. Das Land Sachsen-Anhalt hat neben der »Straße der Romanik« und dem »Blauen Band«, der Elbe, das Projekt »Gartenträume« als dritte Säule des Landestourismus auf den Weg gebracht. Von den rund 1000 Gartenanlagen des Landes sind die 40 schönsten und bedeutendsten ausgewählt, die – mit finanzieller Unterstützung, auch von der Europäischen Union – ausgebaut und im Auftaktjahr 2006 wirkungsvoll präsentiert werden sollen. Barockgärten und Landschaftsparks, Stadtparks und Villengärten, das moderne Landart-Projekt Goitzsche bei Bitterfeld und natürlich die berühmten Dessau-Wörlitzer Parkanlagen gehören dazu. Und: Die Klostergärten im Kloster Drübeck. Daniela S. hat ein eigenes Planungsbüro in Magdeburg. »Ich habe, im kirchlichen Bereich, schon an der Neugestaltung von Domhöfen mitgearbeitet, aber das hier, im Kloster Drübeck, ist mein schönstes Projekt«.

Sofort sind wir bei der Atmosphäre dieses Ortes. »Solch ein Kraftplatz ist das hier«, sagt sie. »Man spürt einfach, dass das über die Jahrhunderte hinweg ein spiritueller Ort gewesen ist«. Alles weist auf die Bedeutsamkeit dieses Ortes hin. Sie zeigt auf die Linde direkt neben uns. »Aus sieben Stämmen besteht sie, die in ein Pflanzloch hineingesenkt worden sind. Ihnen als Theologen brauche ich nicht zu sagen, was die Zahl sieben bedeutet«. Wo wir gerade sitzen, war früher der Kreuzgang. »Ist das nicht noch zu spüren?«

»Waren Sie schon im Eibendom«, fragt Daniela S. mich plötzlich. Ich reagiere mit Unverständnis. »Dort drüben, hinter der Scheune der Domäne, im Garten der Äbtissin, sind vier 300 Jahre alte Eiben so gepflanzt, dass man hineingehen kann wie in einen Dom. Ich stelle mich oft dort hinein, ziehe mich auf mich selbst zurück. Wie man sich da auf einmal spürt!« Später am Tag gehe ich selbst dorthin. Man hört gelegentlich die Autos, die nebenan auf der Straße fahren. Aber die Stille setzt sich durch. Es ist, als ob die Mauern, die das Kloster – auch noch mehrfach – abgrenzen, alles abwehren, was von draußen kommt und ein Stück einer paradiesischen Ruhe einkehren lassen. Ein ganzes Stück Illusion ist das natürlich heute, aber der Mensch lebt von Imaginationen und alten mythischen Bildern.

»Oder nehmen Sie das Wasser«, sagt Daniela S. »Drübeck, das kommt von den drei Bächen, die früher durch das Kloster flossen und sich an diesem Platz begegneten«. Als Platz der Begegnungen der Wasserläufe war das ein Platz des Segens. Wenigstens den »Nonnenbach« will sie erkennbar machen, damit er auch für die Besucher des Klosters sichtbar wird. Die Frauentradition ist ihr wichtig an diesem Ort. Sisu, die mittelalterliche Einsiedlerin vor den Toren des Klosters, von der ich zum ersten Mal höre. Die Benediktinerinnen hier, auch in Quedlinburg und in anderen Klöstern: »Sie haben geschrieben, gearbeitet, gebetet«. Und dann die Kirche mit dieser Kraft und dieser ungeheuren Resonanz. »Die Obertöne fliegen nur so um einen herum«. »Man kann sich überall hinstellen, beispielsweise an diesen Baum, und sagen: Nun erzähl doch mal«.

Auf ihr Projekt im Kloster Drübeck will ich endlich kommen. Das Jahr 1737 scheint ein wichtiges Datum in Drübeck zu sein. Aus diesem Jahr gibt es einen historischen Gartenplan. Überhaupt sind diese Jahre zwischen 1720 und 1740 für die heutige Gestalt des Klosters Drübeck entscheidende Jahre gewesen. Seit 1687 gehörte das Kloster Drübeck zum Besitz der Grafen von Stolberg-Wernigerode. Graf Christian Ernst zu Stolberg-Wernigerode, der in jenen Jahren an der Regierung war, nahm als leidenschaftlicher Anhänger des Pietismus seine Pflichten in Drübeck ernst. Eine geistliche Erneuerung des Klosterlebens war seine vordringliche Zielsetzung, etwa auch durch die Einführung von zwei zusätzlichen Predigten pro Woche, an denen alle Klosterdamen teilnehmen mussten. Auch die äußere Gestalt musste dem inneren Geist entsprechen. Das Äbtissinnenhaus wurde als »Fräuleinhaus« in diesen Jahren gebaut, der Hof davor mit der Pflanzung eben dieser herrlichen Linde neu gestaltet, die Wirtschaftsgebäude neu aufgeführt. Und eben mit diesem Gartenplan von 1737 wurde der Klostergarten neu angelegt. Freilich: Es waren nur noch fünf Kanonissen, wie man die Stiftsdamen nach französischem Brauch damals nannte, und eine Äbtissin. Der kleine schwarze Stall hinter der Linde wird mir später gezeigt, den ich anfangs glatt übersehen habe, mit den sechs Türen: Das Toilettenhaus der sechs Damen war das, alles schön aufgeteilt.

Daniela S. nimmt mich mit zu den fünf Klostergärten der Kanonissen hinter dem Äbtissinnenhaus und dem Ostchor der Kirche. »Wir haben versucht, ein Stück der Historie wieder lebendig zu machen«, sagt sie. »Das Alte bewahren: Wenn wir es nicht tun, wer wird dann darauf achten? Seine verborgene Kraft sichtbar machen: Ist das nicht ein lohnendes Unterfangen?!« Archäologische Untersuchungen hätten nicht nur die Reste der abgebrochenen Ostapsis der Kirche zutage gefördert, sondern auch die alten Mauern der Gärten aus dem 18. Jahrhundert. Auf den Flächen der alten Mauern hat man neue Mauern hochgezogen. Das kann ich nun selbst sehen: Sauber durch Mauern abgegrenzt sind die fünf Gärten, und am Ende jedes Gartens steht ein kleines »Bethaus«, das man in einem säkularen Umfeld wohl als »Lusthaus« bezeichnet hätte: Mit Kanapee und Tisch, aber nun eben auch mit einer Gebetsbank und mit einem nachdenkenswerten Wort an der Wand. Besucher des Klosters, die ihre Einkehrtage halten, werden später dann das Haus für ein paar Tage beziehen und den Garten beackern können. Auch den »Bleichgarten« an der Stelle des früheren Nordschiffs der Kirche bekomme ich noch zu sehen. Den Garten der Äbtissin suche ich später auf.

Längst ist mein Beschluss gefasst, im Kloster Drübeck eine Weile zu bleiben und hier mein Mittagessen einzunehmen. Nicht die geringsten Schwierigkeiten macht es, sich für das Essen noch anzumelden. Nicht gerade billig ist es, aber dafür gibt es vier Gänge von vorzüglicher Qualität. Auf Niveau legt man wert, die Wirtschaftsführung muss finanziell auskömmlich sein. Wir nehmen unser Essen aus dem Speisesaal mit nach draußen, auf die Tischreihen vor dem Westwerk der Kirche, wo die Sonne wunderbar scheint. Viele machen es uns nach. Man muss den Sommer nutzen, wo er sich zeigt. Während wir essen, flirren oben am Turm die Falken.

Ich laufe nach dem Mittagessen allein durch das Kloster. Ein großer Komplex von Gebäuden ist das, in dem ich mehr und mehr die Orientierung finde. Um das tief ausgehobene Westwerk der Kirche mit den beiden hohen Türmen ist, im rechten Winkel, der einzige Neubau angelegt, das »Eva Heßler Haus«, in dem wir gerade gegessen haben und in dem sich auch die Gästewohnungen befinden. Südlich davon, im ehemaligen Amtshaus, ist das »Haus der Stille« untergebracht. Pastor Armin B., der 25 Jahre lang der ökumenischen Gemeinschaft von Taizé in Burgund angehörte, leitet dieses Zentrum der Einkehr und der Meditation. Im »Äbtissinnenhaus« sind das Pastoralkolleg der Kirchenprovinz Sachsen, das Pädagogisch-Theologische Institut und eine gemeinsame Bibliothek untergebracht. Locker im Klostergelände sind weitere Gästehäuser, auch eine Brauerei mit Weinkeller verstreut. Geschäftig gehen Menschen von Haus zu Haus oder sitzen ruhig auf einer Bank oder an einem Tisch. In der Scheune schaue ich mir eine Ausstellung eines Künstlers aus dem Schwarzwald an. Die berühmte Krypta wird gerade renoviert, durch ein Fenster kann ich die Kapitelle mit den Pferden und den Bäumen gerade noch erblicken. Die Kirche umfängt mich mit ihrer Weite und Schlichtheit wie eine gute Hand, in der man geborgen ist. Vorne, in der Westapsis, wo man bei dem »Brennenden Dornbusch« seine Kerzen unterbringen kann, die eindrucksvolle Christusgestalt am Kreuz: Ganz lange

Die Klosterkirche Drübeck, von den Stiftsgärten aus gesehen.

Beine mit den Nägelmalen an den Füßen, und oben nur die ineinander geschlungenen Hände. Ein kleiner Ausstellungsraum im Turmaufgang mit archäologischen Funden. Es ist alles liebevoll und mit Sorgfalt gestaltet in diesem Kloster.

Draußen schwingt sich gerade Dr. Matthias H., der Leiter des Pädagogisch-Theologischen Instituts auf sein Fahrrad, um vom Kloster Drübeck zu seinem Wohnort Braunschweig zu fahren. Einmal im Jahr macht er diesen schönen Weg an der Oker entlang, drei Stunden braucht er dazu. Mit zweien seiner Mitarbeiterinnen bringt er mich noch zusammen, die intensive Klostererfahrungen haben. Susanne D. drückt mir ein schriftliches Szenario zur Drübecker Klostergeschichte in die Hand »Von Benediktinerinnen und Stiftsdamen«, das sie für einen »Abendlichen Rundgang durchs Kloster mit frommer Belehrung an acht Stationen« im Jahr 2003 geschrieben hat. Sie und Heide A. gehören zu den drei Familien, die im Kloster wohnen. Lauter einzelne Momente fallen ihnen ein. »Wenn am Sonntagabend die Touris, die manchmal mit ganzen Bussen einfallen, abgezogen sind. Und die Kinder der drei Familien, die hier leben, draußen spielen. Das ist für einen Augenblick eine heile Welt. Wenn es das nicht gäbe, würde man mit den Schwierigkeiten, die es auch gibt, nicht so gut fertig werden«. Oder: »Wenn die Klosterkirche mit Kerzen erleuchtet ist«. Oder: »Der Blick von oben auf das Kloster. Die Klosterkirche liegt so wunderbar in der Mitte. Generationen haben da gelebt, gebetet und gearbeitet. Wir leisten uns das zwischendurch, dorthin zu gehen und zu schauen, da kommen wir jetzt auch gerade her«. Überhaupt: Die Klosterkirche. Sie ermutigt zum Singen. »Ich habe keine große Stimme«, sagt die eine, »aber da fühle ich mich auf einmal groß«. »Wir haben gesungen«, schreiben die Leute manchmal einfach in das Gästebuch. »Vier Jahre bin ich jetzt hier«, sagt die andere, »und noch immer gibt es Neues zu entdecken. So habe ich erst kürzlich gesehen, dass der Türklopfer am Südturm die Form einer Schlange hat. He, Schlange, habe ich zu ihr gesagt, warst du schon immer da?«

Je mehr ich mich in die Geschichte Drübecks, auch in die Geschichte anderer Frauenklöster und -stifte, wie Burchardi Halberstadt, Badersleben, Hedersleben, Gernrode oder Quedlinburg vertiefe, umso deutlicher merke ich, dass das Thema »Frauen und Klöster des Mittelalters« ein Schlüsselthema ist. Die Frauenklöster des Mittelalters sind ganz offensichtlich ein wichtiger Schritt auf dem Wege zur Emanzipation der Frauen. Die geistliche und moralische Verfallszeit vieler Klöster im späteren Mittelalter, aber auch die neue Rollenzuweisung der Frau als Mitte der Familie in Reformation und bürgerlicher Kultur haben uns offenbar den Blick darauf verstellt. Das starke Engagement vieler Frauen in den Kirchen heute ist vielleicht doch auch eine späte Folge des geistigen Aufbruchs, den viele Frauen früher in den Frauenklöstern und Damenstiften erlebten.

Klaus Schreiner hat einen höchst instruktiven Aufsatz geschrieben mit dem Titel »Konnte Maria lesen?« Ausgangspunkt dieser Recherche über die mittelalterliche Frauenbildung ist die Beobachtung – deren Bedeutung auch mir bisher entgangen ist –, dass die Darstellung der »Annuntio Mariae«, des Besuchs des Erzengels Gabriel bei Maria mit der Übermittlung der bevorstehenden Geburt Jesu, Maria häufig mit einem Buch in der Hand beschreibt. Konnte Maria lesen? Für die Maria zur Zeit Jesus ist dies höchst unwahrscheinlich. Aber längst ist die lesende Maria im frühen und hohen Mittelalter zu einer »Symbol- und Legitimationsfigur« geworden. Als Vorbild für eine Lebensführung zu der Bücher gehören, ist die lesende Maria gerade auch als Frau geworden. Wenn man nicht zum Adel gehörte, bei dem eine hohe geistige Kultur der Frauen selbstverständlich war – im Gegensatz zu vielen Männern, die ihr Selbstbewusstsein in der Kriegslust suchten: Dann musste man ins Kloster gehen. Ja, der Eintritt in ein Kloster galt gegenüber dem Eheleben mit einem ungeliebten Mann, mit ständigen Schwangerschaften und Geburten und einem frühen Tod im Kindbett offensichtlich über Jahrhunderte hinweg als eine wünschenswerte Alternative.

Nicht nur die Geschichte des Minnesangs zeigt die dominierende Rolle der Frauen in der mittelalterlichen Literatur. Auch die Entstehung religiösen Schrifttums in der Volkssprache ist vornehmlich auf das geistige und religiöse Interesse der Frauen zurückzuführen. »Frauen, die im hohen und späten Mittelalter viel und nur lesen wollten, gingen ins Kloster« (K. Schreiner).

Diese Suche nach einem Vorbild mag einen Teil der Marienverehrung erklären, die sich gerade auch in den Frauenklöstern fand. Was kann man denn noch gegen die Bücher und die Bildung sagen, wenn selbst die Mutter des Herrn bei der Geburtsankündigung des Weltenretters gerade in einem Buch las?! Solche Hintergrundsdeutungen könnten auch mich fast mit der Marienverehrung, zumindest des Mittelalters, versöhnen!

Ja, die Frauen und die Klöster. Einer Frau vertraue ich mich an, um noch einmal durch das Kloster und durch seine Entstehungsgeschichte zu gehen. Eine echte Drübeckerin ist Renate E., sie hat heute eigentlich einen freien Tag. Erst einmal sitzen wir wieder an dem Tisch unter der Sommerlinde, das ist heute der Ort meiner Gespräche. Immer wieder unterbricht sie sich. »Sehen Sie den Kleiber da am Baum?! Und wie der hackt, ganz wie ein Specht«.

Was man im Dorf über das Kloster denkt? »Das Dorf hat nur das Kloster«, sagt sie. »Es gibt sonst nichts«. »Die Gemeinde stärkt uns den Rücken, der Bürgermeister tut, was immer er nur kann. Zum Beispiel den großen Parkplatz am Kloster hat die Gemeinde eingerichtet«. Die vielen Veranstaltungen im Jahr bringen Leben in das Dorf. Die guten Konzerte, die Osternacht, Pfingsten. Oft mit Kaffee, Kuchen und Musik, das ganze Dorf ist da eingeschlossen. Und dann die »Romantische Nacht« am ersten Sonnabend im August. Ein dickes Programm gibt sie mir mit für die Veranstaltung. Von 18.00 Uhr bis 1.30 Uhr geht die Nacht, mit Musik draußen und drinnen, Kochkünsten jeder Art, Erzählrunden, Meditation, Japanischer Teezeremonie, Kerzenschein, Bläsermusik im Turm und Nachtgebet. Romantisch angezogen kommen viele Leute, die Frauen mit ausladenden Hüten und entsprechenden Kleidern. Trotz Kälte und Regen seien in diesem Jahr 1800 Menschen gekommen, die phantastische Stimmung war durch die Umstände eingetrübt, aber in keiner Weise verdorben.

Dann steigen wir ein in die Historie. Von den beiden Gründungsdaten des Benediktinerinnenklosters hält sie 960 für das wahrscheinlichere. Eine Urkunde gibt es, die die Gründung des Klosters durch die Gräfin Adelbrin und ihre Brüder Theti und Wiker auf den 26. Januar 877 datiert und von König Ludwig III. in Frankfurt/Main unterschrieben ist. Die Gräfin Adelbrin soll dann auch die erste Äbtissin des Klosters Drübeck gewesen sein. Aber die Urkunde ist offensichtlich eine Fälschung des 11. Jahrhunderts. Allzu durchsichtig ist das Interesse, das dahinter steht: Der am gleichen Tag für das Kloster Gandersheim ausgestellte Immunitätsbrief ist fast wortwörtlich abgeschrieben. Man wollte mit diesen bedeutenden Klöstern wie Corvey oder Gandersheim auf einer Stufe stehen. Immerhin macht es doch nachdenklich, dass die Klosterkirche Drübeck dem Heiligen Vitus geweiht ist, der in Corvey seit 836 verehrt wurde. So bleibt in dieser Frühgeschichte des Klosters doch manches im Dunkeln.

Ein sicheres Datum aber ist der 16. September 960. An diesem Tag ist eine von Otto I. ausgefertigte Urkunde unterschrieben, die dem Kloster erhebliche Schenkungen zukommen lässt. Kurz vorher mag das Kloster gegründet worden sein. Renate E. erzählt mir die aufregende Geschichte aus dem Jahr 2003. Sie war allein an einem Wochenende im Kloster. Ein Anruf kam: Im Internet gäbe es einen Hinweis, dass am Montag in Basel die Versteigerung eben dieser Urkunde für 250.000 Schweizer Franken anstünde. Sie wusste sich nicht anders zu helfen, als in Magdeburg bei der Landesregierung auf einem Anrufbeantworter einen entsprechenden Hinweis zu hinterlassen. Tage später kam der Rückruf aus Magdeburg: »Wir haben's gemacht«. Die Urkunde ist jetzt in Magdeburg im Landesarchiv. Im Jahr 2010 wird also das Kloster Drübeck, wenn man sich an dieser Urkunde orientiert, 1050 Jahre alt.

980 befreit Kaiser Otto II. das Kloster von der Gerichtsbarkeit der Bischöfe, Grafen und Richter, gesteht der Äbtissin das Recht zu, den Schutzvogt des Klosters frei zu wählen und erlaubt dem Konvent die freie Wahl seiner Äbtissin. Das war eigentlich nur den kaiserlichen Musterklöstern von Gandersheim und Quedlinburg zugestanden. 1004 bestätigt König Heinrich II. noch einmal diese Privilegien. 1058 übereignet König Heinrich IV. das Kloster dem Bistum Halberstadt. In hohem Ansehen scheint das Kloster damals gestanden zu haben, wie die Bitten um Entsendung geeigneter Klosterfrauen

bei Neugründungen von Klöstern an die Drübecker Adresse zeigen. Seit dem 13. Jahrhundert finden auch Frauen bürgerlicher Herkunft Aufnahme in den Konvent, werden sogar als Äbtissinnen gewählt. Der Niedergang der Klöster im späten Mittelalter geht auch an Drübeck nicht vorbei. Die Sage von dem Mönchsgraben, dem angeblichen unterirdischen Gang (den es nicht gibt) zwischen dem Benediktinerinnenkloster Drübeck und dem Benediktinerkloster Ilsenburg, die noch heute in der Bevölkerung lebendig ist, wird nicht ganz frei der lustvollen Phantasie entsprungen sein.

Über die Zahl der Nonnen im Mittelalter weiß Renate E. nichts Sicheres zu sagen. 40 Benediktinerinnen höchstens, vermutet sie, vielleicht auch nur 20 bis 30. Die Reformation hält Einzug, am nachdrücklichsten mit den Bauernunruhen, die das Kloster verwüsten. »Spieß voran, drauf und dran, setzt aufs Klosterdach den roten Hahn«, ist das Motto der Aufständischen. Als der Bauernsturm im Mai 1525 Drübeck erreicht, flieht die Äbtissin Katharina von Stolberg zu Pferde zu ihrem regierenden Bruder Botho auf das Schloss in Wernigerode. Die Nonnen finden Unterkunft im Dorf. 1527 ziehen 20 Personen, mit der Äbtissin, wieder in das zerstörte Kloster ein. Die Reformation ist auch hier ein langsamer Prozess. Die Söhne Graf Bothos studieren in Wittenberg, der neue Glaube fasst auch in Drübeck Fuß, die Nonnen legen ihre Tracht ab, das Abendmahl wird unter beiderlei Gestalt gefeiert. 1687 geht das Kloster Drübeck offiziell in den Besitz der Grafen von Stolberg-Wernigerode über.

Eine Episode aus dem Jahr 1599 bleibt bei mir hängen, die auf die Spannungen zwischen Dorf und Kloster in der damaligen Zeit verweist. Drei junge Drübecker zünden, aus Rache, die Ställe und die Klostermühle an. Das Vieh verbrennt, auch der Müller und das eineinhalbjährige Kind kommen um, die Müllerin überlebt schwer verletzt. Zwei der drei Täter können, offensichtlich in Richtung Lüneburg und Lübeck, fliehen. Der dritte, mit dem sprechenden Namen Heinrich Eseltreiber, wird gefasst und am 26. September 1599 »hinter dem Mühlwasser geschmauchet« – was immer das heißen mag.

Der Dreißigjährige Krieg bringt, je nach Kriegslage, verschiedene Rekatholisierungsversuche. Das Kloster aber bleibt bis 1945 ein »Evangelisches Damenstift«, die letzte Äbtissin ist erst 1955 gestorben. 1947 übernimmt die Diakonie das Kloster, führt ein Erholungsheim. Nach der Wende ist von 1991 bis 1995 »alles verbrettert«. 1996 wird das »Evangelische Zentrum« eröffnet.

Noch einmal gehe ich mit Renate E. durch die Kirche. Eindrucksvoll ist sie immer wieder in ihrer Schlichtheit, mit dem Echternacher oder Rheinischen Stützenwechsel und den Korinthischen Blattkapitellen. Beim Eingang zeigt sie auf die Steine: Aus Rogenstein ist die dreischiffige Basilika im 10. Jahrhundert (noch ohne Westwerk) gebaut. Kalkablagerungen sind das im Stein, die aussehen wie Fischrogen. Hier in der Nähe wird der Rogenstein abgebaut. Im 12. Jahrhundert kommen Westwerk und Kreuzgang hinzu. Das nördliche Seitenschiff muss zerstört und abgetragen worden sein, auch von den 5 Apsiden sind nur noch zwei vorhanden. Der Hohe Chor ist gekürzt. 1953 werden bei den Restaurierungen der Bauschutt in der Kirche 1,15 Meter abgetragen und die Sockel der Säulen sichtbar gemacht. Auch die flache Holzdecke ist damals eingezogen worden. Erst kürzlich ist außen das Westwerk und der Ansatz des Kreuzgangs freigelegt worden.

Einen Augenblick stehen wir noch vor dem spätgotischen Altar, der aus der Dorfkirche stammt: Der Hl. Vitus, der Ortsheilige, ist der zweite von rechts mit dem kurzen Rock. Bei seinem Mätyrertod 304 in Rom oder Sizilien soll er erst sieben Jahre alt gewesen sein. Gegen Tollwut, Krämpfe, Epilepsie, Unwetter und Feuersgefahr soll der Heilige helfen. Auch zur Bewahrung der Keuschheit. Das Letztere kann ich mir bei einem Siebenjährigen am besten vorstellen.

Gespräche mit drei Personen habe ich noch auf meiner Tagesordnung, die den Geist von Drübeck in besonderer Weise geprägt haben und ihn noch heute prägen. Thomas B. arbeitet im Kirchenamt der »Evangelischen Kirche in Deutschland« in Hannover, war früher Finanzdezernent der »Kirchenprovinz Sachsen« in Magdeburg. »Wer je in Drübeck war, dem bleibt die Sehnsucht«, zitiert er am Anfang unseres Gesprächs aus einem Bildband über die romanischen Kirchen Mitteldeutschlands. 1993, erinnert er sich, gab es in Magdeburg die ersten Diskussionen. Das Diakonische Werk, das ein Ferienund Erholungshaus in Drübeck betrieben hatte, schreibt der Kirchenleitung einen Brief: Nehmt ihr es, wir können es nicht halten. Im gleichen Jahr führt Thomas B. Kollegen eines gesamtdeutschen Ausschusses durch den Harz und auch nach Drübeck. Drübeck ist schon geschlossen. Ein westdeutscher Kollege sagt: »So was kann man nicht geschlossen halten«. »Das war wie ein Stachel«, sagt Thomas B. heute. Die Zusammenlegung verschiedener kirchlicher Einrichtungen wird diskutiert, das »Katechetische Seminar« (jetzt: »Pädagogisch-Theologisches Institut«) in Wernigerode; die »Theologische Hochschule«, die während der DDR-Zeit »Katechetisches Oberseminar« heißen musste, in Naumburg. 1993 muss die Hochschule aus Finanzgründen geschlossen werden, »einer unserer größten Fehler«. Das »Retraitenhaus« in Möser (jetzt »Haus der Stille«). Naumburg wird als Standort favorisiert, aber Drübeck gewinnt. »Da hat wohl der Heilige Geist seine Hände im Spiel gehabt«, meint Thomas B. Das »Pastoralkolleg« kommt später in Drübeck noch dazu.

Er rechnet der Synode vor: Durch die Zusammenlegung der Bildungseinrichtungen haben wir im Jahr 400.000 DM gespart, in zehn Jahren sind das vier Millionen. Dafür können wir Drübeck entwickeln. Immer kleine Bauschritte habe er den Synodalen vorgelegt, damit sie nicht vor der Größe des Projektes und der Ausgaben erschrecken. Die Kirche war schon vorher durch eine Stiftung saniert. Eine Finanzspritze aus den westlichen Partnerkirchen gab den Startschuss. Der Bau des »Eva Heßler Hauses«: In einer harztypischen Holzkonstruktion einen Innenhof nachbilden, die sich zurücknimmt und der Kirche keine Konkurrenz macht. Das war die Idee und ist auch so gelungen. Die Sanierung des Hofes um die Linde herum sollte 1,5 Millionen kosten. Das kriegen wir hin, sagte der Architekt. Über den Landrat kamen ABM-Kräfte. Auch die Absenkung des Geländes um die Kirche herum hat wieder eine Million gekostet. Das sei schon nach seiner Zeit in Magdeburg gewesen. Die gute Begleitung des Bauamtes in Magdeburg vergisst er nicht.

Auf eines ist Thomas B. noch besonders stolz. Drei unselbstständige Einrichtungen leben miteinander im Kloster Drübeck:

Das »Pädagogisch-Theologische Institut«, das »Pastoralkolleg«, das »Haus der Stille«. »Ich habe dafür gesorgt, dass ein vierter Bereich gleichberechtigt dazukommt – der Wirtschaftsbereich«. Das ist wahrscheinlich noch immer nicht leicht. Der Wirtschaftsbereich muss wirtschaftlich autark arbeiten, das sei wichtig. Das ganze Konzept ist so ausgedacht, dass es sich wirtschaftlich trägt. »Das Essen ist ein Highlight im Leben von Kloster Drübeck«. Aber: »Die geistliche Ausstrahlung des Klosters ist das Entscheidende«. – Als ich Thomas B. sage, dass er eigentlich doch wohl der »Vater des Klosters Drübeck« ist, da widerspricht er nicht. »Ich habe die Entwicklung ziemlich laut aus dem Hintergrund begleitet«. Und: »Das Geld musste ich beschaffen«.

Ein längeres Gespräch mit Brunhilde L.-L., der Wirtschaftsleiterin des Klosters herbeizuführen, ist nicht leicht. Ständig klopft jemand an der Tür, klingelt das Telefon. Aber dann ist sie ganz da. In der DDR ist sie aufgewachsen, von der Wendezeit ist sie geprägt. Dem »Verein gegen das Vergessen« hat sie sofort angehört, leidenschaftlich involviert ist sie in den neuen Prozess, der seitdem begonnen hat. »Danke für die Zeit, die uns geschenkt ist«, sagt sie einfach.

Eine Brücke zwischen Kirche und Gesellschaft, das ist für sie die Arbeit des Klosters Drübeck. »Leute, vergesst bei all eurer Arbeit nicht den Menschen«, schärft sie ihren Mitarbeiterinnen ein. Die Tradition der Gastfreundschaft, die die Klöster immer auszeichnete, die wollen sie weiterführen. »Die Kirchenglocken läuten das weit in das Land hinein: Wir sind täglich da«. Einen Raum des Vertrauens schaffen für die Menschen, die nach ihren Wurzeln suchen, das wird gebraucht. Die Kunst ist dabei wichtig, Kunstausstellungen, Lesungen, Vorträge, alles wirkt mit. 53 Zimmer mit 76 Betten hat sie anzubieten, auf 17 000 Übernachtungen sind sie im letzten Jahr gekommen. An den Wochenenden ist oft großes Gedränge; als meine Frau und ich einmal kurzfristig anfragten, bekamen wir kein Zimmer mehr. Als der gute Geist des Klosters Drübeck erscheint mir Brunhilde L.-L. Eine enorme Kraft braucht man, merke ich, um den Belastungen und Herausforderungen eines lebendigen Klosterzentrums heute standzuhalten.

Im Gespräch mit Dr. Gerhard B., dem Leiter des »Pastoralkollegs« und dem Bruder von Thomas B., kehrt sofort Ruhe und Gelassenheit ein. Ich schaue ihn auch gerne an, mit seiner großen Gestalt, dem langen Bart und dem herzlichen Lachen im Gesicht. Er legt sofort los. Im März 2006 habe er zu einem Pastoralkolleg eingeladen mit dem Titel »Seelenlandschaft und Gnadenorte«. »Unsere Seele braucht Landschaften«, sagt er, »unsere Geschichte braucht Orte. Und unsere Biographie braucht beides, wenn wir uns nicht verlieren wollen in dem Strom der Zeit«. Seelenlandschaften und Gnadenorte suchen wir überall: In der Heiligen Schrift, in uns selbst und in unserer Umgebung. Es gibt einfach Orte und Augenblicke, die dem Himmel näher sind als andere. »Drübeck ist für mich solch ein Ort, an dem die Seele gesund wird. Du brauchst in der Kirche, in der Taizé-Andacht am Abend vielleicht, nur vierstimmig zu singen. Mehr musst du gar nicht machen. Es ist alles geschehen und gesagt, was getan werden muss«.

Wir haben das Kloster Drübeck mit seinen Institutionen geplant, sagt Gerhard B., ohne weiter an die Kirche zu denken. Auf einmal erleben wir: Der ganze Ort ist von dieser Kirche bestimmt. Die Kirche prägt alles, was hier geschieht. »Sie weist uns auch als Mitarbeiter unseren Ort an: Wir brauchen die Begegnung der Menschen mit Gott nicht zu schaffen. Wir können das auch gar nicht. Wir müssen nur darauf achten, dass wir die Chance für Menschen, Gott hier zu begegnen, nicht verhindern«.

»Manchmal müssen wir im Kloster Drübeck mehr Menschen aufnehmen, als der Ort verkraftet«. »Mit 12 Personen ist es am schönsten«, sagt Gerhard B. lachend. »Wirtschaftlich ruinös, aber geistlich herrlich«. Fragen können gestellt werden, die man nirgendwo sonst stellt. Und ich verstehe nach diesen Stunden und Tagen im Kloster Drübeck, dass es den Klöstern und den Stiften nie auf die großen Zahlen angekommen ist. Wenn es eine gute Klosterzeit war, dann war das Leben dort still und intensiv, das ganze Leben umfassend. Ein breiter Hoffnungsstreifen an einem oftmals dunklen Horizont.

»Stürmische Zeiten«

Ilsenburg

Es ist schön, auf den Harz zuzufahren. Die Rückfahrt verläuft in der Regel immer ziemlich ereignislos, man hat den Harz im Rücken, hat viel erlebt an diesem Tag und will schnell nach Hause. Aber der Morgen der Hinfahrt ist gespickt mit Erwartungen und mit Zukunft. Dichte Wolken liegen über dem Harz, doch im Osten lichtet es sich, ein zartes Hellblau erobert sich langsam, von unten her, den Horizont. Ich fahre später, hinter Vienenburg, direkt dort hinein. Die Berge des Harzes liegen in leichtem Nebel, eine Caspar-David-Friedrich-Stimmung ist es fast. Vor Schladen geht die Autobahn steil hinunter und wieder hinauf, wie eine Sprungschanze kommt mir das vor. Immer wieder fährt man auf der Autobahn direkt auf den Brocken zu, gut haben sich das die Straßenplaner ausgedacht. Eine Schlangenfarm ist angezeigt, die könnte ich mir einmal anschauen. An dem Schild »Liebenburg« fahre ich vorbei: Den Maler Gerd W. in seinem Schloss könnten wir eigentlich auch einmal wieder besuchen. Nur wenig Verkehr ist auf der A 395 und auf der B 6, es fährt sich herrlich. Meine liebsten Autobahnen werden das im Laufe der Monate, in denen ich an diesem Buch schreibe. Am Parkplatz »Brockenblick« halte ich einen Augenblick. Aber der Brocken liegt im Nebel, nur ein Mast ragt oben heraus. Und inzwischen ist eine Reihe von Pappeln direkt daneben so hoch gewachsen, dass daraus eher ein Pappelblick als ein Brockenblick geworden ist.

Schloss und Kloster Ilsenburg zu finden, ist kein Problem. Auf der Straße in Richtung Drübeck geht es rechts hinauf. Die Benediktiner bauen auf dem Berg, das bewahrheitet sich immer wieder. Unten fließt, unüberhörbar laut, die »Ilse«. Durch den steilen Abfall des Berges ist das Kloster zumindest nach zwei Seiten hin gut gesichert.

Durch einen Torbogen gehe ich in das Klostergelände hinein. Rechts ein neoromanisches Schloss, das offenbar zum Schlosshotel mit Restaurant geworden ist. Aber es ist alles leer und zu. Gras sprießt zwischen den Bodenplatten heraus. Alles wirkt verwahrlost und kümmerlich. Links ein Pferdestall mit Remise aus der Erbauungszeit des Schlosses. Ich gehe ein paar Stufen hoch, da liegt das Bassin eines Freibades, halbleer, mit fauligem, trübem Wasser. Verkommen scheint hier alles. Dahinter ist die Kirche, mit niedrigem Turm und kompaktem Unterbau. In der Klosterkirche ist es kalt, ich gehe noch einmal zum Auto zurück, um mich wärmer anzuziehen. Nein, ich bin nicht gut eingestimmt zur Begegnung mit dem Kloster Ilsenburg. Die Kirche, die eher ein Torso als ein einheitliches Ganzes zu sein scheint, berührt mich nicht. Ein barocker Taufengel hängt von der Decke, öffnet einladend seine Hände, aber er meint nicht mich. Der Barockaltar ist eingerüstet, Näheres ist nicht zu erkennen. Die Bodenzeichnungen sollen einmalig sein, aber ich schaue sie mir nur flüchtig an. Mit der Hirsauer Reformbewegung soll die Architektur der Kirche zu tun haben, aber das kann ich nicht beurteilen. So steht bei mir das Urteil fest: Über das Kloster Ilsenburg wirst du kein eigenes Kapitel machen. Höchstens ein Anhang zum Drübecker Kapitel wird das werden. Die Tradition des mittelalterlichen Benediktinerklosters ist mit der Einführung der Reformation in Ilsenburg erloschen, 1572 wird der Abtstitel aufgehoben. Schon 1525 sind Kirche und Kloster bei dem Bauernaufstand schwer verwüstet worden. Die Klostertradition ist hier offenbar früher als anderenorts zu Ende gegangen, das braucht man dann auch nicht ausführlicher zu beschreiben.

Ich gehe aus der Kirche heraus, und fast in Sekundenschnelle ist mein Vorsatz der Nichtbeachtung dieses Klosters über den Haufen geworfen. Ich sehe hinten an den beiden Gebäuden, die wohl zum Kloster gehören und einen rechten Winkel zur Kirche bilden, einen Mann in den aufgeworfenen Gräben arbeiten. Ich gehe an den Graben heran, spreche ihn an. Erkläre kurz, wer ich bin, was ich will und frage, ob er mich in seine Arbeit ein wenig einweisen könne. »Natürlich«, sagt er einfach, und klettert aus dem Graben. Christian F. ist vom »Landesamt für Denkmalpflege und Archäologie« des Landes Sachsen-Anhalt in Halle. Auf der Stelle legt er los. Der nördliche Kreuzgangflügel, der an die Südseite der Kirche grenzt und der verschwunden ist, sei zweischiffig gewesen. Das habe er eben gerade herausgefunden. Das entspräche dem hohen Rang des Klosters. Er demonstriert mir, woran er das erkennt. Ich nicke, aber im Grunde sehe ich nichts. Deutlicher sehe ich den großen Stein im Graben, den er einen »Fußstein« nennt. Die Mönche seien im Kreuzgang begraben worden, die Skelette hätten sie schon weggeschafft. In Gräbern, die von Steinen eingerahmt sind, seien sie beigesetzt worden, und der Fußstein sei der Stein, der zu Füßen des Bestatteten liegt. Christian F. kennt sich aus, auch in Drübeck und auf der Huysburg hat er schon gegraben. 40 Artikel habe er vorher über das Kloster Ilsenburg gelesen, ehe er sich an die Arbeit machte. »Man muss doch wissen, was früher hier gewesen ist und was man bisher schon weiß«.

»Betreten verboten. Baustelle« steht überall. Ob er mir vielleicht auch das Innere der Gebäude zeigen könne? Er springt sofort den Abhang hinunter, ich gehe lieber vorsichtig einen Umweg, bis ich auf die Ebene der Gebäude komme. Im Südflügel ist das Refektorium schon nahezu restauriert. Mir gehen die Augen über. Ein nicht sehr großer Raum, aber von einer Ebenmäßigkeit und sicheren Proportion, der seinesgleichen sucht. Zweimal sechs Säulen tragen die Kreuzgratdecke, viele der Säulen haben ein unterschiedliches Muster des Säulenstammes. Zwischen 1130 und 1170 sei dieser Raum entstanden. Die dendrologische Untersuchung der Türen habe das Jahr 1165 ergeben. Am Boden fällt eine Wölbung in der Mitte des Raumes auf. Die Oberkante eines mittelalterlichen Heizungskellers sei das. Das sei sehr selten, dass das Refektorium in einem Kloster zu beheizen war. Wie schön, sage ich, dass es die Mönche im Winter beim Essen warm hatten. Wo die Tische standen, ob hier 20 oder 40 Mönche Platz hatten: Das weiß man alles nicht. Auch ein vorzügliches Wasserversorgungssystem mit Kapillarrinnen gebe es, sagt Christian F. Das war wichtig, da das Kloster oben auf einem Berg mit steil abfallenden Hängen liegt. Akanthusblätter zeigen einige Kapitelle. Die neu gesetzten Säulen sind schlicht gehalten, um sie von den originalen deutlich zu unterscheiden. Hinter einem Verschlag an der Ostwand des Refektoriums sei eine Kreuzigungsszene verborgen, die irgendwann restauriert werden soll. Gesehen hat er sie auch noch nicht.

Wir gehen weiter. Noch im Südflügel ein kleiner Raum, »Abtsraum« wird er genannt, mit zwei Säulen. Welche Funktion der Raum gehabt hat, scheint nicht ganz klar zu sein. Christian F. zeigt mir tiefe Ritzen in den Säulen. Die hat man bewusst den Säulen beigebracht, meint er, das sollte Glück bringen. Auch Nägel hat man manchmal in die Fugen geschlagen, mit dem gleichen Zweck und Ziel. Aberglaube im Kloster? Oder die tiefere Erkenntnis, dass Glück und Schmerz oft zwei Seiten derselben Sache sind?

Wir gehen in den Ostflügel hinüber. Der nächste Raum, mit vier Säulen, ist noch tief ausgehoben. Der Fußboden ist aus späterer Zeit. Eine Wärmestube mag das zur Klosterzeit gewesen sein, der Kamin mit seiner Rundung hebt sich deutlich ab. Vielleicht auch das Skriptorium, denn mit kalten Fingern kann man doch nicht schreiben. Im nächsten Raum diskutiert eine ganze Gruppe von Restauratoren über ein Problem, das ich nicht ausmachen kann. Schöne Säulen stehen hier, die sich im nächsten Raum fortsetzen. Archaischer sind sie noch als im Refektorium, und mitgenommener: Man wird einige gründlich restaurieren müssen. Der Kapitelsaal wird das sein, und die beiden Räume gehörten ursprünglich wohl zusammen, die Zwischenwand ist später eingesetzt. Wir gehen nach draußen. An den Kapitelsaal schloss sich, nach Osten, die Marienkapelle an, die jetzt verschwunden ist. Die Dreischiffigkeit ist deutlich abgebildet, der dreiapsidiale Ostabschluss ist weg, aber noch im Boden nachweisbar. Graf Botho von Stolberg-Wernigerode, der das neuromanische Schloss 1862 gebaut hat, war ein großer Archäologe und hat das alles ausgegraben. Er hat auch den Kapitelsaal mit Kamin und Fliesen ausgestattet, den man in dieser historistischen Form wohl auch erhalten muss. Draußen schauen wir auf das hässliche Heizwerk, direkt neben dem Kloster mit dem hohen Schornstein. Wird man diese triste DDR-Hinterlassenschaft nicht auch bald beseitigen können?!

Mein Vorsatz, dem Kloster Ilsenburg kein eigenes Kapitel zu widmen, ist natürlich längst über den Haufen geworfen.

Draußen studiere ich das große Schild: »Sanierung Klosteranlage Ilsenburg. Bauherr: Stiftung Kloster Ilsenburg«. Die Vorsitzende der Stiftung ist Maria Fürstin zu Stolberg-Wernigerode. Wieder einmal wird mir klar: Wenn man nichts weiß, dann sieht man wenig. Zu Hause stürze ich mich auf die Bücher und Broschüren, die vom Kloster Ilsenburg erzählen.

Danach wird mir eines schnell klar: Die Frühgeschichte des Klosters Ilsenburg ist mit der Gestalt des »Bucco von Halberstadt« untrennbar verbunden. Sicher, das Kloster ist schon vor ihm gegründet worden. Auf dem Gelände der ehemaligen königlichen Jagdpfalz »Elysnaburg« ist das Benediktinerkloster zwischen 1003 und 1018 errichtet worden. Aber die Zeiten sind kriegerisch, die Mönche müssen das Kloster mehrmals wieder verlassen. Erst als Burchard II. im Jahr 1059 Bischof von Halberstadt wird, fängt die eigentliche Geschichte des Klosters an. Er holt Benediktiner aus Cluny nach Ilsenburg, beruft seinen Neffen Herrand, der später sein Nachfolger als Bischof wird, aus Würzburg als Abt des Klosters. Ferner bedenkt er das »verwilderte Kloster« mit umfassenden Rechten und reichen Gütern. Eines der führenden Klöster der Gorzer Mönchsreform ist Ilsenburg alsbald. Zum sächsischen Gegenspieler König Heinrichs IV. aber wird Burchard II schließlich, und das Kloster Ilsenburg spielt dabei immer wieder eine wichtige Rolle.

Ein kraftvoller und zielstrebiger Mann muss dieser »Bucco oder Buko von Halberstadt«, wie ihn der Volksmund bald nannte, gewesen sein. Obwohl er seit 1080 durch ein Gichtleiden so stark behindert war, dass er ständig gefahren oder getragen werden musste. Aus dem schwäbischen Geschlecht der Steußlinger stammt er, hat mit seinem Onkel, dem Erzbischof Anno von Köln, einen mächtigen Protektor, der ihm zu einer glänzenden Karriere verhilft. Nach nur drei Jahren als Dompropst von Goslar erhebt die Kaiserinwitwe Agnes den gerade einmal 31 jährigen Burchard zum Bischof von Halberstadt. Betraut ihn auch mit wichtigen reichspolitischen Aufgaben. Eine machtpolitische Verschiebung im deutschen Reich bringt den Bedeutungsverlust des Kölner Erzbischofs und damit auch des Halberstädter Bischofs mit sich. Aber nach einigen Jahren gelingt es Burchard, die Gunst des inzwischen mündig gewordenen Königs Heinrich IV. wieder zu erringen. Burchard setzt sich an die Spitze des erfolgreichen sächsischen Feldzuges gegen die heidnischen Liutizen (1067/68). Die hervorragenden Beziehungen zwischen Bischof und König gipfeln in der glanzvollen Weihe des wieder aufgebauten Halberstädter Doms am Pfingstfest 1071.

Überraschenderweise macht Burchard II. in den folgenden Jahren eine totale Kehrtwendung. Wird der Kopf der sächsischen Opposition gegen den König und in den letzten 15 Jahren seiner Amtszeit zum bedingungslosen Gegner Heinrichs IV. Der Höhepunkt ist die verlorene Schlacht an der Unstrut 1075: Burchard wird in Haft genommen, gibt dem König seine Unterschrift unter einen Absagebrief an Papst Gregor VII. Ein Jahr später geht Heinrich IV. selbst nach Canossa, unterwirft sich dem Papst und erwirkt damit seine Befreiung vom päpstlichen Bann. Die Unterschrift Burchards ist offensichtlich nur ein taktisches Manöver, um eigene Handlungsfreiheit zu bekommen, die er alsbald wieder in Aktionen gegen Heinrich IV. umsetzt. Daran wird sich bis zu seinem Tod nichts ändern.

Wie passt das alles zusammen, und wie kommt das Kloster Ilsenburg da hinein? Der Historiker Michael Kleinen aus Magdeburg hat in seinen Untersuchungen über Burchard II. die Amtsauffassung und die Zielvorstellungen dieses Bischofs überzeugend herausgearbeitet. Burchard II. ist, nach seiner Beobachtung, der erste Vertreter eines neuen Bischofsbildes. Galt bisher die Nähe eines Bischofs zum Ideal des mönchischen Lebens als vorbildlich – Burchard I. ist dafür ein gutes Beispiel –, so tritt jetzt die Verantwortlichkeit des Bischofs gegenüber dem eigenen Amtsbereich, auch in weltlichen Angelegenheiten, in den Vordergrund. Ein neues, der Welt zugewandtes Bischofsbild kommt heraus. Die bischöflichen Siegel zeigen von dieser Zeit an den Bischof wie einen »Kleinkönig«, auf einem Thron sitzend. Die Verpflichtung gegenüber dem König muss der Verpflichtung gegenüber dem eigenen Verantwortungsbereich weichen. Als Heinrich IV. die Harzburg ausbaut, schafft sich der Bischof mit dem Kloster Ilsenburg einen eigenen geistigen und administrativen Schwerpunkt in unmittelbarer Nähe dazu. Es sind die Jahre, von 1078 bis 1087, in denen Burchard die Klosterkirche von

Ilsenburg als Symbol bischöflicher Macht aufbauen und gestalten lässt. Bestimmt Heinrich IV. die Harzburg als königliche und kaiserliche Grablage, so setzt Burchard fest, dass er in der Klosterkirche von Ilsenburg begraben werden will. Als Burchard merkt, dass der König nach seiner Unterwerfung unter ihn den Harz doch nicht aufgeben will, tritt er wieder in die Reihen der Sachsenopposition zurück. Und als Burchard bei einem Aufruhr in Goslar durch einen Spieß, der sich in seine Brust bohrt, schwer verwundet wird, lässt er sich in einer Sänfte zum Kloster Ilsenburg bringen, stirbt dort am 7. April 1088 und wird im Chor der Klosterkirche begraben. Wenn die Historiker Recht haben, dann ist das ein Leben von einer seltenen Konsequenz.

Vielleicht gerade deshalb hat sich der Nachruhm des »Buko von Halberstadt« mit einer überraschenden Inkonsequenz vollzogen. Nicht die klosterreformerischen oder machtpolitischen Züge Burchards sind in Erinnerung geblieben, sondern seine – angebliche oder wirkliche – Kinderfreundlichkeit. Es wird ihm nachgesagt, er sei, wenn er sich außerhalb des Bischofspalastes sehen ließ, immer von einer großen Kinderschar umgeben gewesen, an die er großzügig Geschenke verteilte. Und das Kinderlied mit seiner eingängigen Melodie über den »Buko von Halberstadt« wird noch heute – mit kleinen Abweichungen in der jeweiligen Überlieferung – dort gesungen.

Text und Melodie wurden nach dem Vorsingen durch Frau Liselotte Rönnecke aufgeschrieben.

Um Noten bemühe ich mich zunächst vergebens. Später sendet mir Ingrid S. aus Dingelstedt, die ich zufällig in einer Halberstädter Buchhandlung kennen lerne, Melodie und Text des Liedes zu. Der lokalhistorischen Forschung eröffnet sich mit dieser Akzentverschiebung in der historischen Erinnerung ein neues Feld.

In einer anderen Stimmung und mit anderen Augen gehe ich bei meinem nächsten Besuch durch die Klosterkirche von Ilsenburg. Nur noch ein Torso ist die Kirche heute, das ist wahr. Von der prächtigen dreischiffigen Basilika mit dreiapsidialem Chor ist die gesamte Nordseite einschließlich des hohen, zweitürmigen Westwerks samt Vorhalle bei den Verwüstungen des Bauernaufstandes 1525 verloren gegangen. Der ursprüngliche Raumeindruck will sich einfach im Bewusstsein nicht wieder einstellen. Der barocke Hochaltar, die Kanzel und das Epitaph des Grafen Ernst, die alle von dem Bildschnitzer Bastian Heidekamp geschaffen worden sind, tun ein Übriges dazu. Aber als ich vom Altarraum aus nach Westen zurückschaue, die vier quadratischen Doppeljoche sehe und den Stützenwechsel von Pfeiler und Säule, bekommt der Kirchenraum ein romanisches, ja ein archaisches Gesicht. Hier vorne liegt also irgendwo der Buko von Halberstadt und schläft der Ewigkeit entgegen. Wenn wir uns begegnen würden, hätten wir uns wahrscheinlich nicht allzu viel zu sagen. Aber über das Kloster Ilsenburg könnten wir reden und über die Klosterkirche. Den runden Chorabschluss anstelle der geraden Ostendungen des Chors, der früher alle drei Apsiden kreisrund abgeschlossen hat und den Einfluss des aus Gorze kommenden Abtes Herrand mit seinen Reformideen verrät: Den sehe ich jetzt auch. Gegenüber dem von Hirsau aus verbreiteten Architekturideal setzt Ilsenburg noch einmal einen eigenen Akzent. Was Burchard II. also über Kloster und Klosterkirche Ilsenburg zu erzählen wüsste, das würde mich nun doch wirklich interessieren.

Auch den Fußboden mit den Ritzzeichnungen, den inkrustierten Symbolen schaue ich mir jetzt genauer an. Bei der teilweisen Zerstörung der Kirche 1525 hatte sich ein meterdicker Schutt über den Gips-Estrich gelegt, darauf hatte man wieder einen Fußboden gesetzt, so wurde der mittelalterliche Boden wenigstens teilweise erhalten. 1932 wurde bei einer Renovierung die obere Decke mit dem Bauschutt beseitigt, der romanische Estrich aus dem späten 12. Jahrhundert kam heraus. Ein Hirsch ist deutlich zu erkennen, mit einem anspringenden Tier, das ein Hund, aber auch ein Löwe sein kann. Der weite Deutungsrahmen der mittelalterlichen Tiersymbolik überrascht mich immer wieder. Der Hirsch kann, von einem Löwen gejagt, die von Teufeln verfolgte Seele bedeuten, oder – nach Psalm 42 – die Seele des Täuflings, die man dreimal in das lebensspendende Wasser der Taufe tauchte. Gut gefällt mir, auch gerade wegen seiner Beziehung zur klösterlichen Existenz, die Deutung des »Physiologus«: »Es gleichen nun dem Hirsch auf andere Weise die Asketen, die ihr tugendhaftes und mühevolles Leben in großer Entbehrung führen; wie von Durst gequält, eilen sie zu den Quellen der rettenden Reue ...« (Abschnitt 30). Eindeutiger sind die Ranken des Lebensbaumes, der sich früher sicher weit durch die Kirche streckte. Rätselhaft dann wieder der Fisch direkt am zugemauerten Westeingang der Kirche. Als Sinnbild der getauften Christen oder auch des gegenwärtigen Christus kennt man dieses alte christliche Symbol. Aber hier hat der Fisch einen Menschenkopf und streckt, zum Eingang hin, dem Eintretenden die Zunge heraus. Eine das Böse abwehrende Wirkung wird man also dem Fisch an dieser Stelle wohl zugeschrieben haben. Voller Überraschung steckt diese Klosterkirche noch heute, man wird noch vieles zu erforschen und zu entziffern haben.

Dann sitze ich auf einer Bank neben dem Schloss und lasse die ganze Klostergeschichte im Zeitraffer an mir vorüberziehen. Stürmische Zeiten sind es in den Jahren des Bischofs Burchard, die auch Abt Herrand im Kloster Ilsenburg voll miterlebt. Im 12. Jahrhundert beruhigen sich die Verhältnisse: Unter den Äbten Sigebodo (1138–61) und Thioter (1161–76) werden die noch zum Teil erhaltenen Konventsgebäude neu und schöner wieder aufgebaut. Stagnation und langsamer Verfall lassen im 13. und 14. Jahrhundert nicht auf sich warten. Am Ende des Mittelalters noch einmal ein letztes Aufbäumen durch die Klosterreformbewegung, seit 1465 gehört Ilsenburg zur »Bursfelder Kongregation«. Die Reformation, die Bauernunruhen: Die Gebäude sind teilweise zerstört, das Kloster leert sich, die lutherische Reformation setzt sich durch. Der

Landesherr, die Stolberger Grafen, sind evangelisch. Die gräfliche Zeit des Klosters beginnt. Eine Klosterschule macht den Anfang (1547–1626). Dann wird das Kloster Ilsenburg für eine kurze Zeit Residenz, mit Graf Ernst hat Ilsenburg einen eigenen Landesherren in seiner Mitte (1650–1710). Die barocke Ausstattung der Kirche geht auf ihn zurück. Aber der Graf stirbt kinderlos, die kleine Grafschaft wird mit der Hauptlinie wieder vereinigt, Graf Christian Ernst (1691–1771), ein Neffe, zieht von Ilsenburg wieder in das Schloss von Wernigerode ein. Unter Graf Botho wird Ilsenburg zum Witwensitz, das neuromanische Schloss wird gebaut.

Ende der zwanziger Jahre des vorigen Jahrhunderts bricht das Wernigeröder Fürstenhaus wirtschaftlich zusammen. Das Schloss einschließlich des Abtshauses daneben, teilweise auch der ganze Klosterkomplex werden vermietet, später die Enteignungen. Die Nutzungen jagen sich im 20. Jahrhundert: 1929 das »Kirchliche Auslandsseminar«, nach der Schließung durch die Nationalsozialisten »Kirchliches Erholungsheim« und kurzfristig »Predigerseminar«. 1939 richtet die SS ein »Umsiedlungslager« der »Volksdeutschen Mittelstelle« ein. Ab 1945 Flüchtlinge und Vertriebene. Dann »Evangelisches Stift« mit »Pastoralkolleg« und »Kirchlicher Singakademie«. Ab 1948 »Evangelische Forschungsakademie«, deren Tagungen ab 1952 von staatlicher Seite untersagt werden. Die Grenzpolitik der DDR wird verschärft, ab 1961 wird die Sperrzone eingerichtet. In den 60er Jahren übernimmt das »Ministerium für Staatssicherheit« in Magdeburg die Regie. Eine Erholungsstätte für Mitarbeiter in der Land- und Nahrungsgüterwirtschaft zieht ab 1975 ein. Nach der Wende wird ein »Schlosshotel« im Schloss eröffnet, das nach einigen Jahren eingestellt werden muss. Auch ein zweiter Anlauf schlägt nach kurzer Zeit fehl. Im Jahr 2000 wird die »Stiftung Kloster Ilsenburg« gegründet. Damals ziehen alle noch an einem Strang.

Fünf Jahre später hat sich das Klima gewandelt. Ein Konflikt ist offen ausgebrochen. Der Anlass war offenbar die Zwangsversteigerung des Schlosses. Die »Stiftung Kloster Ilsenburg« hatte das Schlosshotel, mit Hilfe einer Spende der Nord/LB, erworben. Die Stadt Ilsenburg hatte offenbar andere Bewerber im Blick, die eine bessere Wirtschaftlichkeit und mehr Arbeitsplätze versprachen. »Die Stiftung hat sich übernommen«, sagt mir Bürgermeister Wilfried O. »Die Stiftung hat kein eigenes Personal und keine eigenen Finanzen, sie kann das gar nicht händeln«. Wilfried O. zieht sich als Geschäftsführer, zusammen mit anderen, von der Stiftung zurück. Verdächtigungen werden in den Zeitungen ausgebreitet. Die Fürstin, die ich telefonisch an ihrem Wohnsitz in der Gegend von Frankfurt erreiche, ist von dem Konflikt spürbar mitgenommen. »Das stecke ich doch nicht so einfach weg«, sagt sie. Einen »Ort der inneren Einkehr« möchte sie aus dem ganzen Klosterkomplex machen. Ein »ökumenisches Projekt« soll es werden, betreut von Geistlichen der evangelischen und der katholischen Kirche. »Ich möchte gerne kompetente Lehrer für Musikklassen anstellen, auch für Malerei. Wir haben von Gott so viele Gaben für diese Erde mitbekommen, die muss man nutzen«. Konferenzen, Konzerte, Gemäldeausstellungen, eine ständige Ausstellung über die Straße der Romanik möchte sie initiieren. Als ich ihr sage: »So etwas wie Schloss Elmau stellen Sie sich anscheinend vor«, widerspricht sie nicht.

Die Entfremdung zwischen den Menschen, die in Ilsenburg und Umgebung wohnen, und ihrem früheren Fürstenhaus scheint tief zu sein. Bis zu dem Zeitpunkt, an dem ich im Juni

Blick auf Refektorium (rechts) und Kapitelsaal des Klosters (links).

2006 diese Zeilen schreibe, hat sich noch nichts bewegt. Brückenbauer sind gesucht. Mediatoren, die solche Konflikte zu verarbeiten und zu überwinden helfen. Eine so großartige Chance ist die Tradition des Klosters Ilsenburg und ein so eindrucksvoller Ort direkt am Harzrand, da muss man doch die Schritte in eine andere Zukunft gemeinsam gehen.

Die Sanierung der Klostergebäude geht inzwischen weiter. Mit der Architektin Sabine V. von einem privaten Planungsbüro in Wernigerode, das die Restaurierungsarbeiten begleitet, gehe ich noch einmal durch die Räume. Die Details geraten jetzt mehr in meinen Blick. Die Größe der Wiederaufbauleistung, auch die Bedeutung der geleisteten Sanierung kommt bei diesem Rundgang immer deutlicher heraus. Das »Refektorium« und der anschließende »Abtsraum« sind jetzt schon für die Öffentlichkeit ganz zugänglich. Die »Entsalzung« der Gemäuer und der Säulen spielt offenbar eine große Rolle. Durch defekte Dächer und einfließenden Regen, durch Lagerung von Chemikalien und Salzstoffen ist das Salz tief in die Mauern und Steine eingedrungen und tritt immer neu heraus. Die eleganten Proportionen des Refektoriums begeistern mich einmal wieder. An die »Kreuzigungsgruppe« kommen wir, wegen der dicken Verpackung, auch diesmal nicht heran. Der »Abtsraum« kann auch ein »Novizenraum« gewesen sein, meint Sabine V., in dem der Prior oder der Abt mit den Novizen seelsorgerliche Gespräche führte. Ein geradezu detektivischer Forschungsdrang, hinter die Einzelheiten der Dinge zu kommen, erfasst mich immer mehr. Das »Kalefactorium«, meint auch sie, wird das Scriptorium gewesen sein. Mit Ehrfurcht betrachte ich den Raum, in dem so bedeutende Werke wie der erhaltene lateinische Bibelkodex aus dem 12. Jahrhundert und viele andere, heute weithin verschollene Werke geschrieben worden sind. Mit Leidenschaft und guten Argumenten vertritt Dieter Pötschke sogar die Meinung, dass die verschwundene Urschrift des »Sachsenspiegel« von Eike von Repchow, dem wichtigsten deutschen Rechtsbuch des späten Mittelalters, im Scriptorium des Klosters Ilsenburg geschrieben worden ist. Ich kann da nicht mitreden, aber die Argumente Pötschkes leuchten mir sehr ein. Der Kapitelsaal wird nun sicher die Raumfassung Karl Frühlings behalten, die Mauer wird die beiden Teilräume weiter trennen. Schon hier macht mich die Architektin auf die vielen Zuganker aufmerksam, mit denen die Wände und Decken gestützt werden mussten.

Dann steigen wir eine Treppe hinauf in das Obergeschoss. Daneben sind noch die Steinstufen einer uralten Treppe erhalten, die in einem richtigen Innenbogen verläuft. Da oben kann man nun alles ganz genau sehen: Diese Fülle von Stahlträgern kreuz und quer, die das Gebäude halten. »Die Standfestigkeit ist gesichert«, sagt Sabine V., »das war das wichtigste und teuerste Problem. Alles Andere kann man jetzt in überschaubarer Zeit schaffen«. Über dem Kapitelsaal ist das frühere »Dormitorium«, der Schlafsaal, der jetzt zu Gästezimmern umgebaut werden soll. Bibelverse aus der Komplet in der Schrift der zwanziger Jahre des vergangenen Jahrhunderts stehen an den Wänden. »Brüder, seid nüchtern und wachet. Denn euer Widersacher, der Teufel, geht umher wie ein brüllender Löwe und suchet, welchen er verschlinge«. Aus der Zeit der »Bibelschule« wird das alles stammen. »Procedamus in pace«, steht über dem Durchgang vom Dormitorium zur Kirche. »Gehen wir in Frieden«.

Zur Ilse steige ich anschließend hinunter. Nach all den Eindrücken brauche ich die Ruhe der Natur. Die Ilse stürzt über kleine Felsen hinab, es rauscht und schäumt. Dass Heinrich

Klosterkirche (rechts) und Abtshaus (links).

Heine in seiner »Harzreise« unter den drei Flüssen des Unterharzes, der Ilse, der Bode und der Selke, den Apfel des Paris der »schönen Ilse« reichte, kann ich gut verstehen. Bis zum »Ilsestein« sind es von hier unten noch 2,5 km. Bis zum »Brocken« sollen es drei bis vier Stunden strammer Fußmarsch sein, bergauf. Da setze ich mich dann doch lieber in mein Auto, fahre schnell noch beim früheren Zisterzienserinnenkloster Wasserleben vorbei. Ein Hostienwunder hatte das Kloster einst zum Wallfahrtsort gemacht: Auf dem Heimweg einer Bäuerin mit einer geweihten Hostie soll diese geblutet haben. Vom Kloster ist alles verschwunden, von der Kirche ist nur ein Torso übrig geblieben. Zwei schöne Tafeln eines alten Altars, eine Geißelung und eine Kreuztragung, sind das Einzige, was sich anzuschauen lohnt. Vom »Nonnenboden« war einmal der Durchgang durch den Turm zum Kloster. So vieles ist im Laufe der Jahrhunderte untergegangen und verschwunden. Und so kämpfen wir, gegen das Vergessen, für das, was uns geblieben ist.

Literatur

Allgemein

Christian Antz (Hrsg.): Straße der Romanik. Kulturverein in Sachsen-Anhalt. 4. Aufl. 2005

Christian Antz (Hrsg.): Auf den Spuren Ottos des Großen. Kulturverein in Sachsen-Anhalt. 4. Aufl. 2005

Ernst Badstübner: Kirchen der Mönche. Die Baukunst der Reformorden im Mittelalter. 1980

Roland H. Bainton: Martin Luther. 1958

Joachim Fest: Begegnungen. Über nahe und ferne Freunde. 2004

Caspar David Friedrich. Kunst um 1800. Ausstellungskatalog der Hamburger Kunsthalle, 1974

Horst Fuhrmann: Überall ist Mittelalter. 1996

Hans-Jürgen Goertz: Thomas Müntzer. Mystiker – Apokalyptiker – Revolutionär. 1989

Réginald Grégoire/Léo Moulin/Raymond Oursel: Die Kultur der Klöster. 1995

Christine Jakobi-Mirwald: Das mittelalterliche Buch. Reclam Nr. 18315. 2004

Kirche – gestern und heute. Zwischen Elbe und Saale, Börde und Bode. Ein Magdeburgbuch. Hrsg. Bischof Johannes Braun. 1989

Johannes Lanczkowski: Kleines Lexikon des Mönchtums und der Orden. Reclam Nr. 8867. 1993

Franz Metzger/Karin Feuerstein-Prasser/Hans Siemons: Beter – Bauherren – Pioniere. Das Ordensleben und die großen Klöster im Abendland. 2001

Loris Sturlese: Die deutsche Philosophie im Mittelalter. Von Bonifatius bis zu Albert dem Großen 738–1280. 1993

zu Stötterlingenburg

Festschrift 1000 Jahre Stötterlingenburg-Lüttgenrode. 1995

Geschichtsquellen der Provinz Sachsen und angrenzender Gebiete. Hggb. von dem Geschichtlichen Verein der Provinz und der Historischen Kommission der Provinz Sachsen. Bd. 4 Stötterlingenburg, 1874

Martin Klingst: Chronik der Kirche St. Stephanus und des ehem. Klosters in Stötterlingenburg-Lüttgenrode. 1992

zu Badersleben

Badersleben. Herausgegeben von der Gemeinde Badersleben. 1999

Albert Klaus: Plattdütsches. Gedichte und Erzählungen. Bd. II, Ausgabe 1967

Urkunden des Klosters Badersleben. Hrsgb. Julius Grote. In: Vaterländisches Archiv Jg. 1844, S. 52–82

zu Huysburg

Die Benediktiner-Regel. Lateinisch-Deutsch. Hrsg. Basilius Steidle OSB. 1980

Jörg Brückner: Die im Zuge des Reichsdeputationshauptschlusses im preußischen Fürstentum Halberstadt säkularisierten Klöster. In: Beiträge zur Regional- und Landeskultur Sachsen-Anhalt. Heft 29, S. 30 ff.

Carl van Eß: Kurze Geschichte der ehemaligen Benediktinerabtei Huysburg, 1810

Athanasius Polag OSB: Die Huysburg. Peda-Kunstführer Nr. 483/2004

zu Hamersleben

Kostbarkeiten aus dem Domschatz zu Halberstadt. 2001

Hans Joachim Krause/Gotthard Voß: St. Pankratius zu Hamersleben. Schnell Kunstführer Nr. 1906 von 1991. 4. Aufl. 2003

Monika Soffner: Der Kaiserdom zu Königslutter. Peda-Kunstführer Nr 361/2004

Walter Zöllner: Die Urkunden und Besitzaufzeichnungen des Stiftes Hamersleben (1108–1462). 1979

zu Burchardi Halberstadt

Pierre Boulez/John Cage: Der Briefwechsel. 1997

Die Burchardikirche in Halberstadt. Hrsg. John-Cage-Orgelstiftung Halberstadt o. J.

Josef Hochenauer: Kloster Helfta. 1999

Meister Eckhart: Predigten und Schriften. Hrsg. von Friedrich Heer. 1956

Ingo Metzmacher: Keine Angst vor neuen Tönen. 2005

Organ²/ASLSP. Das John-Cage-Orgel-Kunst-Projekt Halberstadt, o. J.

Perlen deutscher Mystik. Die Grundwerke der drei großen Frauen von Helfta. 2001

Dorothee Sölle: Mystik und Widerstand. 2000

zu Hadmersleben

Dokumentation zu zwei kulturpolitisch bedeutsamen Ereignissen 1989 in Hadmersleben: Enthüllung einer Gedenktafel – Eröffnung einer Galerie

Gemäldegalerie Kloster Hadmersleben. Hrsg.: Institut für Getreideforschung Bernburg-Hadmersleben. Text: Dr. sc. Walter Merfert, Fotos: Cornelia Schumacher

Walter Merfert: Hadmersleben. Ehemaliges Benediktinerinnen-Kloster. Peda-Kunstführer Nr. 154/2000

Franz Schrader: St. Peter und Paul Hadmersleben. Schnell Kunstführer Nr. 2026. 1992

zu Hedersleben

P. Dümling: Geschichtliche Nachrichten über das Kloster und die Gemeinde Hedersleben. 1895

Josef Hochenauer: Kloster Helfta. 1999

zu Gernrode

Evangelische Kirchengemeinde Gernrode: Stiftskirche St. Cyriakus Gernrode. Verlag Janos Stekovics, 2005

Vilém Flusser: Jude sein. 1995

Rose-Marie Knape: Straße der Romanik. Kulturverein in Sachsen-Anhalt (Hrsgb. Christian Antz). 2005

Matthias Springer: Das frühe Bistum Halberstadt in der neueren Forschung. In: Günter Maseberg/Armin Schulze, Halberstadt – das erste Bistum Mitteldeutschlands. 2004, S. 33–44

Klaus Voigtländer: Die Stiftskirche zu Gernrode. 1982

zu Quedlinburg

Bernward von Hildesheim und das Zeitalter der Ottonen. Katalog der Ausstellung Hildesheim 1993, Band 1 und 2

Norbert Elias: Über den Prozeß der Zivilisation.
suhrkamp taschenbuch wissenschaft 158, 1980, Band 1 und 2

Martina Giese (Hrsg.): Die Annales Quedlinburgenses. 2004

Friedemann Goßlau: Verloren, gefunden, heimgeholt.
Die Wiedervereinigung des Quedlinburger Domschatzes. 1996

Hagen Keller: Die Ottonen. Verlag C. H. Beck, 2001

Siegfried Kogelfranz/Willi A. Korte: Quedlinburg – Texas und zurück. 1994

Sylvia Krauss-Meyl: »Die berühmteste Frau zweier Jahrhunderte«. Maria Aurora Gräfin von Königsmarck. 2002

Gerhard Leopold: Die Kirche St. Wiperti in Quedlinburg. 1995

Christa Rienäcker: Die Stiftskirche in Quedlinburg.
Große Baudenkmäler, Heft 403. 1990

Das Reich der Salier. 1024–1125. Katalog zur Ausstellung des Landes Rheinland-Pfalz. 1992

Schatzkammer Quedlinburg. Hrsg.: Domgemeinde St. Servatius Quedlinburg, o. J.

Gerlinde Schlenker: Äbtissin Mathilde. 1999

Lothar Weschke und Sylvia Schneider: Schloßmuseum Quedlinburg. 2003

Widukind von Corvey: Res gestae Saxoniae. Die Sachsengeschichte. Reclam Nr. 7699, 2002

zu Michaelstein

Hammerflügel hinter Klostermauern. CD 2001

Die Klöster als Pflegestätten von Musik und Kunst. Michaelsteiner Konferenzberichte 55. 1999

Udo Krolzik: Umweltkrise – Folge des Christentums? 1979
(Zu Hugo von St. Viktor)

Marion Probst: Kloster Michaelstein. 2004

Hilde Thoms: Der Klostergarten Michaelstein. 2005

zu Drübeck

Holger Brülls: Die Klosterkirche zu Drübeck. DKV-Kunstführer Nr. 416/9. 4. Aufl. o. J.

Klaus Schreiner: Konnte Maria lesen? Von der Magd des Herr zur Symbolgestalt mittelalterlicher Frauenbildung. In: Merkur. Deutsche Zeitschrift für europäisches Denken. 44. Jg. 1990 Heft 2, S. 82–88

zu Ilsenburg

Michael Kleinen: Bischof und König im Streit – Bischof Burchard II. von Halberstadt und Heinrich IV. In: Günter Maseberg/Armin Schulze (Hrsg.). Halberstadt – Das erste Bistum Mitteldeutschlands. 2004, S. 67–74

Gottfried Maron: Tausend Jahre Ilsenburg im Spiegel der Geschichte von Kloster und Schloß. 1995

Dieter Pötschke: Kloster Ilsenburg. Geschichte, Architektur, Bibliothek. 2004

Josef Walz: Das Kloster von Ilsenburg. DKV-Kunstführer Nr. 474/0. Dritte Auflage, o. J.

Adressen

Kloster Stötterlingenburg
Stötterlingenburg,
St. Laurentius
Förderverein Klosterkirche
Lüttgenrode e. V.
c/o Detlef de Raad
Amt 99
38835 Lüttgenrode
Telefon: 039421 75922
Telefax: 039421 61394
E-Mail: deraad@t-online.de

Kloster Badersleben

Kath. Pfarramt St. Peter
und Paul
Grandweg 3
38836 Badersleben
Telefon: 039422 95426
Telefax: 039422 954940
E-Mail: badersleben.st-peter-und-paul@bistum-magdeburg.de

Gesamtgemeinde
Huy / Dingelstedt
Bahnhofstraße 243
38838 Huy, OT Dingelstedt
Telefon: 039425 9600
Telefax: 039425 96042
E-Mail: info@gemeinde-huy.de

Benediktinerkloster Huysburg
Benediktinerkloster Huysburg
38838 Huy, OT Dingelstedt
Telefon: 039425 961-0
Telefax: 039425 961-98
E-Mail: mail@huysburg.de
Website: www.huysburg.de

Kloster Hamersleben
Kloster und Stiftskirche
St. Pankratius in Hamersleben
Katholisches Pfarramt
Klosterhof 8
39393 Hamersleben
Telefon: 039401 483
Telefax: 039401 483

Kloster St. Burchardi
John Cage Orgel Stiftung
Am Kloster 1
38820 Halberstadt
Telefon: 03941 621620
Telefax: 03941 621620
Website:
www.john-cage.halberstadt.de

Kloster Hadmersleben

Kulturhistorisches Museum
Planstraße 37
39398 Hadmersleben
Telefon: 039408 6666
Telefax: 039408 213

Kath. Pfarramt St. Peter
und Paul
Planstr. 18
39398 Hadmersleben
Telefon: 039408 418
E-Mail: hadmersleben.st-peter-und-paul@bistum-magdeburg.de
Website: www.kathweb.de/hadmersleben/

Kloster St. Gertrudis Hedersleben

Kloster St. Gertrudis
Hedersleben
Klosterstraße 1
06458 Hedersleben
Telefon: 039481 81315
Telefax: 039481 81285

Kath. Pfarramt St. Gertrud
Klosterstr. 19
06458 Hedersleben
Telefon: 039481 81349
E-Mail: juergen-schmutzer@
 gmx.de
Website:
www.kath-kirche-hedersleben.de/

Kloster Gernrode

Stiftskirche St. Cyriakus
Evangelisches Pfarramt
Burgstraße 3
06507 Gernrode
Telefon: 039485 275
Telefax: 039485 64023
E-Mail: sanktcyriakus@gmx.de

Kloster Quedlinburg

Stiftskirche St. Servatii
Schlossberg 1
06484 Quedlinburg
Telefon: 03946 709900
Telefax: 03946 524379
E-Mail: qlbdomschatz@gmx.de
Website:
www.domschatzquedlinburg.de

Schlossmuseum Quedlinburg
Schlossberg 1
06484 Quedlinburg
Telefon: 03946 2730
Telefax: 03946 515975

Kloster Michaelstein

Stiftung Kloster Michaelstein
Postfach 24
38881 Blankenburg
Telefon: 03944 9030-0
Telefax: 03944 903030
Website:
www.kloster-michaelstein.de

Kloster Drübeck

Ev. Zentrum Kloster Drübeck
Frau B. Langelüddecke
Klostergarten 6
38871 Drübeck
Telefon: 039452 943-05
Telefax: 039452 943-45
E-Mail: b.langelueddecke@
 kloster-druebeck.de
Website:
www.kloster-druebeck.de

Kloster Ilsenburg

Tourist-Information Ilsenburg
Marktplatz 1
38871 Ilsenburg
Telefon: 039452 19433
Telefax: 039452 99067
E-Mail:
info@kloster-ilsenburg.de
Website: www.klosterilsenburg.de

Hans Werner Dannowski, Jahrgang 1933, stammt aus Ostpreußen und ist in der Lüneburger Heide aufgewachsen. 1953 Abitur in Hamburg-Harburg. Nach dem Theologiestudium war seine erste Gemeindepfarrstelle in St. Marien in Göttingen. Als Studiendirektor des Predigerseminars Imbshausen (bei Northeim) wurde die Predigtlehre (Homiletik) sein Spezialfach, das er auch einige Jahre an der Universität Göttingen lehrte. Seit 1974 lebt Hans Werner Dannowski in Hannover. Zunächst als Superintendent des Kirchenkreises Hannover-Linden, 1980 als Stadtsuperintendent an der Marktkirche. Seit 1998 ist er im Ruhestand. Schwerpunkte der Publikationen von Dannowski sind die Themenbereiche »Kirche in der Großstadt«, »Theologie und Ästhetik«, »Interreligiöser Dialog«. Eine Reihe von Jahren ist er nebenamtlich Filmbeauftragter des Rates der Evangelischen Kirche in Deutschland gewesen. Von 1988 bis 2002 war er Präsident von »Interfilm«, des internationalen und ökumenischen Zusammenschlusses der kirchlichen Filmarbeit; seit 2005 ist er Ehrenpräsident.

Nachtrag: Im November 2016 ist Hans Werner Dannowski verstorben.

Abbildung auf dem Umschlag:
Unterer Wandelgang Stiftskirche St. Cyriakus, Gernrode.

Zeitfracht Medien GmbH
Ferdinand-Jühlke-Straße 7
99095 Erfurt, Deutschland
produktsicherheit@kolibri360.de